Rolf Heintzenberg, Die Einzelunternehmung im Erbgang

Abhandlungen aus dem Industrieseminar der Universität zu Köln

Herausgegeben von Professor Dr. Theodor Beste

Heft 3

Die Einzelunternehmung im Erbgang

Von

Dr. Rolf Heintzenberg
Diplom-Kaufmann

DUNCKER & HUMBLOT / BERLIN

Gedruckt 1957 bei Richard Schröter, Berlin SW 29

Inhalt

Dritter Teil

Die Auseinandersetzung der Erbengemeinschaft des Einzelunternehmers

Abschnitt 1

Begriff und Verfahren der Erbauseinandersetzung

Abschnitt 2

Die Auseinandersetzung der Erbengemeinschaft in Ansehung des Unternehmens durch Abfindung einzelner Miterben

Abschnitt 3

Die Auseinandersetzung der Erbengemeinschaft durch Umwandlung oder Einbringung in eine Handelsgesellschaft

Vierter Teil

Der Übergang der Unternehmung nach der Erbauseinandersetzung

Abkürzungsverzeichnis

AO	Abgabenordnung
BayOLG	Bayrisches Oberstes Landesgericht
BewG	Bewertungsgesetz
BewDV	Durchführungsverordnung zum Bewertungsgesetz
BFH	Bundesfinanzhof
BFuP	Betriebswirtschaftliche Forschung und Praxis
BGB	Bürgerliches Gesetzbuch
BGH	Bundesgerichtshof
BGHZ	Entscheidungen des Bundesgerichtshofes in Zivilsachen
BlStSA	Blätter für Steuerrecht, Sozialversicherung und Arbeitsrecht
BStBl.	Bundessteuerblatt
DJ	Deutsche Justiz
DJZ	Deutsche Juristen-Zeitung
DNotZ	Deutsche Notariatszeitung
DR	Deutsches Recht
DRechtspr.	Deutsche Rechtsprechung
DStZ	Deutsche Steuer-Zeitung
EGBGB	Einführungsgesetz zum Bürgerlichen Gesetzbuch
ErbStG	Erbschaftsteuergesetz
EStDV	Einkommensteuer-Durchführungsverordnung
EStG	Einkommensteuergesetz
EStR	Einkommensteuer-Richtlinien
FG	Finanzgericht
FGG	Gesetz über die Angelegenheiten der freiwilligen Gerichtsbarkeit
FR	Finanz-Rundschau
GmbH	Gesellschaft mit beschränkter Haftung
GrErwStG	Grunderwerbsteuer-Gesetz
GrStG	Grundsteuergesetz
HansOLG	Hanseatisches Oberstes Landesgericht
HGB	Handelsgesetzbuch
HO	Höfeordnung der Britischen Zone
HRR	Höchstrichterliche Rechtsprechung
JFG	Jahrbuch für Entscheidungen in Angelegenheiten der freiwilligen Gerichtsbarkeit und des Grundbuchrechts
JRdsch	Juristische Rundschau
JW	Juristische Wochenschrift
KG	Kammergericht
KGJ	Jahrbuch für Entscheidungen des Kammergerichts in Sachen der freiwilligen Gerichtsbarkeit usw.
KRABl.	Amtsblatt des Kontrollrates in Deutschland
KVStG	Kapitalverkehrsteuergesetz
LAG	Lastenausgleichsgesetz
LG	Landgericht
LM	Lindenmaier-Möhring, Nachschlagewerk des Bundesgerichtshofs
MDR	Monatsschrift für Deutsches Recht
MRABl	Amtsblatt der Militärregierung Deutschland

NB	Neue Betriebswirtschaft
NdsRpfl	Niedersächsische Rechtspflege
NJW	Neue Juristische Wochenschrift
OHG	Offene Handelsgesellschaft
OLG	Oberlandesgericht
OLGR	Rechtsprechung der Oberlandesgerichte auf dem Gebiete des Zivilrechts
RFH	Reichsfinanzhof
RG	Reichsgericht
RGBl	Reichsgesetzblatt
RGSt	Entscheidungen des Reichsgerichts in Strafsachen
RGZ	Entscheidungen des Reichsgerichts in Zivilsachen
RJA	Entscheidungen in Angelegenheiten der freiwilligen Gerichtsbarkeit und des Grundbuchrechts, zusammengestellt im Reichsjustizamt
ROHG	Reichsoberhandelsgericht
RStBl	Reichssteuerblatt
SeuffA	J. A. Seufferts Archiv für die Entscheidungen der obersten Gerichte in den deutschen Staaten
Slg	Sammlung
StW	Steuer und Wirtschaft
UStDB	Durchführungsbestimmungen zum Umsatzsteuergesetz
UStG	Umsatzsteuergesetz
Wpg	Die Wirtschaftsprüfung
Wpr	Der Wirtschaftsprüfer
ZAkDR	Zeitschrift der Akademie für Deutsches Recht
ZBlFG	Zentralblatt für freiwillige Gerichtsbarkeit und Notariat
ZfB	Zeitschrift für Betriebswirtschaft
ZfhF	Zeitschrift für handelswissenschaftliche Forschung
ZPO	Zivilprozeßordnung
ZVG	Gesetz über die Zwangsversteigerung und die Zwangsverwaltung

Einleitung

Die Fragen, die sich anläßlich des Todes eines Unternehmers aus dem Übergang der Unternehmung auf seine Erben ergeben, haben in den letzten Jahren stärkere Beachtung gefunden. Anlaß hierzu gab nicht zuletzt die Besteuerung des Erbübergangs, da die Erbschaftsteuer während der ersten Nachkriegsjahre einen nahezu konfiskatorischen Charakter angenommen hatte und darum eine sorgfältig geplante Erbfolgeregelung mit dem Ziele eines möglichst geringen Entzuges an Unternehmungskapital und flüssigen Mitteln zu Steuerzwecken für viele Unternehmen zu einer Lebensfrage und einem besonderen betriebswirtschaftlichen Problem wurde. Da die Bedeutung dieses Problems von der Höhe der jeweils geltenden Steuersätze abhängt und somit zeitbedingt ist — die mit der Änderung der Steuergesetzgebung seit dem Jahre 1948 verbundenen Tarifsenkungen und sonstigen steuerlichen Erleichterungen des Erbübergangs haben die Auswirkungen der Erbschaftsteuer auf die Unternehmung erheblich gemildert[1] — soll es hier jedoch keine vordringliche Berücksichtigung finden.

Im Vordergrund stehen vielmehr die Fragen nach den Auswirkungen des Übergangs der Unternehmung auf dem Erbwege, der Art und Weise der Fortführung des Unternehmens durch die Erben und der betriebswirtschaftlich sinnvollen Verteilung des Nachlasses des Unternehmers auf mehrere Erben unter größtmöglicher Schonung des Bestandes der Unternehmung. Die Untersuchung dieses Fragenkomplexes verliert indessen ihren praktischen Wert, wenn sie nicht in einem engen Zusammenhang mit der Darstellung der rechtlichen Möglichkeiten steht, die sich zur Durchführung der betriebswirtschaftlich zweckmäßigen Gestaltungen des Erbübergangs bieten, und wenn nicht zugleich die handels- und steuerrechtlichen Auswirkungen der verschiedenen Formen der Erbfolgeregelung beachtet werden. Es soll darum das Anliegen dieser Arbeit sein, die Fragen, die sich aus dem Erbübergang von gewerblichen Unternehmungen ergeben und deren genaue Kenntnis von ausschlaggebender Bedeutung für die Regelung der Erbfolge eines Unternehmers ist, in ihrem Gesamtzusammenhang zu untersuchen.

---

[1] Aufgrund des am 17. 12. 1954 verkündeten Gesetzes zur Neuordnung von Steuern (BGBl. I, 1954, S. 373) finden ab 1. 1. 1955 wieder die Steuersätze Anwendung, die bereits im Jahre 1934 gültig waren.

Es hätte nahegelegen, die Untersuchung auf die Fragen der Vererbung von Unternehmungsanteilen auszudehnen. Das wirtschaftliche Schicksal von Unternehmungsbeteiligungen kann jedoch durch einseitige Erbfolgeregelungen des Anteilseigners und Mitunternehmers kaum beeinflußt werden. Die Vereinbarungen des Gesellschaftsvertrages, die bezüglich des Todes eines der Gesellschafter getroffen wurden, genießen vielmehr absoluten Vorrang und schränken die Verfügungsmöglichkeiten des Erblassers stark ein. Wenn auch das Reichsgericht die Vorrangstellung des Gesellschaftsrechts vor dem Erbrecht — nicht nur in personen-, sondern auch in vermögensrechtlicher Beziehung — als Abschluß einer langjährigen Entwicklung seiner Spruchpraxis ausdrücklich bestätigt hat[2], so ist dies von der Rechtswissenschaft doch noch keineswegs allgemein anerkannt[3], die damit zusammenhängenden Fragen sind also auch heute nicht vollständig geklärt. Wenn es auch reizvoll wäre, die rechtliche Entwicklung auf ihre Konsequenzen für die betriebliche Erbfolgeregelung in Unternehmergemeinschaften zu untersuchen, soll die Darstellung doch auf den Erbgang der *Einzelunternehmung* beschränkt bleiben.

Die Beschränkung auf die Untersuchung des *Erbgangs*, d. h. des Übergangs der Unternehmung von Todes wegen, schließt eine Einbeziehung der Nachfolgeregelung im weiteren Sinne durch Verfügung unter Lebenden aus. Zwar wird auf die besondere Eignung der Familiengesellschaft zur Übernahme erbrechtlicher Funktionen am Schluß hingewiesen, ihre ausführliche Darlegung muß jedoch einer besonderen Untersuchung vorbehalten bleiben[4].

---

[2] Vgl. RG DR 1943, 302; DR 1943, 1224; DR 1943, 1228; DR 1944, 339.

[3] *Siebert,* Wolfgang, Gesellschaftsvertrag und Erbrecht bei der Offenen Handelsgesellschaft, Karlsruhe 1954, S. 5; derselbe, Aktuelle Rechtsfragen zur Mitgliedschaft in Personengesellschaften, Steuerberater-Jahrbuch 1955/56, S. 300 ff. (S. 316 ff.).

[4] Vgl. *Schneider,* Herbert und *Zartmann,* Hugo, Familienunternehmen und Unternehmertestament. Rechtliche und steuerliche Gestaltungsmöglichkeiten der Familienunternehmen, Heidelberg 1955.

Erster Teil

Der Übergang der Unternehmung auf die Erben

1. Die Unternehmung als Objekt des Erbgangs

a) Die Vererblichkeit des Unternehmens

Mit dem Tode des Unternehmers geht sein Vermögen als Ganzes auf eine oder mehrere Personen, seine Erben, über. Eine auch nur annähernd ebenso umfassende Auswirkung auf die Gesamtheit aller Rechtsbeziehungen, die sich in der Person des verstorbenen Unternehmers vereinigt haben, kommt keinem anderen Rechtsvorgang zu; kein anderes Ereignis „greift mit solcher Notwendigkeit in den Bestand und die geordnete Verteilung der Vermögensgüter ein“[1].

Hinsichtlich der Frage, ob auch das Unternehmen als Sachinbegriff einen Bestandteil des Nachlasses bildet und somit als Ganzes auf die Erben übergeht, bestand indessen nicht zu allen Zeiten eine einheitliche Ansicht. Das Gesetz bringt zwar in § 22 HGB zum Ausdruck, daß das Handelsgeschäft als solches vererblich und veräußerbar ist, doch stützt sich die Ansicht derer, die die Rechtseinheit des Unternehmens und seine Vererblichkeit leugnen, darauf, daß die betreffende Gesetzesstelle grundsätzlich nur Bezug auf das Firmenrecht nimmt.

Eine Beantwortung dieser Frage erfordert zunächst eine Begriffserklärung der Rechtsnatur der Unternehmung. Die Rechtswissenschaft hat richtig erkannt, daß der Kern eines Handelsgeschäftes oder Unternehmens in dem durch das Handelsgewerbe geschaffenen „Tätigkeits“- oder „Wirkungsbereich“ besteht[2]. Diesen „Tätigkeitsbereich“, der das eigentliche Wesen des Unternehmens ausmacht, verkörpern die „tatsächlichen Beziehungen“ von Vermögenswert, die entweder den objektiven Niederschlag der früheren Tätigkeit des Inhabers darstellen oder sich aus seiner gegenwärtigen Arbeit ergeben. Im Mittelpunkt dieses Unternehmenskerns stehen die sich aus der Kundschaft des Unternehmens, d. h. aus seinem Anteil am möglichen Abnehmerkreis, ergebenden Absatzgelegenheiten, die Geschäftserfahrungen und die Geschäftsgeheimnisse. Die S a c h e n und R e c h t e (Betriebsvermögen,

---

[1] *Endemann*, Friedrich, Lehrbuch des bürgerlichen Rechtes, Teil 3 (Erbrecht), 8. und 9. Auflage, Berlin 1920, S. 7.

[2] *v. Gierke*, Julius, Handels- und Schiffahrtsrecht, 6. umgearbeitete Auflage, Berlin 1949, S. 65.

Firma, Warenzeichen, Patente usw.), die dem Unternehmungszweck dienen, sind demgegenüber nur ein- oder angegliedert. Es wäre falsch, würde man die Begriffsbestimmung nur auf sie abstellen, da sie einerseits fehlen, zum anderen aber den Unternehmungskern überleben können. Neben dem Kern, den Sachen und Rechten, bilden die Verbindlichkeiten das dritte Wesenselement der Unternehmung.

Auf dem Unternehmungskern beruht nun im wesentlichen die Ertragskraft der Unternehmung; er stellt sich darum wertmäßig auch dar als der Betrag, um den ein geschätzter oder berechneter Ertragswert über den Substanzwert hinausgeht[3], und für den die Betriebswirtschaftslehre vorwiegend die Bezeichnung „Geschäftswert" benutzt. Dieser Geschäftswert existiert aber nicht neben den Sachgütern, Rechten und Dienstleistungen, sondern ist aufs engste mit ihnen verbunden, da er nur durch ihre Organisation und ihren Gebrauch sowie als „objektiver Niederschlag" der Tätigkeit des Inhabers im Laufe der Zeit organisch gewachsen ist.

Obwohl die Unternehmung somit als Zusammenschluß der Sachgüter, Rechte und Verbindlichkeiten sowie des „Tätigkeitsbereiches" eine *wirtschaftliche,* rationelle Einheit ist, die nicht zerstört werden kann, ohne daß das Vermögen und die Ertragskraft Schaden nehmen, hat das geltende Recht die *Rechts*einheit der Unternehmung trotz einzelner Ansätze[4] noch keineswegs anerkannt. *Binder*[5] verneint daher unter diesem Gesichtspunkt die Zugehörigkeit des Unternehmungskerns, des „Tätigkeitsbereichs", zum Nachlaß, da er nur eine „tatsächliche Situation" sei und keiner selbständigen Verfügung unterliege, nur Rechtsobjekte aber in den Nachlaß fallen können. Auch der österreichische Verwaltungsgerichtshof[6] vertrat die Ansicht, daß der Betrieb eines Unternehmens auf den persönlichen Verhältnissen des Erblassers beruhe, daher mit seinem Tode erlösche und keinen Bestandteil des Nachlasses bilde. In den Nachlaß fallen nach dieser Meinung nur die den Zwecken der Unternehmung dienenden und ihr an- und eingegliederten Sachen und Rechte. Hieraus würde sich die Unvererblichkeit des lebenden Unternehmens ableiten, da der Unternehmungskern als wesentlicher Bestandteil von der Vererbung ausgeschlossen wird.

Nach heute herrschender Meinung erfaßt die Universalität der Erbfolge jedoch nicht nur jene Sach- und Rechtsgüter, deren Beherrschung

---

[3] *v. Godin,* Reinhard, Nutzungsrecht an Unternehmen und Unternehmensbeteiligungen, Berlin 1949, S. 7.

[4] *v. Godin,* Reinhard, a.a.O., S. 9.

[5] *Binder,* Julius, Die Rechtsstellung des Erben nach dem deutschen bürgerlichen Gesetzbuch, Teil III, Leipzig 1905, S. 88.

[6] Vgl. *Pisko,* Oskar, Das Unternehmen als Gegenstand des Rechtsverkehrs, Wien 1907, S. 94.

bereits in die Form von subjektiven Rechten gekleidet ist[7]. Sie ergreift vielmehr auch die den Unternehmungskern ausmachenden „tatsächlichen Beziehungen“ oder „inneren“ Vermögenswerte, obwohl diese keine Rechtsobjekte sind und keiner selbständigen Verfügung unterliegen. Ihre Vererblichkeit muß aber darauf gestützt werden, daß auf ihnen die Ertragskraft und damit der Wert der Unternehmung als lebendem Ganzem beruht, daß sie also u. U. sehr wohl selbst vermögensrechtlichen Charakter annehmen können, wie dies auch bei der Veräußerung einer Unternehmung durch Rechtsgeschäft unter Lebenden in dem Ansatz eines besonderen Entgelts für den „Geschäftswert“ als dem objektiven Niederschlag dieser tatsächlichen Beziehungen zum Ausdruck kommt.

Während aber bei einer Übertragung der Unternehmung unter Lebenden ihre einzelnen Bestandteile nur im Wege der *Einzelrechtsnachfolge* übergehen können, werden bei der Erbfolge die unkörperlichen Vermögenswerte mit dem Sachvermögen zu einer Einheit zusammengefaßt[8] und gehen zusammen mit diesem als Ganzes im Wege der *Gesamtrechtsnachfolge* auf die Erben über. Die Unternehmung stellt sich daher zumindest hinsichtlich ihrer Vererblichkeit als rechtliche Einheit dar. Sie bildet als solche einen Bestandteil des Nachlasses[9] und kann infolgedessen auch Gegenstand eines Erwerbs von Todes wegen sein[10]. Die gelegentlich vertretene Ansicht, daß der Betrieb des Erblassers mit seinem Tode erlischt, daß der Erbe mithin einen neuen Betrieb anfängt und nur die sachlichen Betriebsmittel auf ihn übergehen, findet im Gesetz keine Stütze[11].

b) Die Abgrenzung des Unternehmungsbegriffes

Scheiden aus den eingangs erwähnten Gründen die durch eine Mehrheit von Personen gemeinschaftlich betriebenen Unternehmungen aus der Untersuchung aus, so ist die Abgrenzung des Kreises derjenigen Unternehmer, deren Tod die hier zu behandelnden Probleme auslöst, verhältnismäßig einfach. Er umfaßt zunächst alle Kaufleute, die eines der in § 1 HGB aufgeführten Grundhandelsgewerbe (Handels-, Industrie-, Bank- oder Verkehrsunternehmungen) ohne Gesellschafter

---

[7] J. *v. Staudinger*'s Kommentar zum bürgerlichen Gesetzbuch mit Einführungsgesetz und Nebengesetzen, 11. neubearbeitete Auflage, Berlin 1954, Anm. 167 zu § 1922 BGB.

[8] *Staudinger*, a.a.O., Anm. 167 zu § 1922 BGB.

[9] Vgl. *Pisko*, a.a.O., S. 95: „Das gewerbliche Unternehmen ist also gerade so ein Nachlaßobjekt wie die etwa zu seinem Betriebe erforderlichen Sachen“. Unvererblich sind dagegen öffentlich-rechtliche Gewerbeberechtigungen, da sie in der Regel an die Personen gebunden sind (z. B. Apothekenkonzessionen).

[10] KG DR 1940, S. 2007.

[11] BGH U. v. 22. 1. 1951 IV ZR 172/50 LM Nr. 1 zu § 1922 BGB.

oder doch nur mit einem Stillen Gesellschafter betreiben. Darüber hinaus zählen hierzu auch andere gewerbliche Unternehmungen, wenn sie nach Art und Umfang einem kaufmännischen Unternehmen gleichen[12]. Dies kann z. B. der Fall sein bei Lichtspieltheatern, Hotel- und Gaststättenbetrieben oder Betrieben von Bauunternehmern.

Infolge der Beschränkung auf gewerbliche Unternehmungen scheiden land- und forstwirtschaftliche Betriebe aus der Betrachtung aus, da bei ihnen ganz andere wirtschaftliche und rechtliche Erwägungen anzustellen sind.

Die sogenannten „freien Berufe" werden vom Handelsrecht nicht als Handelsgewerbe anerkannt, auch wenn sie, wie z. B. im Falle einer Wirtschaftsberatungspraxis, wirtschaftliche Ziele gewerbsmäßig verfolgen können und dabei vielfach einen kaufmännischen Geschäftsbetrieb erfordern[13]. Doch können auch sie im Erbfall eigene betriebswirtschaftliche Probleme aufwerfen; man denke hier nur an den Fall, daß ein Miterbe zur Übernahme der gutrenommierten Steuerberatungspraxis des Erblassers berechtigt ist, sich den ihm daraus erwachsenden Vorteil bei einer Erbauseinandersetzung jedoch anrechnen lassen muß. Eine klare Grenze wird sich hier nicht ziehen lassen; ob ein besonderes, der Vererbung unterliegendes „Unternehmungsvermögen" vorliegt, muß sich aus dem Einzelfall ergeben.

Ob dieses Unternehmungsvermögen auch Sachen und Rechte umfaßt oder ob es nur aus dem „Tätigkeitsbereich" besteht, ist in diesem Zusammenhang für die Abgrenzung des Unternehmerbegriffes nicht ausschlaggebend. Auch der Tod des Pächters einer Unternehmung kann darum betriebswirtschaftliche Probleme des Erbübergangs aufwerfen. Zwar ist die Kaufmannseigenschaft als solche nicht vererblich[14], doch werden Pachtverträge häufig auf sehr lange Zeit abgeschlossen und enthalten in diesem Falle auch die Bestimmung, daß beim Tode des Pächters die Erben in das Pachtverhältnis eintreten können. Das Unternehmen bleibt darum auch dann Unternehmen der Erben, wenn sie kein Eigentum an den Sachwerten besitzen, da diese nicht das Wesen der Unternehmung ausmachen.

c) Die Erwerbsmodalitäten beim Übergang der Unternehmung nach dem Tode des Unternehmers

Den Regelfall des Erbgangs stellt die Einsetzung der Abkömmlinge als Erben dar, die, da es sich in der überwiegenden Zahl der Fälle

---

[12] Kaufleute kraft Eintragung im Handelsregister, § 2 HGB.

[13] Im Gegensatz dazu werden sie vom Steuerrecht in diesen Fällen als gewerbesteuerpflichtige Gewerbebetriebe behandelt.

[14] *Staudinger*, a.a.O., Anm. 168 zu § 1922 BGB; *Erman*, BGB-Kommentar, Münster i. W. 1952, Anm. 4 e zu § 1922 BGB.

um mehrere Erben handelt, den Nachlaß des verstorbenen Unternehmers gemeinschaftlich erwerben[15]. Die Erbengemeinschaft des Einzelunternehmers, die Untersuchung ihrer Berechtigung und Eignung zur Fortführung des Unternehmens, vor allem aber die Vermögensauseinandersetzung der Erben mit dem Ziele der Herstellung eines endgültigen Rechtszustandes stehen darum im Mittelpunkt dieser Arbeit.

Die Unternehmung kann jedoch nicht nur durch Gesamtrechtsnachfolge auf die Erben übergehen, sondern auch einem Dritten[16] durch ein Vermächtnis des Erblassers im Wege der Einzelrechtsnachfolge als Vermögensvorteil zugewendet werden[17], § 1939 BGB. Der Vermächtnisnehmer erwirbt die Unternehmung nicht unmittelbar mit dem Erbfall, sondern hat lediglich einen schuldrechtlichen Anspruch auf Leistung des vermachten Gegenstandes gegen die mit dem Vermächtnis belasteten Erben. Wird das Unternehmen einem oder mehreren Vermächtnisnehmern gemeinschaftlich zugewendet, so entsteht hierdurch keine Erbengemeinschaft — es fehlt den Vermächtnisnehmern die Erbeneigenschaft —, sondern eine Gesellschaft nach bürgerlichem Recht bzw. eine Offene Handelsgesellschaft, da die Vermächtnisnehmer verpflichtet sind, in Ansehung der Unternehmung dauernd zusammenzuwirken.

Die Abgrenzung zwischen Erbeinsetzung und Vermächtnis ist in vielen Fällen schwierig und nicht immer dem Wortlaut der testamentarischen Bestimmungen zu entnehmen[18]. Ein Vermächtnis ist dann anzunehmen, wenn der Wille des Erblassers klar erkennbar ist, den Bedachten von der Herrschaft über den übrigen Nachlaß auszuschließen und ihn auf eine Forderung gegen die Erben zu beschränken, andererseits aber auch von der Haftung für die Nachlaßverbindlichkeiten zu befreien.

Betriebswirtschaftliche und steuerliche Erwägungen lassen in manchen Fällen das Rechtsinstitut des Vermächtnisses bei der Erbfolgeregelung eines Unternehmers, hauptsächlich im Zusammenhang mit der Abfindung der nicht an der Unternehmungsführung zu beteiligenden Erben, besonders geeignet erscheinen.

---

[15] Jeder Erbe hat das Recht, die Erbschaft innerhalb einer Frist von sechs Wochen nach Kenntniserhalt vom Anfall der Erbschaft auszuschlagen, § 1944 BGB.

[16] Vgl. RGZ 9, 81. In diesem Falle fiel dem Prokuristen die Unternehmung als Erwerbsgelegenheit vermächtnisweise zu, während Aktiva und Passiva des Unternehmungsvermögens den Erben verblieben.

[17] Auch einem Erben kann in Form des *Vorausvermächtnisses* ein zusätzlicher Vermögensvorteil vermächtnisweise zugewendet werden, § 2150 BGB.

[18] Es kann sich z. B. trotz entgegenstehenden Wortlauts der letztwilligen Verfügung um eine Erbeinsetzung handeln, wenn mehreren Kindern der Hauptnachlaßgegenstand v e r m a c h t ist, OLG Kiel, JRdSch. 1947.

2. Die Erbengemeinschaft des Einzelunternehmers

a) Entstehung, Zweck und Ende der Erbengemeinschaft

Die Erbengemeinschaft beruht nicht, wie die Gesellschaft des bürgerlichen Rechtes, auf einer freien vertraglichen Vereinbarung der Miterben, sondern entsteht kraft gesetzlicher Anordnung, wenn eine Person aufgrund der gesetzlichen Erbfolge, einer letztwilligen Verfügung oder eines Erbvertrages von mehreren Erben beerbt wird und das Vermögen dieser Person, des Erblassers, in Form des Nachlasses auf die Erben gemeinschaftlich übergeht. Sie verdankt ihr Entstehen also einem von dem Willen der Erben unabhängigen und unabwendbaren Ereignis[1]: dem Tode des Erblassers. Begriffswesentliche Voraussetzungen für das Entstehen sind somit der Nachlaß und eine Mehrheit von Erben.

Die Erbengemeinschaft ist keine werbende Gemeinschaft. Sie erreicht ihren Zweck vielmehr schon dadurch, daß sie die Nachlaßgläubiger befriedigt und die Vermächtnisse und Auflagen des Erblassers erfüllt, bevor sie das verbleibende Aktivvermögen auf die einzelnen Erben verteilt. Um das Erreichen dieses Zweckes sicherzustellen, wird der Nachlaß einer vermögensrechtlichen Bindung unterworfen; er wird zum Sondervermögen und ist daher rechtlich vom sonstigen Vermögen der Erben getrennt. Sämtliche Nachlaßgegenstände gehen in der Erbschaftseinheit auf; über seinen Anteil an ihnen kann der einzelne Miterbe nicht verfügen, wohl aber über seinen Anteil am ganzen Nachlaß, § 2033 BGB.

Eine weitere wichtige Aufgabe der Erbengemeinschaft kann darin bestehen, wertvolles Familiengut, vor allem landwirtschaftliche und gewerbliche Unternehmungen als wirtschaftliche Einheiten der Familie zu erhalten und vor einer Zerschlagung als Folge des Erbfalles zu bewahren. Es wird den Erben dadurch die Möglichkeit geboten, das Werk des Erblassers bis zu dem Zeitpunkt gemeinschaftlich fortzuführen, an dem eine günstigere Regelung, etwa durch Übernahme des betreffenden Nachlaßgegenstandes durch einen Miterben gegen Abfindung der übrigen Erben in Geld, beschlossen und durchgeführt werden kann.

Letzten Endes ist jedoch die Auflösung der Erbengemeinschaft das natürliche und wirtschaftliche Ziel dieser nur als vorübergehend gedachten und aufgezwungenen Verbindung[2]. Außer durch freiwillige Auseinandersetzung wird die Erbengemeinschaft auch dann beendet, wenn eine der Voraussetzungen ihres Entstehens, also entweder die Erbenmehrheit oder das gemeinschaftliche Vermögen, nachträglich

---

[1] *Marcus*, Josef, Wesen und Form des Erbauseinandersetzungsvertrages nach deutschem Recht, ZBlFG Bd. 9, S. 121 ff.

[2] OLG Celle NJW 1951, S. 198.

entfällt. Gehen die Anteile der Miterben durch Übertragung der Erbteile oder durch Ausschlagung der Erbschaft[3] auf einen Miterben über, so wird dieser zum Alleinerben und es besteht keine Gemeinschaft mehr. Erschöpft sich der Nachlaß bei der Befriedigung der Nachlaßgläubiger oder wird er durch die Eröffnung des Nachlaßkonkurses der Verfügung der Miterben entzogen, so findet die Erbengemeinschaft in Ermangelung eines gemeinschaftlichen Vermögens ihr Ende.

Mit der Auseinandersetzung ist die Erbengemeinschaft endgültig beendet; sie kann auch nicht durch eine vertragliche Vereinbarung der Miterben wieder neu entstehen. Wollen die Miterben das Nachlaßvermögen auch n a c h der Auseinandersetzung aus Zweckmäßigkeitsgründen weiterhin gemeinschaftlich verwalten, so ist dies nur in der Form möglich, daß sie sich unter einer der Rechtsformen des bürgerlichen oder des Handelsrechts zusammenschließen.

b) Die rechtliche Natur der Erbengemeinschaft

Eine einheitliche Auffassung über die Rechtsnatur der Erbengemeinschaft besteht in der Rechtswissenschaft nicht. Das Gesetz selbst gibt über diese Frage keine klare Auskunft. Anerkannt ist zwar, daß der Nachlaß beim Vorhandensein mehrerer Erben gemeinschaftliches Vermögen der Erben und nicht das Vermögen einer n e b e n oder ü b e r den Erben stehenden juristischen Person wird[4]. Die Rechtsnatur dieser Gemeinschaft ist jedoch umstritten.

Einige Autoren[5] stehen auf dem Standpunkt, das gemeinschaftliche Nachlaßvermögen stehe den Erben nach Bruchteilen zu, und diese Bruchteilsgemeinschaft würde nur durch die konkreten gesetzlichen Bestimmungen der §§ 2032 ff. BGB abgewandelt. Die herrschende Meinung[6] behandelt dagegen die Erbengemeinschaft als Gesamthandgemeinschaft. Das Prinzip der Berechtigung zur gesamten Hand, nach dem auch die Gesellschaft des bürgerlichen Rechts ausgestaltet ist, erfährt bei der Erbengemeinschaft jedoch eine einschneidende Veränderung durch das jedem Erben zustehende Recht, über seinen Anteil am Gesamtnachlaß — nicht jedoch an den einzelnen Nachlaßgegenständen — frei zu verfügen. Dadurch unterscheidet sich die Erbengemein-

---

[3] Im letzteren Falle findet die Erbengemeinschaft mit rückwirkender Kraft ihr Ende.

[4] KGJ 48 A 127; KG HRR 1939 Nr. 1472; DJ 1939, S. 400. Anders *v. Gierke* (bei *Staudinger,* a.a.O., Anm. 7 zu § 2032 BGB), nach dessen Ansicht sich die erbrechtliche Gesamthand als rechts- und handlungsfähige Personeneinheit darstellt.

[5] So *Binder,* a.a.O., S. 21 und 42, „Theorie der geteilten Mitberechtigung".

[6] *Endemann,* Friedrich, Die Rechtsstellung des Erwerbers eines Erbteiles und sein Recht auf Erteilung eines Erbscheines, JW 1910, S. 89 ff.; *Staudinger,* a.a.O., Anm. 5 zu § 2032 BGB; *Erman,* a.a.O., Vorbem. 1 zu § 2032 BGB; *Planck,* a.a.O., Vorbem. 3 zu §§ 2032 ff.; *Soergel-Ehard-Eder,* a.a.O., Anm. 1 zu § 2032; *Palandt,* a.a.O., Anm. 1 zu § 2032 BGB.

schaft einerseits von der Gemeinschaft nach ideellen Bruchteilen, die die Berechtigung nach Bruchteilen auch auf die einzelnen Gegenstände des Gemeinschaftsvermögens ausdehnt, andererseits aber auch von den auf vertraglicher Grundlage beruhenden Gesamthandgemeinschaften, z. B. der OHG, bei der die Verfügung über den Anteil am gemeinschaftlichen Vermögen der Einwilligung oder Genehmigung der übrigen Gesellschafter unterliegt. Eine weitere Abweichung vom Gesamthandprinzip stellt das jedem Erben zu jeder Zeit zustehende Recht auf Forderung der Auseinandersetzung dar, welches wiederum ein ausgesprochenes Wesensmerkmal der Bruchteilsgemeinschaft ist.

Die Stellung, die die Erbengemeinschaft demnach zwischen Gesamthand- und Bruchteilsgemeinschaft einnimmt, ist durch die verschiedenen Zwecke der Erbengemeinschaft begründet.

Diejenigen Bestimmungen, die sich aus dem Gesamthandprinzip ableiten, sind im wesentlichen zum Schutze der Nachlaßgläubiger als der „ersten Erben“[7] und zur Sicherung ihrer Ansprüche gedacht. Die Möglichkeit der Verfügung über den Anteil an der Gemeinschaft, die ein ausgesprochenes Kennzeichen der Bruchteilsgemeinschaft ist, wurde dagegen im Interesse der Erben unter gleichzeitiger Berücksichtigung der Nachlaßgläubiger eingeführt. Sie lockert das strenge Band der Erbengemeinschaft und gibt dem Miterben Gelegenheit, bei langandauernder Erbengemeinschaft seinen Erbteil zu realisieren, ohne aber Inhalt und Gestalt der Gesamthandgemeinschaft zum Schaden der Nachlaßgläubiger oder der übrigen Erben — etwa durch eine erzwungene Liquidation — zu verändern.

Das Recht der Erben, jederzeit die Auseinandersetzung zu verlangen, sowie die Verfügungsmöglichkeit über den Erbteil sind wesentliche Durchbrechungen des Gesamthandprinzips; in Wirklichkeit stellt sich die Erbengemeinschaft daher als „Gesamte Hand auf Abbruch“[8] dar.

3. Die Fortführung der Unternehmung als notwendige Maßnahme zur Erhaltung des Nachlasses

Wenn durch den Tod des Unternehmers das bisher von ihm betriebene Unternehmen nicht zum Erliegen kommen oder zumindest keine beträchtlichen Einbußen erleiden soll, so darf die Kontinuität der Unternehmenstätigkeit nicht unterbrochen werden. Mag auch in der Regel eine kürzere Unterbrechung der Betriebstätigkeit ohne schädliche Auswirkungen bleiben[1], so wird doch in vielen Fällen durch die Einstellung der Unternehmenstätigkeit nach dem Tode des Unter-

---

[7] *Staudinger*, a.a.O., Vorbem. 1 zu § 2032 BGB.

[8] *Endemann* in JW 1910, S. 89.

[1] RGZ 100, 423.

nehmers der Wert des Unternehmens und seiner Organisation, die bei Aufrechterhaltung des Betriebes auf einen Dritten hätten übertragen werden können, vernichtet oder doch wenigstens vermindert.

Mit dem Erbfall werden die Erben als Gesamtrechtsnachfolger Eigentümer der Unternehmung. Sie müssen daher entscheiden, ob sie das Unternehmen fortführen oder seinen Betrieb einstellen wollen. Diese Entscheidung ist eine Handlung, die zur Verwaltung des Nachlasses gehört, denn die Verwaltung eines Unternehmens besteht darin — oder kann darin bestehen —, daß es fortgeführt wird[2]. Da die Verwaltung des Nachlasses den Erben aber nur gemeinschaftlich zusteht, ist über diese Frage mit Stimmenmehrheit zu entscheiden, §§ 2038 Abs. 1, 745 Abs. 1 BGB.

Ein solcher Mehrheitsbeschluß wird in den seltensten Fällen mit der Schnelligkeit zu erwirken sein, die oft im Interesse der Erhaltung des Unternehmens geboten ist, vor allem dann nicht, wenn die Erben weit voneinander entfernt wohnen. Da aber § 2038 Abs. 1 S. 2 jedem einzelnen Erben das Recht zugesteht, auch ohne Mitwirkung der anderen Erben diejenigen Maßnahmen zu treffen, die zur Erhaltung des Nachlasses notwendig sind, die Fortführung des Unternehmens aber als eine solche Maßnahme anzusehen ist, steht es jedem der Erben frei, das Unternehmen bis zur Entscheidung durch gemeinschaftlichen Beschluß aller Miterben vorläufig weiterzuführen, um eine Wertminderung des Nachlasses zu verhindern.

Die endgültige Entscheidung über Fortführung oder Einstellung des Geschäftsbetriebes ist u. a. von großer Bedeutung für die Haftung der Erben für die Geschäftsverbindlichkeiten des Erblassers. Darum ist diese Frage von den Erben sehr sorgfältig zu prüfen und nur durch einen gemeinschaftlichen Beschluß zu entscheiden, wobei sich die erforderliche Stimmenmehrheit nicht nach Köpfen, sondern nach der Größe der Anteile, der sogenannten *Erbquote*, richtet[3], §§ 2038, 745 BGB.

Ein derartiger Fortführungsbeschluß kann auch stillschweigend gefaßt werden, wenn die Erben z. B. die ihnen bekannte tatsächliche Fortführung durch einen Miterben dulden[4]. Die Witwe des Unternehmers ist zur Fortführung nur dann berechtigt, wenn sie selbst Erbin ist; ihre Zustimmung zur Fortführung des Unternehmens ist anderenfalls, wenn sie nur Vermächtnisnehmerin ist, nicht erforderlich.

---

[2] KG JW 1939, S. 565.

[3] Die Erbquote drückt das Verhältnis aus, nach dem die zum Nachlaß gehörenden Gegenstände auf die einzelnen Miterben gelegentlich der Auseinandersetzung übertragen werden. Sie sagt indes nichts über die absolute Höhe der materiellen Beteiligung des Erben aus, sondern wird als Bruchteil des Gesamtnachlasses ausgedrückt (z. B. 5/12).

[4] *Weipert* in RGR-Kommentar zum HGB, 2. Auflage, Berlin 1950, Anm. 65 zu § 105 HGB.

Durch die Fortführung des Unternehmens tritt eine Erhöhung der Haftung der Erben in gleichem Maße ein, wie wenn ein neues Unternehmen begründet würde. Darum soll der Vormund eines geschäftsunfähigen Erben nicht ohne Genehmigung des Vormundschaftsgerichtes der Fortführung zustimmen[5].

4. Die Haftung der Erben für die Geschäftsverbindlichkeiten des Erblassers

a) Der Grundgedanke des § 27 HGB

Die Erben setzen die Persönlichkeit des verstorbenen Unternehmers in vermögensrechtlicher Beziehung unmittelbar fort[1]. Sie übernehmen damit nicht nur die Nachlaßaktiva in Form des Unternehmungsvermögens, sondern im gleichen Maße auch die Geschäftsverbindlichkeiten des Erblassers, die zu Nachlaßverbindlichkeiten werden[2]. Für diese Nachlaßverbindlichkeiten haften mehrere Erben als Gesamtschuldner, § 2058 BGB. Bis zur Teilung des Nachlasses kann jedoch jeder Erbe die Haftung auf seinen Anteil am Nachlaß beschränken und eine darüber hinausgehende Haftung mit seinem Privatvermögen ablehnen, § 2059 BGB[3].

Führen die Erben das Unternehmen in ungeteilter Erbengemeinschaft fort, so sind demnach an sich die erbrechtlichen Voraussetzungen der Haftungsbeschränkung für die Geschäftsverbindlichkeiten gegeben. Eine derartige Beschränkung ist jedoch für den Handelsverkehr nicht tragbar, wenn im übrigen die Voraussetzungen vorliegen, unter denen Dritte — wie im Falle des Erwerbes der Unternehmung unter Lebenden — annehmen müssen, daß der neue Inhaber in vollem Umfange für die Verbindlichkeiten seines Vorgängers einzustehen hat[4]. Darum bestimmt § 27 HGB Abs. 1, daß die Vorschriften des § 25 HGB über den Übergang der Haftung bei Erwerb eines Unternehmens unter Lebenden dann entsprechend anzuwenden sind, wenn ein zum Nach-

---

[5] *Weipert* in RGR-Kommentar zum HGB, 2. Auflage, Berlin 1950, Anm. 65 zu § 105 HGB.

[1] KG OLGR 1, 446.

[2] KG DR 1940, S. 2007. Die Schulden gehen jedoch lediglich kraft der positiven Bestimmung des § 1967 BGB über, sie sind dagegen weder negative Bestandteile des aus Aktiva und Passiva bestehenden einheitlichen Vermögens, noch stellen sie eine immanente Belastung des Nachlasses dar, Kommentar von Reichsgerichtsräten *(RGR-Kommentar zum BGB)* Anm. 5 zu § 1922 BGB, 9. völlig umgearbeitete Auflage, Berlin 1940.

[3] Die Haftungsbeschränkungen auf den Bestand des Nachlasses gemäß §§ 1975 ff. BGB (Nachlaßverwaltung und Nachlaßkonkurs) sind mit der werbenden Fortführung der Unternehmung durch die Erben unvereinbar und können daher unberücksichtigt bleiben.

[4] Die allgemeine Vermutung geht dahin, daß ein Erwerber, der die Firma übernommen hat, auch das Vermögen übernommen hat, das der Befriedigung der Gläubiger nach wie vor dienen soll, RGZ 154, 337.

laß gehörendes Unternehmen *von den Erben* fortgeführt wird. Durch die Fortführung der Unternehmung wird also die Haftung der Erben verschärft. § 27 HGB schafft somit einen zusätzlichen Haftungstatbestand neben der allgemeinen erbrechtlichen Erbenhaftung[5].

b) Die Beschränkung der Haftung für die Geschäftsverbindlichkeiten des Erblassers auf die erbrechtliche Erbenhaftung

Eine Möglichkeit zur Abwendung dieser unbeschränkten Haftung ist den Erben nur gegeben, wenn sie die Fortführung des Unternehmens innerhalb dreier Monate nach dem Erbfall einstellen, § 27 Abs. 2 HGB. In welcher Form die Einstellung des Geschäftsbetriebes erfolgt, d. h. ob mit oder ohne Liquidation des Geschäftsvermögens, ist ohne Bedeutung; es kommt nur darauf an, daß der Geschäftsbetrieb völlig aufgegeben wird. Veräußern die Erben dagegen das Unternehmen sofort an einen Dritten, ohne es selbst weitergeführt zu haben, so findet § 27 HGB keine Anwendung[6]. Die Erben haften in diesem Falle nur nach Erbrecht, während sich die Haftung des Erwerbers für die Geschäftsverbindlichkeiten des verstorbenen Unternehmers nach § 25 HGB richtet, da er unter Lebenden erworben hat. In allen Fällen einer späteren Veräußerung, selbst wenn diese noch innerhalb der Dreimonatsfrist stattfinden sollte, ist jedoch die zusätzliche handelsrechtliche Erbenhaftung unabwendbar[7]. Auch die Aufgabe der bisherigen Firma ist, für sich allein, nicht gleichbedeutend mit der Aufgabe des Geschäftsbetriebes.

Stellen die Erben den Geschäftsbetrieb ein, so bedeutet dies keineswegs, daß sie auch die Erbschaft ausschlagen. Sie verzichten zwar auf die Fortführung des Unternehmens, bleiben aber im übrigen Erben und als solche Herren des Nachlasses. Da das Unternehmungsvermögen in den Nachlaß fällt, kann es gelegentlich der Auseinandersetzung veräußert und der Erlös nach Begleichung der Nachlaßverbindlichkeiten auf die Erben verteilt werden. Das Unternehmen darf nur nicht nach Fortführung durch die Erben als Ganzes veräußert werden, weil dadurch die verschärfte Erbenhaftung unvermeidlich wird.

Tritt im Anschluß an den Erbfall eine Verschlechterung der Wirtschaftslage des Unternehmens ein, so kann, je nach Art und Umfang der bestehenden Verbindlichkeiten, die Einstellung des Geschäfts-

---

[5] *Staub-Bondi* (Staub's Kommentar zum Handelsgesetzbuch, 12. und 13. Auflage, Berlin und Leipzig 1926) Vorbem. zu § 27 HGB. *Goldschmit* (Die Beerbung des Einzelkaufmannes durch mehrere Erben, JW 1931, S. 3057) setzt dagegen die Fortführung der Unternehmung mit der „Teilung" im Sinne des § 2059 BGB gleich, die die unbeschränkte erbrechtliche Haftung der Erben zur Folge hat.

[6] *Schlegelberger*, Kommentar zum HGB, 2. Auflage, Berlin und Frankfurt 1950, Anm. 4 zu § 27 HGB; vgl. RGZ 56, 196.

[7] *Staub-Bondi*, a.a.O., Anm. 22 zu § 27 HGB.

betriebes und damit die Vermeidung der unbeschränkten Schuldenhaftung durchaus im Interesse der Erben liegen. Die Entscheidung über die Einstellung oder Weiterführung der Unternehmung ist jedoch ein Akt der Verwaltung des Nachlasses, der den Erben nur gemeinschaftlich zusteht und der darum einen Mehrheitsbeschluß erfordert[8]. Ein einzelner Erbe kann daher nicht etwa den Betrieb der Unternehmung für seinen Anteil allein einstellen[9]. Der Erbe, der in der Abstimmung über die Frage der Fortführung oder der Einstellung des Geschäftsbetriebes unterliegt, aber nicht das Risiko der unbeschränkten Haftung auf sich nehmen will, kann sich dieser Haftung auf folgende Weise entziehen:

1. Er kann die ganze Erbschaft ausschlagen, solange die Ausschlagungsfrist des § 1944 BGB noch nicht abgelaufen ist. Eine Beschränkung der Ausschlagung auf das Unternehmen als Erbschaftsgegenstand ist jedoch nicht möglich, vielmehr scheidet der Erbe mit der Ausschlagung endgültig aus der Erbengemeinschaft aus; er verliert seine Erbeneigenschaft und damit seinen Anspruch auf eine materielle Beteiligung am Nachlaß.
2. Der Erbe hat das Recht, die Auseinandersetzung zu betreiben, §§ 2042, 749 BGB. Dem Auseinandersetzungsverlangen wird jedoch in vielen Fällen ein ausdrückliches Auseinandersetzungsverbot des Erblassers entgegenstehen.
3. Der Erbe kann seinen Anteil am Nachlaßganzen sofort nach dem Erbfall an einen Miterben oder einen Dritten veräußern und scheidet damit aus der Erbengemeinschaft aus. Die Veräußerung lediglich des Anteils am Unternehmen als eines Inbegriffes von Nachlaßgegenständen ist dagegen nicht möglich, da der Erbe über seinen Anteil an den einzelnen Nachlaßgegenständen nicht verfügen kann, § 2033 BGB.

c) Die Anwendung des § 25 HGB beim Erbübergang

Nehmen die Erben als Erwerber des Unternehmens eine n e u e Firma an, so haften sie bei analoger Anwendung des § 25 Abs. 3 HGB für die Geschäftsverbindlichkeiten des Erblassers nur dann, wenn ein besonderer Verpflichtungsgrund vorliegt, „insbesondere, wenn der Übergang der Verbindlichkeiten in handelsüblicher Weise vom Erwerber bekannt gemacht worden ist“[10]. Die Erben brauchten demnach

[8] Bei nur zwei Erben, die zu gleichen Teilen eingesetzt sind, kann kein Mehrheitsbeschluß herbeigeführt werden. In diesem Falle kann jeder Erbe im Klagewege eine gerichtliche Entscheidung herbeiführen, *Würdinger*, a.a.O., Anm. 18 zu § 27 HGB.

[9] KG RJA 13, 226; *Schlegelberger*, a.a.O., Anm. 8 zu § 27 HGB.

[10] Die Firma erscheint im kaufmännischen Geschäftsverkehr wesentlicher als der jeweilige Inhaber. Dies beruht auf der rechtlich nicht zutreffenden Auffassung, daß die Firma Trägerin der Rechte und Pflichten sei, die durch

in einem solchen Falle für die Geschäftsverbindlichkeiten des Erblassers nur nach erbrechtlichen Grundsätzen, also genau wie für die sonstigen Nachlaßverbindlichkeiten einzustehen. Die Gläubiger dieser früheren Verbindlichkeiten wären lediglich Nachlaßgläubiger, daneben bestünde aber keine Eigenhaftung der Erben. Eine Schlechterstellung der Gläubiger ist darin nicht zu erblicken, da ja nach wie vor das ganze Vermögen des Erblassers in Form des Nachlasses als Haftungsobjekt ihrem Zugriff unterliegt[11]. Führen die Erben das Unternehmen unter der alten Firma fort, so können sie sich nach h. A.[12] während der ersten drei Monate auf die ihnen nach § 2059 BGB zustehenden Haftungsbeschränkungen berufen. Solange sie noch beschränkt haften und der Nachlaß noch nicht geteilt ist, kann ein Gläubiger daher nur in den Anteil der Miterben am Nachlaß, nicht aber in ihr sonstiges Vermögen vollstrecken.

Durch die Fortführung des Unternehmens über diese Frist hinaus verlieren die Erben den Anspruch auf die Beschränkung ihrer Haftung und haften von nun an unbeschränkt, persönlich und als Gesamtschuldner für die Geschäftsverbindlichkeiten des Erblassers. Es spielt dabei auch keine Rolle, ob eine Teilung des Nachlasses schon stattgefunden hat oder nicht, da die handelsrechtliche Erbenhaftung für die Geschäftsverbindlichkeiten mit keinerlei Einschränkungen verbunden ist, wie sie § 2059 BGB für die gewöhnlichen Nachlaßverbindlichkeiten kennt.

Nach h.M.[13] können die Erben jedoch trotz Fortführung des Unternehmens über die Dreimonatsfrist hinaus die Übernahme der Haftung für die Geschäftsverbindlichkeiten des Erblassers ablehnen, wenn sie eine diesbezügliche einseitige[14] Erklärung im Handelsregister eintragen lassen und bekanntmachen oder den Gläubigern sonstwie mitteilen. Eine derart weitgehende analoge Anwendung der Bestimmungen über

---

den Betrieb des Unternehmens begründet werden, *Schlegelberger*, a.a.O. Anm. 1 und 2 zu § 25 HGB.

[11] Eine andere Frage ist es, ob nicht in der Annahme einer neuen Firma die Umwandlung der Erbengemeinschaft in eine OHG zu erblicken ist. Diese Frage ist im Zusammenhang mit dem Haftungsübergang jedoch unbeachtlich, da auch bei Umwandlung in eine OHG die Geschäftsverbindlichkeiten des Erblassers nicht ohne weiteres Verbindlichkeiten der neuen Gesellschaft werden.

[12] *Würdinger*. RGR-Kommentar zum HGB, 2. Auflage, Berlin 1952, Anm. 7 und 18 zu § 27 HGB.

[13] *Barella*, Max, Möglichkeit der Haftungsbeschränkung beim Übergang eines Einzelhandelsgeschäftes auf den Erben, Der Betrieb 1951, S. 676; RGZ 89, 407; *Würdinger*, a.a.O., Anm. 5 zu § 27 HGB.

[14] *Düringer-Hachenburg* (Das Handelsgesetzbuch, 3. Auflage, Mannheim, Berlin, Leipzig 1930, Anm. 6 zu § 27 HGB) sehen diese Möglichkeit nur dann gegeben, wenn der Erblasser den Haftungsausschluß im Testament oder Erbvertrag zugelassen hat. Die von § 25 HGB geforderte „Vereinbarung“ ist jedoch unwesentlich, ausschlaggebend ist lediglich die Entscheidung über die Fortführung der Unternehmung, KG DR 1940, S. 2007.

den Erwerb unter Lebenden ist jedoch nach — alleinstehender — Ansicht von *Schlegelberger*[15] nicht vertretbar, da nach seiner Meinung die Interessenlage in beiden Fällen grundverschieden ist: bei einer Veräußerung unter Lebenden könne sich der Gläubiger immer noch an den bisherigen Inhaber halten, wenn der Erwerber die Übernahme der Haftung ablehnt, während ein Rückgriff auf den früheren Inhaber bei einem Erwerb von Todes wegen nicht mehr möglich sei.

Tatsächlich ist diese Frage aber von nicht allzu großer Bedeutung, da ein einseitig erklärter Haftungsausschluß der Erben wohl deren handelsrechtliche, nicht aber die erbrechtliche Haftung verhindern, die Zugriffsmöglichkeiten der Gläubiger also nur erschweren, nicht aber ausschließen kann. Die Haftungsregelung der Erbengemeinschaft bietet infolgedessen keinen Anhaltspunkt für die Bedenken von *Lion*[16], da die bisher den Gläubigern haftende Vermögensmasse durch den Übergang auf die Erben in jedem Falle erhalten bleibt, bei Übergang der unbeschränkten handelsrechtlichen Haftung durch Einbeziehung der Privatvermögen der Erben sogar eine Erweiterung erfahren kann.

d) Die Haftung der Erben für die Steuerschulden des Erblassers

Nach § 8 StAnpG gehen bei Gesamtrechtsnachfolgen, wobei die Erbfolge ausdrücklich erwähnt wird, die Steuerschulden des Rechtsvorgängers auf den Rechtsnachfolger über. Darüber hinaus wird festgesetzt, daß die Erben für die aus dem Nachlaß zu entrichtenden Steuern wie für Nachlaßverbindlichkeiten haften, soweit nicht Sondervorschriften des Steuerrechts ein anderes bestimmen[17]. Da die Steuern *aus dem Nachlaß* zu entrichten sind, eine Verfügung über Nachlaßgegenstände nach § 2033 Abs. 2 BGB jedoch nur von allen Erben gemeinschaftlich, nicht aber von einzelnen Erben unabhängig voneinander vorgenommen werden kann, ist offenbar die Erbengemeinschaft und sind nicht etwa die einzelnen Erben das neue Verpflichtungsobjekt der Steuerschuld des verstorbenen Unternehmers geworden[18].

Darüber hinaus sind die Erben verpflichtet, die bereits entstandenen Steuerschulden des verstorbenen Unternehmers vor der Verteilung des Nachlaßvermögens aus der Nachlaßmasse zu zahlen[19]. Verletzen sie diese Sorgfaltspflicht schuldhaft und führen sie dadurch eine Ver-

---

[15] a.a.O., Anm. 14 zu § 27 HGB.

[16] *Lion*, Max, Offene Handelsgesellschaft oder Erbengemeinschaft? JW 1925, S. 2105.

[17] Wegen der Haftung aller Nachlaßbeteiligten für die Steuerschulden des Erblassers vgl. RFH vom 22. 5. 1940, Kartei AO 1931, § 106, R. 1.

[18] *Droste*, Hans, Die Besteuerung von Personenvereinigungen, Diss. Münster 1950, S. 60; a. M. *Riewald* (R. Alfred, Kommentar zur Abgabenordnung und Steueranpassungsgesetz, Berlin 1952), Anm. 2 zu § 8 StAnpG, der die Steuerrechtsfähigkeit der Erbengemeinschaft bestreitet.

[19] Vgl. §§ 105, 106, 109 und 117 AO.

kürzung der Steueransprüche herbei, so verlieren sie den durch § 8 Abs. 2 StAnpG, § 2059 BGB gewährten Schutz der Haftungsbeschränkung und haften insoweit persönlich auch mit ihrem nachlaßfreien Vermögen, § 109 AO.

Besonderheiten gegenüber der bürgerlich-rechtlichen Regelung der Haftung für die Nachlaßverbindlichkeiten ergeben sich auch aus dem Übergang einer bestehenden Lastenausgleichs-Abgabeschuld des Erblassers auf die Erben. Zur *Vermögensabgabe* werden diese, falls sie bereits vor dem Währungsstichtag Miteigentümer des Nachlasses waren, entsprechend ihren Erbteilen getrennt und nicht etwa als Gesamthand mit dem ganzen Nachlaßvermögen herangezogen. Der Wert jedes einzelnen Erbteiles wird dem übrigen Vermögen der Erben hinzugerechnet und hiernach die Abgabeschuld ermittelt; ebenso kann jeder Erbe die Freigrenzen für sich in Anspruch nehmen.

Ist der Erbfall jedoch nach dem 20. Juni 1948 eingetreten, so geht die Abgabepflicht des Erblassers ebenso wie die anderen aus dem Nachlaß zu entrichtenden Steuern auf die Erben über, da diese Gesamtrechtsnachfolger des Erblassers geworden sind[20]. Die Erben müssen die bisher vom Erblasser zu zahlenden Vierteljahresbeträge in voller Höhe als steuerliche Gesamtschuldner weiter entrichten[21]; es findet also weder eine Neuveranlagung der Erben unter Hinzurechnung ihres sonstigen Vermögens statt, noch wird die Abgabeschuld sofort mit ihrem Ablösungswert fällig. In welchem bürgerlich-rechtlichen Verhältnis die Erben untereinander stehen, ist für die steuerliche Gesamtrechtsnachfolge ohne Bedeutung. Die Erben haften daher als Gesamtschuldner, unabhängig davon, ob die Erbengemeinschaft noch besteht oder ob der Nachlaß bereits aufgeteilt ist.

Eine nur auf das LAG abgestellte zusätzliche Möglichkeit, die Haftung für die Vermögensabgabe zu beschränken, bot § 69 Abs. 1 LAG in allen Erbfällen, die zwischen dem 21. 6. 1948 und dem 1. 9. 1952 (Tag des Inkrafttreten des Lastenausgleichsgesetzes) eingetreten sind. Wo die Erben in Unkenntnis des damals noch nicht verkündeten Gesetzes von den Möglichkeiten der bürgerlich-rechtlichen Haftungsbeschränkung keinen Gebrauch gemacht hatten und diese Möglichkeit nun nicht mehr besaßen, konnten sie durch eine bis zum 31. 8. 1953 dem Finanzamt gegenüber abzugebende Erklärung die Haftung für die Vermögensabgabe auf den gemeinen Wert ihrer Bereicherung zur Zeit des Erbfalles, die sogenannte „Haftsumme", beschränken. In diesem Falle wurde die Vermögensabgabe zwar in Höhe ihres Ablösungswertes sofort fällig, jedoch höchstens mit dem Betrage der Haftsumme.

Im Gegensatz zur Vermögensabgabe, die als *Personen*steuer ausgestaltet ist, ruhen die Kreditgewinnabgabe und die Hypothekengewinnabgabe[22] als *objekt*steuerartige Abgaben auf dem Betrieb bzw.

---

[20] §§ 203 LAG, 106 AO, § 8 StAnpG.

[21] Lastenausgleichsgesetz, erläutert von *Schulze-Brachmann, Meilicke* und *Georgi*, Berlin und Frankfurt 1953, Anm. 1 zu § 67 LAG.

[22] Bei Unternehmungen, die zur Aufstellung einer DM-Eröffnungs-Bilanz

dem Grundstück des verstorbenen Unternehmers und gehen daher auch in jedem Falle auf die Erben als Erwerber des Unternehmens über. Für die Erfüllung der Abgabeschuld haftet das dem Betriebe der Unternehmung dienende Vermögen, gleichgültig, ob es sich um einen Erwerb unter Lebenden oder von Todes wegen handelt. Der Tatsache, daß der übernehmende Erbe diese Nachlaßverbindlichkeit in vollem Umfange übernimmt, müssen die Erben bei der Ermittlung der Abfindungen Rechnung tragen.

5. Die Besteuerung des Erbübergangs

Der Erwerb von Todes wegen unterliegt der *Erbschaftsteuer*. Im Gegensatz zum ErbStG 1919, das den Nachlaß besteuerte und damit als echte Vermögensteuer die wirtschaftliche Leistungsfähigkeit des Erblassers letztmalig erfaßte[1], besteuert das heute geltende Gesetz[2] den Erbanfall, also die wirtschaftliche Bereicherung der einzelnen Erben. Die Erbengemeinschaft als solche ist dagegen nicht rechtsfähig im Sinne des Erbschaftsteuergesetzes[3].

Der Wert des Nachlasses wird für die Zwecke der Erbschaftsbesteuerung nach den allgemeinen Bewertungsbestimmungen des Bewertungsgesetzes festgestellt, mit Ausnahme des land- und forstwirtschaftlichen Vermögens, des Grundvermögens und der Betriebsgrundstücke, für die regelmäßig der letzte Einheitswert maßgebend ist. Für die Bewertung eines in den Nachlaß fallenden Unternehmens gilt dagegen der Grundsatz der Bewertung auf den Stichtag des Todes des Inhabers der Unternehmung[4].

Ob die Erbengemeinschaft noch besteht oder ob ihre Auseinandersetzung bereits erfolgt ist, hat keinen Einfluß auf die Höhe und Fälligkeit der Erbschaftsteuer[5]. Während das bürgerliche Recht die Erbengemeinschaft als *Gesamthand*gemeinschaft ausgestaltet hat und die Erben infolgedessen nur gemeinschaftlich an den Nachlaßgegenständen berechtigt sind, behandelt das Steuerrecht die Miterben so, als ob jeder von ihnen an dem Nachlaßvermögen nach *Bruchteilen* berechtigt wäre, § 11 Ziff. 5 StAnpG. Die Erben gelten als wirtschaftliche Eigentümer auch dann, wenn sie infolge Anordnung der Testa-

---

verpflichtet sind (§ 101 LAG), werden die Umstellungsgewinne aus den dinglich gesicherten Verbindlichkeiten bereits durch die Kreditgewinnabgabe erfaßt. Eine besondere Hypothekengewinn-Abgabeschuld gelangt daher nur bei nichtbilanzierenden Kleingewerbetreibenden zur Entstehung.

[1] *Kapp*, Reinhard, Das Erbschaftsteuergesetz, Bremen 1951, S. 21.

[2] Vom 22. 8. 1925 in der Neufassung vom 30. 6. 1951, RGBl. I 1951, S. 759, geändert durch das Gesetz zur Neufassung von Steuern vom 16. 12. 1954, BGBl. I 1954, S. 373.

[3] RFH vom 16. 12. 1930 I e A 461/30.

[4] §§ 13, 54—58, 62, 65 und 66 BewG.

[5] RFH vom 26. 11. 1936, RStBl. 1937, S. 6.

mentsvollstreckung gar nicht in den Besitz des Nachlasses gelangen[6]. Der Wert der wirtschaftlichen Bereicherung des einzelnen Erben errechnet sich aus dem nach dem BewG festgestellten Werte des Nachlasses und der ihm zugefallenen Erbquote; die Erbschaftsteuerpflicht selbst tritt mit dem Erbfall und ohne Rücksicht auf einen etwaigen Ausschluß der Auseinandersetzung ein.

Wenn auch die Erbschaftsteuer wegen der bürgerlich-rechtlichen Bindung der ungeteilten Erbengemeinschaft aus dem ungeteilten Nachlaß zu entrichten ist[7], so ist doch der einzelne Erbe und nicht etwa die Erbengemeinschaft als solche Steuerschuldner geworden. Er haftet daher auch für die Zahlung der Steuer ohne die Möglichkeit der bürgerlich-rechtlichen Haftungsbeschränkung auf den Bestand des Nachlasses gemäß § 2059 BGB. Daneben haftet aber der Nachlaß sowie jeder Miterbe in Höhe des bereits aus der Erbschaft Empfangenen für die Steuer der einzelnen Erben als Gesamtschuldner, § 15 Abs. 3 ErbStG. Aus dieser Tatsache darf jedoch nicht geschlossen werden, daß es sich bei der Erbschaftsteuer um eine reine Nachlaßverbindlichkeit handelt[8].

Wenn auch die Erbschaftsteuer somit eine persönliche Verbindlichkeit der einzelnen Erben ist, so trifft sie doch in der Regel den ungeteilten Nachlaß und belastet die Liquidität des Unternehmens, da die Erben selten über genügend sonstiges Vermögen verfügen, aus dem die Steuerschuld gezahlt werden könnte. Zwar erscheint die Höhe der prozentualen Belastung der Erbanfälle im Vergleich zu den konfiskatorischen Steuersätzen der unmittelbaren Nachkriegszeit[9] aufgrund der inzwischen eingetretenen Änderungen des Gesetzes wieder erträglich; trotzdem bleibt die Erhaltung der Unternehmung schon wegen des Zusammentreffens der Erbschaftsteuer mit den sonstigen laufenden Abgaben gefährdet, wenn der Unternehmer versäumt, durch eine zweckmäßige Gestaltung der Erbfolge — sei es durch letztwillige Anordnungen oder durch zu seinen Lebzeiten getroffene Maßnahmen — die Höhe der Steuerschuld zu begrenzen oder doch die zur Bezahlung der Steuer erforderlichen flüssigen Mittel rechtzeitig bereitzustellen, letzteres vor allem durch Abschluß einer Erbschaftsteuerversicherung. Die Erben selbst haben auf die Höhe der Erbschaftsteuer keinen Einfluß. Sie müssen versteuern, was ihnen auf Grund des Testamentes, des Erbvertrages oder der gesetzlichen Erbfolge zufließt, es sei denn, sie schlagen die Erbschaft aus[10].

---

[6] RFH vom 21. 9. 1933, RStBl. 1934, S. 679.

[7] *Hübschmann-Hepp-Spitaler*, Kommentar zur Reichsabgabenordnung und den Nebengesetzen, Köln 1953, Anm. 4 zu § 8 StAnpG.

[8] Dies geht schon daraus hervor, daß eine Haftungsbeschränkung auf den Nachlaß nicht möglich ist.

[9] Vgl. Kontrollratsgesetz Nr. 17 vom 28. 2. 1946, KRABl. S. 94.

[10] Vgl. hierzu aber (FR 1952, S. 81: „Überlebte Erbschaftsteuer") den Vor-

Der Übergang der Grundstücke des Erblassers auf die Erbengemeinschaft durch den Erbanfall oder auf einzelne Vermächtnisnehmer durch Vermächtnis unterliegt dagegen nicht der *Grunderwerbsteuer*[11]. Diese Befreiung erklärt sich daraus, daß der Erbanfall der einzelnen Erben ja bereits der Erbschaftsteuer unterliegt. Aber auch dann, wenn im Einzelfall keine Erbschaftsteuer zu entrichten ist, besteht keine Grunderwerbsteuerpflicht[12].

Ebensowenig unterliegt der Übergang der Unternehmung auf die Erben der *Umsatzsteuer*[13], da es sich bei Erwerb durch Erbgang um einen unentgeltlichen Erwerb handelt und daher der Leistungsaustausch fehlt, an den das Gesetz die Steuerpflicht knüpft.

6. Die Befugnis der Erbengemeinschaft zur Fortführung der im Erbgang auf sie übergegangenen Unternehmung

Wenn auch das Unternehmen im Erbwege auf die Erben zur gesamten Hand übergegangen ist, so folgt doch daraus allein noch nicht, daß sie es auch in der Rechtsform der Erbengemeinschaft werbend fortführen können, zumal sich in diesem Falle Bestimmungen handelsrechtlicher und erbrechtlicher Art begegnen, die oftmals im Widerspruch zueinander stehen[1].

Die Stimmen, die gegen die Fortführung der Unternehmung in ungeteilter Erbengemeinschaft sprechen, stellen die Belange des Handelsverkehrs, der eine möglichst klare und reibungslose Führung der Geschäfte anstrebt, den im wesentlichen individualistischen Interessen der Erben voran. *Lion* begründet seine Ablehnung damit, daß das Handelsrecht die Rechtsformen, in welchen Miterben ein Unternehmen betreiben können, erschöpfend regelt[2]. Eine Fortführung des Unternehmens durch die Erbengemeinschaft sei mit ihrem Zweck nicht zu vereinbaren, da sich die Tätigkeit der Erbengemeinschaft grundsätzlich auf die Auseinandersetzung beschränken müsse, die Fortsetzung der Unternehmenstätigkeit dem aber widerspräche, und zwar schon deswegen, weil eine u. U. spekulative Geschäftsführung den Bestand

---

schlag, die Besteuerung bei Erwerb von Betriebsvermögen gesondert nach einem besonderen Tarif vorzunehmen und die Erben erst nach Auszahlung ihrer Erbteile dem normalen Tarif zu unterwerfen.

[11] § 3 Ziff. 2 GrErwStG.

[12] *Boruttau-Klein*, Grunderwerbsteuergesetz, 3. neubearbeitete Auflage, München und Berlin 1951, S. 114.

[13] Ziff. 5 der „Partenkirchner Verordnung" RGBl. 1937, S. 385.

[1] *Goldschmit*, JW 1931, S. 3057.

[2] *Lion*, Max, Offene Handelsgesellschaft oder Erbengemeinschaft? JW 1925, S. 2105. Bereits das Reichsoberhandelsgericht (ROHG 23, 166) hatte jedoch demgegenüber schon festgestellt, daß das HGB keineswegs beabsichtige, die Formen für den Betrieb eines Handelsgeschäftes bei Beteiligung mehrerer Personen erschöpfend zu regeln.

des Nachlasses fortgesetzt gefährde. Nach anderer Ansicht[3] kommt die werbende Fortführung der Unternehmung durch die Erben einer gemeinschaftlichen Verfügung über den Nachlaß im Sinne des § 2040 Abs. 1 BGB gleich; die Erben würden demnach in Ansehung des Unternehmens keine Erbengemeinschaft, sondern eine OHG bilden, wobei jedoch der übrige Nachlaß noch gemeinschaftliches Vermögen der Erben bleibt.

Auch *Binder*[4] gelangt zu dem Ergebnis, daß die Erben das Unternehmen nicht in ungeteilter Erbengemeinschaft fortführen können. Da er das Handelsgeschäft nicht zum Nachlaß rechnet, können nach seiner Ansicht die Erben niemals das Handelsgeschäft des Erblassers fortführen, sondern stets nur ihr eigenes betreiben. In der Fortführung des Geschäftsbetriebes sieht Binder daher regelmäßig den Abschluß eines Gesellschaftsvertrages einer OHG unter den Erben. Das in den Nachlaß fallende Unternehmungsvermögen würde in diesem Falle ohne Teilung oder andere Verfügung zum Gesellschaftsvermögen, ohne daß in seiner rechtlichen Gestaltung irgendeine Änderung eintritt. Das ließe jedoch eine äußerst verwickelte Rechtslage entstehen, weil dasselbe Unternehmungsvermögen, das ja in jedem Falle zum Nachlaß rechnet, zur gleichen Zeit Gegenstand der Erbengemeinschaft und Gesellschaftsvermögen der OHG würde[5].

Die eigentlichen handelsrechtlichen Gründe, die manche Autoren zur Ablehnung der ungeteilten Erbengemeinschaft als Inhaberin der werbend fortgeführten Unternehmung anführen, beruhen auf der Forderung nach unbeschränkter Haftung der Geschäftsinhaber. Eine automatische Umwandlung der Erbengemeinschaft in eine OHG, wie sie von *Lion*[6] deshalb aus Gründen der Einfachheit und Sicherheit des Handelsverkehrs bei ungenütztem Verstreichen der Überlegungsfrist des § 27 Abs. 2 HGB unterstellt wird, geht jedoch weit über das Ziel dieser Bestimmung, die nur nach außen hin Klarheit über die früheren Geschäftsverbindlichkeiten des Erblassers schaffen will, hinaus. Die Erben können nicht gezwungen werden, nach Ablauf einer Frist von drei Monaten eine der Gesellschaften des Handelsrechts miteinander einzugehen, da die kurze Zeit in der Regel zwar genügen wird, um die Haftungsverhältnisse zu klären, nicht aber, um den Erben Klarheit über die vorteilhafteste Art und den günstigsten Zeitpunkt der Verwertung des Unternehmens, z. B. Übernahme durch einen oder durch einen Teil der Erben, Veräußerung an einen Dritten oder aber gemeinschaftliche Fortführung in Form einer Gesellschaft,

---

[3] *Geineder*, Ludwig, Die Rechtsstellung des Veräußerers und Erwerbers eines Erbteils zur Erbengemeinschaft, Jur. Diss. München 1949, S. 71.

[4] *Binder*, a.a.O. S. 88.

[5] *Binder*, a.a.O. S. 225.

[6] JW 1925, S. 2105.

zu verschaffen[7]. Zudem könnte eine derartige überstürzte Umwandlung im Widerspruch zu gesetzlichen (§ 2043 BGB) oder testamentarischen Auseinandersetzungsverboten stehen. Eine Rückwandlung in die Form einer Erbengemeinschaft ist aber nach einer einmal erfolgten Auseinandersetzung nicht mehr möglich, da eine Erbengemeinschaft nur aufgrund des Erbfalles, nicht aber aufgrund einer Vereinbarung unter den Erben entstehen kann. Es wird daher vielfach die Fortführung des Unternehmens durch die Erbengemeinschaft im Interesse einer zweckmäßigen Abwicklung und Verwertung des Nachlasses nicht nur zulässig, sondern geradezu geboten sein[8].

Eine Verpflichtung der Erbengemeinschaft zur Auseinandersetzung des Nachlasses und Abwicklung des Handelsgeschäftes ist auch aus dem Handelsrecht nicht abzuleiten. Vielmehr sind es gerade die Bestimmungen der §§ 22 und 27 HGB bezüglich der Fortführung der Firma bei Erwerb eines Unternehmens von Todes wegen und der Haftung der Erben für die Geschäftsverbindlichkeiten des Erblassers, auf die die herrschende Meinung die Berechtigung der Erbengemeinschaft zur Fortführung des Unternehmens stützt.

Das Recht der Erbengemeinschaft, als Geschäftsinhaberin bei der Fortführung des Unternehmens aufzutreten, ergibt sich jedoch schon aus ihrer alleinigen Befugnis zur Verwaltung des ungeteilten Nachlasses[9], stellt doch die Fortführung einen Akt der Verwaltung des Nachlasses dar mit dem Zweck, diesen zu erhalten[10]. Eine Erhaltung des Nachlasses ist aber nur bei kontinuierlicher Betriebstätigkeit denkbar.

Eine zeitliche Begrenzung dieses Rechtes besteht nicht[11], insbesondere besteht keine Beschränkung des Rechtes zur Fortführung auf einen zur Abwicklung und Auseinandersetzung ausreichenden Zeitraum. Denn wenn die Erbengemeinschaft im gewöhnlichen Falle völlig freie Hand hinsichtlich des Zeitpunktes der Auseinandersetzung hat, so besteht kein Grund für die Annahme, daß eine Beschränkung dieses Rechtes eintreten soll, wenn ein Unternehmen zum Nachlaß gehört. Die Erbengemeinschaft kann vielmehr das Unternehmen während der ganzen Dauer ihres Bestehens betreiben[12]. Wenn dies

---

[7] KG JFG 7, 160.

[8] KG DNotZ 1938, S. 822; KG JFG 5, 209; KG DJ 1939, S. 400.

[9] *Weipert*, a.a.O. Anm. 65 zu § 105 HGB.

[10] OLGR 4, 454; *Winckelmann*, Gustav, Der Übergang eines Handelsgeschäftes eines Einzelkaufmanns auf eine Mehrheit von Erben, Göttingen, Jur. Diss. 1923, S. 9.

[11] BGH u. v. 17. 1. 1951 II ZR 16/50 BGHZ 1, 65; KG JFG 19, 84; KG DNotZ 1939, S. 273.

[12] KG RJA 9, 159; KG OLGR 4, 454.

auch vereinzelt bestritten wird[13], so hat es sich doch zur festen Rechtsprechung entwickelt[14].

Stehen somit auch der Zulässigkeit einer Fortführung der Unternehmung durch die Erbengemeinschaft nach überwiegender Meinung keine durchschlagenden rechtlichen Bedenken entgegen[15], so ist damit doch noch nicht die Frage entschieden, ob eine auf längere Dauer beabsichtigte Fortführung in dieser Rechtsform auch unter dem Gesichtspunkt der wirtschaftlichen Zweckmäßigkeit vertretbar erscheint. Diese Frage soll im einzelnen bei der Darstellung der Probleme untersucht werden, die sich aus der Fortführung des Unternehmens durch die Erbengemeinschaft als Unternehmergemeinschaft in bezug auf Haftung, Geschäftsführung, Vertretung, Gewinnverteilung, Besteuerung usw. ergeben.

Es muß jedoch schon an dieser Stelle darauf hingewiesen werden, daß bei Vorliegen gewisser äußerer Umstände aus der Fortführung der werbenden Tätigkeit der Unternehmung eine stillschweigend beschlossene Umwandlung in eine Offene Handelsgesellschaft abgeleitet werden kann. In diesem Falle müssen sich die Erben als Gesellschafter einer OHG behandeln lassen; ob sie sich im Innenverhältnis weiterhin als Miterben gegenüberstehen wollen, ist demgegenüber unbeachtlich[16].

---

[13] Vgl. *Cohn*, Theodor, Der Registerrichter, JW 1926, S. 481 ff., nach dessen Ansicht in der Fortführung stets die Absicht zum Ausdruck kommt, diesen Zustand dauernd beizubehalten, woraus man einen durch konkludente Handlung geschlossenen Gesellschaftsvertrag entnehmen könnte.

[14] Vgl. RGZ 127, 153; RG JW 1926, 552; KG JW 1938, S. 3117; KGJ 35 A 152; KGJ 48 A 127. KG DJ 1939, S. 400 betrachtet dagegen die Fortführung eines ererbten Unternehmens durch die Erbengemeinschaft nur als Notbehelf, da die Erbengemeinschaft zum Auftreten im Handelsverkehr ungeeignet sei.

[15] Daraus läßt sich jedoch nicht der Satz ableiten, daß schlechthin eine Mehrheit von Personen in der Wahl der Rechtsform, unter der sie ein Handelsgeschäft betreiben will, frei sei. Eine Erbengemeinschaft kann daher auch nicht Inhaberin eines Unternehmens sein, das nicht zum Nachlaß des Erblassers gehört. Vgl. KG JFG 9, 111; KG HRR 1936, Nr. 35.

[16] Vgl. im einzelnen Teil 3, Abschnitt 3.

Zweiter Teil

Die Erbengemeinschaft als Unternehmergemeinschaft

1. Die Erbengemeinschaft als Einzelkaufmann

Selbst wenn die Erben beabsichtigen sollten, unmittelbar nach dem Erbfall die Auseinandersetzung des gemeinschaftlichen Nachlasses durchzuführen, wird ihnen dies nur in den seltensten Fällen möglich sein. Die Vorbereitung der Auseinandersetzung erfordert erfahrungsgemäß umfangreiche Feststellungen bezüglich Wert und Umfang des Nachlasses; auch muß allen Erben genügend Zeit gewährt werden, damit sie sich über die günstigste Verwertung ihres Nachlaßanteils schlüssig werden können. Häufig schließt auch der Erblasser eine sofortige Auseinandersetzung im Interesse der Unternehmungserhaltung testamentarisch aus.

Die Tatsache, daß eine Erbengemeinschaft als Rechtsnachfolgerin eines verstorbenen Unternehmers und als Inhaberin eines Unternehmens im Handelsverkehr auftritt, ist daher eine alltägliche Erscheinung. Obwohl die damit zusammenhängenden Fragen aus diesem Grunde große praktische Bedeutung erlangen, finden sie eine nur unzulängliche und zudem umstrittene Behandlung in Rechtsprechung und Rechtswissenschaft[1]. Die Darstellung der Fragen, die sich aus dem Betriebe eines Unternehmens durch eine Erbengemeinschaft ergeben, soll Aufgabe der folgenden Abschnitte sein.

Die Auffassung von *Lion*[2], daß die Erbengemeinschaft des Einzelunternehmers sich allein aufgrund der Fortführung des Unternehmens in eine Offene Handelsgesellschaft umwandelt, wird in bezug auf die Frage der Haftung für die Geschäftsverbindlichkeiten des Erblassers von der h.M. seit jeher bestritten[3]. Infolgedessen muß man es auch ablehnen, die Fragen der Firma, der Geschäftsführung und Vertretung der Erbengemeinschaft, der Verteilung der erzielten Geschäftsgewinne usw. entsprechend den Bestimmungen der §§ 105 ff. HGB zu beurteilen, da diese lediglich auf Personengesellschaften zugeschnittenen Vorschriften in vielen Fällen in Widerspruch zu bestimmten erbrechtlichen Bestimmungen stehen, die die Nachlaß-

---

[1] *Gruß*, Lothar, Die Fortführung eines Handelsgeschäftes durch eine Erbengemeinschaft, Der Betrieb 1955, S. 573.

[2] JW 1925, S. 2105.

[3] *Michaelis*, Erbengemeinschaft und Handelsgeschäft, ZAkDR 1940, S. 193.

gläubiger vor Vermögensverlusten und die Miterben vor Willkür schützen wollen. Obwohl die Erbengemeinschaft das Unternehmen gemeinschaftlich erwirbt und fortführt, tritt sie nach außen hin ebenso wie der Erblasser als Einzelkaufmann auf. Ihr Innenverhältnis bestimmt sich im Gegensatz dazu nach Erbrecht[4] und nicht etwa nach Handelsrecht. Als Unternehmergemeinschaft kann die Erbengemeinschaft, die das Unternehmen des Erblassers fortführt, daher nur im wirtschaftlichen, nicht aber im handelsrechtlichen Sinne angesprochen werden[5].

Die Verfasser des BGB haben den Fall, daß der Nachlaß im wesentlichen aus einem Erwerbsgeschäft besteht, bei der Regelung des Verhältnisses der Erben untereinander unberücksichtigt gelassen und nur darauf abgestellt, daß es sich um ruhendes Vermögen, z. B. Haus- und Grundbesitz handelt. Der Verwaltung eines solchen Nachlasses könnte man freilich aufgrund der Vorschriften der Gemeinschaft nach Bruchteilen, auf die § 2038 Abs. 2 BGB hinweist, gerecht werden. Will man jedoch anhand dieser Bestimmungen einen Nachlaß verwalten, der zum größten Teil aus einem gewerblichen Unternehmen besteht, so können sich daraus die im einzelnen näher darzustellenden Unzuträglichkeiten ergeben, die die Rechtsform der Erbengemeinschaft zum Betreiben eines Unternehmens grundsätzlich ungeeignet erscheinen lassen.

2. Die Firma der Erbengemeinschaft, die das Unternehmen des Erblassers fortführt

Das HGB hat bezüglich der Firma einer Erbengemeinschaft, die das Unternehmen ihres Erblassers fortführt, keine besonderen Bestimmungen getroffen. Im Hinblick darauf, daß sich die Erbengemeinschaft als die Fortsetzung der Person des Erblassers in seinen Rechtsbeziehungen darstellt[1], muß sie firmenrechtlich wie der Erblasser, der Einzelkaufmann war, behandelt werden. Sie ist daher eintragungsfähige Inhaberin des einzelkaufmännischen Unternehmens[2] und kann unter der Firma eines Einzelkaufmanns Geschäfte betreiben, klagen und verklagt werden, § 17 HGB. Ob sie als solche auch im Grundbuch eingetragen werden kann, ist allerdings umstritten[3].

---

[4] Vgl. §§ 2032 ff. BGB.

[5] Dies kommt vor allem in der steuerlichen Beurteilung zum Ausdruck; vgl. u. a. RFH vom 20. 7. 1938, RStBl. 1938, S. 940.

[1] KG JFG 5, 209.

[2] KG RJA 9, 159; RGZ 35, 17; 127, 153.

[3] *Hochgräbe* (H., Bernhard, Vergleich einer Erbengemeinschaft, die ein offenes Handelsgewerbe betreibt, mit einer Offenen Handelsgesellschaft, Jur. Diss. Jena 1934, S. 53) hält eine einmal unter der Firma erfolgte Eintragung für gültig.

Die Erben haben die Möglichkeit, entweder die bisherige Firma des Erblassers mit oder ohne einen das Nachfolgeverhältnis andeutenden Zusatz („Erben", „Nachfolger") fortzuführen oder aber eine neue Firma anzunehmen. Da die Entscheidung über Fortführung der alten oder Annahme einer neuen Firma von einiger Bedeutung im Hinblick auf die Haftung der Erben für die Geschäftsverbindlichkeiten des Erblassers ist, erfordert sie einen Mehrheitsbeschluß[4]. Von einem einzelnen Erben kann diese Frage nicht entschieden werden, da es sich nicht um eine „zur Erhaltung des Nachlasses notwendige Maßnahme" im Sinne des § 2038 BGB handelt. Führen die Erben das Unternehmen unter der bisherigen Firma in ungeteilter Erbengemeinschaft fort, so ist lediglich die Änderung der Firmeninhaber von den Erben zum Handelsregister anzumelden.

Da das Handelsregister die Namen aller Inhaber enthalten muß, ist es nicht zulässig, nur die Witwe des Inhabers oder einen der Söhne als Miterben eintragen zu lassen, wenn diese etwa zu Testamentsvollstreckern bestellt sein sollten. Für den Fall, daß sich die Witwe wiederverheiratet oder einer der Miterben aus der Unternehmung austreten will, könnten sich anderenfalls aus dieser unrichtigen Eintragung Schwierigkeiten ergeben; die Nachlaßgläubiger müßten u. U. erst einen umständlichen Nachweis für die Haftung der Miterben antreten, statt einfach auf das Handelsregister verweisen zu können[5].

Nehmen die Erben eine neue Firma an, so spricht dies zwar grundsätzlich für den stillschweigend erfolgten Abschluß eines Gesellschaftsvertrages, mithin für die Umwandlung in eine Handelsgesellschaft[6]. Doch ist es auch denkbar, daß der Erblasser selbst keine Firma führte oder die Fortführung einer bestehenden Firma testamentarisch verboten hat. Ein solcher Fall ist im Gesetz nicht enthalten und vom Gesetzgeber offenbar nicht berücksichtigt worden. Da aber die Erben in die gesamte Rechtsstellung des Erblassers eingerückt sind, müssen die für die Firma eines Einzelkaufmannes in § 18 HGB getroffenen Bestimmungen entsprechende Anwendung finden[7]. Die Erben müssen darum das Unternehmen unter einer ursprünglichen Firma eintragen lassen[8], die den Vorschriften über die Firma eines Einzelkaufmanns genügt, die aber zugleich das Bestehen einer Erbengemeinschaft zum Ausdruck bringt.

---

4 *Lohauß,* a.a.O. S. 40.

5 *Bondi,* Felix, Eintragung von Erben eines Einzelkaufmanns in das Handelsregister, Deutsche Juristenzeitung 1923, S. 563.

6 *Pisko,* a.a.O. S. 105.

7 KG JFG 5, 209.

8 KG JW 1938, S. 3117. Diese Entscheidung muß jedoch als Ausnahme gewertet und darf nicht verallgemeinert werden. Eine entsprechende Handhabung kann die fortführenden Erben leicht zu der irrigen Ansicht verleiten, daß sie auch nur als Erben zu haften brauchen.

3. Die Haftung der Erben für die gemeinschaftlich begründeten Geschäftsverbindlichkeiten

Für alle Verbindlichkeiten, die die Erben bei der Fortführung des Unternehmens in ungeteilter Erbengemeinschaft, gleichgültig, ob vor oder nach Ablauf der Überlegungsfrist des § 27 HGB, in ihrem eigenen Namen eingehen, haften sie zunächst immer als Inhaber der Unternehmung[1] gemäß §§ 427, 431 BGB

1. unmittelbar, also ohne den Umweg über die Erbengemeinschaft,
2. gesamtschuldnerisch, also nicht etwa anteilsmäßig,
3. unbeschränkt, also ohne erbrechtliche Haftungsbeschränkungen,
4. persönlich, also nicht nur mit ihrem Anteil am Nachlaß, sondern auch mit ihrem Privatvermögen[2].

Es haften jedoch stets die einzelnen Erben; die Erbengemeinschaft als solche kann dagegen keine Verbindlichkeiten eingehen, da sie keine selbständige Rechtspersönlichkeit besitzt[3].

Darüber hinaus werden durch die Schulden, die beim Betriebe eines ererbten einzelkaufmännischen Unternehmens entstehen, auch Nachlaß-Eigenverbindlichkeiten[4] begründet, falls die Verbindlichkeiten, was in der Regel zu unterstellen ist, zur ordnungsgemäßen Verwaltung des Nachlasses erforderlich wurden. Neben dem Erben, der mit seinem Anteil am Nachlaß wie mit seinem Eigenvermögen für die Schulden einstehen muß, haftet daher auch der Nachlaß selbst; es entsteht somit eine „Art Gesamtschuldverhältnis“[5] zwischen Nachlaß und Eigenvermögen. Dabei spielt es keine Rolle, ob die Verbindlichkeiten im Rahmen der produktiven Tätigkeit der Unternehmung oder nur im Hinblick auf die künftige Auseinandersetzung eingegangen wurden, wenn nur die Rechtsgeschäfte im Namen der Miterben und in Ausübung der gewerblichen Tätigkeit abgeschlossen wurden[6].

Die Schuldenhaftung einer Erbengemeinschaft, die ein Einzelunternehmen weiterbetreibt, ist demnach im wesentlich die gleiche wie bei einer OHG[7]. Dort haftet das Gesellschaftsvermögen, hier der Nachlaß, wenn die Verbindlichkeit in ordnungsgemäßer Verwaltung des Nachlasses eingegangen wurde. Diese Einschränkung ist jedoch bedeutungs-

---

[1] Voraussetzung für die solidarische Haftung aller Erben ist natürlich, daß der Miterbe, der die Verbindlichkeit eingegangen ist, auch vertretungsberechtigt war, da er sonst nur wie ein Vertreter ohne Vertretungsmacht handelte.

[2] RGZ 132, 138; KG HRR 1937 Nr. 1347.

[3] RGZ 123, 369; KG HRR 1935 Nr. 678.

[4] *Erman*, a.a.O. Anm. 8 b zu § 1967 BGB. *Soergel-Ehard-Eder*, a.a.O. Anm. 3 c zu § 1967; *Planck*, a.a.O. Anm. 4 zu § 1967; *Palandt*, a.a.O. Anm. 4 zu § 1967 BGB.

[5] *Staudinger*, a.a.O., Anm. 2 b zu § 1967 BGB, RGR-Kommentar zum BGB Anm. 3 zu § 1967 BGB.

[6] *Lohauß*, a.a.O., S. 42.

[7] *Hochgräbe*, a.a.O., S. 64.

los, weil darüber hinaus jeder Erbe mit seinem Anteil am Nachlaß persönlich und gesamtschuldnerisch für alle Verbindlichkeiten haftet; das Haftungsobjekt ist also jeweils das gleiche. § 139 Abs. 4 HGB, der den Erben eines verstorbenen Gesellschafters einer OHG das Wahlrecht zwischen dem Eintritt unter beschränkter oder unbeschränkter Haftung gewährt, ist jedoch für den Fall der Beerbung eines Einzelunternehmers durch eine gemeinschaftlich fortführende Erbengemeinschaft nicht anwendbar. Dort sind die Gläubiger durch die unbeschränkbare und unmittelbare Haftung der übrigen Gesellschafter geschützt, hier aber ist eine Fortführung ohne persönliche Haftung der Nachfolger und ohne sachliche Haftung des Unternehmungsvermögens nicht denkbar. Abweichende Vereinbarungen der Miterben, die die Haftung für einzelne unter ihnen beschränken, sind darum nur im Innenverhältnis wirksam, da das Gesetz eine solche Beschränkung nur innerhalb der eigens dafür vorgesehenen Rechtsformen kennt. Jedes geschäftliche Auftreten im Handelsverkehr ohne Benutzung der Rechtsform einer Kommanditgesellschaft oder einer juristischen Person ist nach außen hin jedoch mit unbeschränkter persönlicher Haftung verbunden[8].

Die Erbengemeinschaft erscheint daher, entgegen den Bedenken von *Lion*, durchaus in der Lage, den handelsrechtlichen Anforderungen in bezug auf die Haftung für die Verbindlichkeiten zu genügen, die bei der gemeinschaftlichen Fortführung des ererbten Unternehmens entstehen.

4. Geschäftsführung und Vertretung der Erbengemeinschaft

a) Übertragung handelsrechtlicher Begriffe auf die erbrechtliche Unternehmergemeinschaft

Während im HGB die Fragen der Geschäftsführung und Vertretung einer OHG im einzelnen geregelt sind, kennt das BGB eine ähnliche Bestimmung in dieser Form für die Erbengemeinschaft nicht, wie es überhaupt den Fall der werbenden Fortführung eines ererbten Unternehmens durch die Erbengemeinschaft nicht berücksichtigt. Da die Fortführung nur eine besondere Form der Verwaltung des Nachlasses darstellt[1], muß versucht werden, die entsprechenden Bestimmungen den §§ 2038 ff. BGB, die die Verwaltung des Nachlasses durch die Erbengemeinschaft regeln, zu entnehmen[2].

Das HGB schafft mit den Begriffen der *Geschäftsführung* und der *Vertretung* der Gesamthandgemeinschaft eine klare Unterscheidung

[8] KG JW 1937, S. 2599.

[1] KG JW 1939, S. 565.

[2] Die gemeinschaftliche Verwaltung des Nachlasses richtet sich im wesentlichen nach den Regeln der Bruchteilsgemeinschaft, §§ 2038, 743, 745, 746 und 748 BGB.

zwischen den Bestimmungen, die sich auf das Verhältnis der Gesellschafter untereinander beziehen und jenen, die nur auf die Wirkung gegenüber Dritten abgestellt sind. Eine ähnliche klare Trennung hat das BGB nicht vorgenommen. Zwar umfaßt der Begriff der *Verfügung über Nachlaßgegenstände* (§ 2040) nur die Rechtsbeziehungen der Erben gegenüber Dritten, die *Verwaltung des Nachlasses* (§ 2038) enthält dagegen neben der Regelung der Rechte, die sich nur auf das Innenverhältnis der Erben untereinander auswirken, wie Sicherung, Erhaltung, Vermehrung und Nutzung des Nachlasses, auch diejenigen Geschäfte, durch die sich die Erben gleichzeitig mit Wirkung gegenüber Dritten verpflichten[3], die aber im Gesellschaftsrecht nur durch das Recht der Vertretungsmacht geregelt werden.

Wenn im folgenden die Innenbeziehungen der Erben untereinander bei ihrem Auftreten im Handelsverkehr als *Geschäftsführung,* die Regelung der Außenbeziehungen als *Vertretung* bezeichnet werden, so muß daher einschränkend berücksichtigt werden, daß das Gesetz selbst an keiner Stelle diese Begriffe verwendet und es sich also nur um eine analoge Anwendung dieser rein handelsrechtlichen Begriffe auf die entsprechenden erbrechtlichen Bestimmungen handelt.

b) Geschäftsführung der Erbengemeinschaft

aa) „Geschäftsführung" und „Verwaltung des Nachlasses"

Wie den Gesellschaftern einer OHG die Geschäftsführung, so steht auch den Miterben die Verwaltung des Nachlasses nur gemeinschaftlich zu. Sie sind aber nicht nur berechtigt, sondern einander auch verpflichtet, bei Maßnahmen mitzuwirken, die zur ordnungsmäßigen Verwaltung des Nachlasses erforderlich sind. Dies wird notwendig, weil die Verpflichtungsgeschäfte, durch die sich die Erbengemeinschaft Dritten gegenüber bindet, nur gemeinschaftlich und nicht etwa nur durch eine Mehrheit von Erben durchgeführt werden können.

Während bei der OHG jedoch aus Gründen der schnelleren und reibungsloseren Abwicklung der Geschäfte grundsätzlich Einzelgeschäftsführung zugelassen ist und die gemeinschaftliche Beschlußfassung nur auf die Vornahme „ungewöhnlicher Handlungen", die eine entscheidende Bedeutung für die Gesellschaft haben können, beschränkt ist, kann der einzelne Erbe nur dann selbständig und ohne vorherige Zustimmung der Miterben handeln, wenn es sich um Maßnahmen handelt, die zur Erhaltung des Nachlasses unbedingt erforderlich sind und die im Rahmen der ordnungsgemäßen Verwaltung des Nachlasses liegen, wie etwa dringende Reparaturen zur Abwendung eines drohenden Schadens, Bezahlung fälliger Schulden, um eine Zwangsvollstreckung zu verhindern u. ä. Welche Maßnahmen im ein-

---

[3] § 2038 Abs. 1, S. 2.

zelnen zu denen gehören, die von einem Miterben allein getroffen werden können, ist vom Standpunkt eines „vernünftig und wirtschaftlich denkenden Beurteilers zu entscheiden“[4]. Ausschlaggebend ist dabei nicht nur der Umstand, daß die Maßnahmen so dringend sind, daß sie einen Aufschub bis zur Zustimmung der übrigen Erben nicht vertragen. Eine so enge Abgrenzung hält der BGH[5] im Interesse der Erleichterung der Nachlaßverwaltung nicht für zweckmäßig. Erfordert jedoch die Durchführung der als notwendig erkannten Maßnahmen eine erhebliche Verpflichtung des Nachlasses, so können diese nur dann als notwendig im Sinne des § 2038 BGB beurteilt werden, wenn sie so dringend sind, daß die Zustimmung der übrigen Miterben nicht mehr abgewartet werden kann. Größere Investitionen, die erforderlich sind, um den Nachlaß, hier insbesondere die Unternehmung als leistungsfähige Wirtschaftseinheit zu erhalten, setzen darum regelmäßig gemeinschaftliche Beschlußfassung der Erben voraus[6]. Eine derart umständliche und zeitraubende Geschäftsführung entspricht natürlich keineswegs den Anforderungen, die der Betrieb einer kaufmännischen Unternehmung stellt. Hier kommt es darauf an, daß die geeigneten Persönlichkeiten Entschlüsse schnell fassen und vor allem auch schnell ausführen können. Dies ist aber nicht möglich, wenn eine größere Zahl nichtsachverständiger Miterben den fortführenden Erben in seiner unternehmerischen Bewegungsfreiheit behindern, indem sie ihm die Zustimmung zur Durchführung von Investitionen versagen, die er unter unternehmerischen Gesichtspunkten als dringend notwendig erkannt hat. Daher wird man in den Fällen, in denen der zum späteren Alleininhaber vorgesehene Erbe die Geschäfte bis zur Abwicklung und Auseinandersetzung für seine Miterben mit deren Einverständnis führt, im Einzelfall eine durch stillschweigende Übereinkunft getroffene Beschlußfassung aller Erben annehmen können, vor allem dann, wenn die Witwe das Unternehmen im Namen der noch geschäftsunerfahrenen Kinder leitet[7].

Der Erblasser kann jedoch auch einem oder mehreren Miterben durch testamentarische Bestimmung die Verwaltung des Nachlasses im allgemeinen oder die Führung der Geschäfte der Unternehmung im besonderen übertragen. Doch wird einer solchen Bestimmung in der Regel die Einsetzung als Testamentsvollstrecker zu entnehmen sein[8]. Andererseits kann ein einzelner Geschäftsführer auch durch freie Vereinbarung der Miterben oder durch Wahl bestimmt werden.

---

[4] BGH vom 8. 5. 1952, BGHZ 6, 76.

[5] a.a.O.

[6] Die Durchführung von Bauvorhaben an einem Nachlaßgrundstück erfordert Mehrheitsbeschluß, OLG Düsseldorf, MDR 1947, S. 289.

[7] Sind die Kinder noch minderjährig, so ist die Witwe als gesetzliche Vertreterin ohnehin zur Geschäftsführung berechtigt.

[8] *Erman*, a.a.O., Anm. 5 b zu § 2038 BGB.

bb) Beschlußfassung und Stimmrecht

In der Frage der Beschlußfassung und des Stimmrechts unterscheidet sich die Erbengemeinschaft ebenfalls von der OHG. Während der gemeinschaftliche Beschluß bei der OHG, der allerdings nur in seltenen Fällen erforderlich wird, grundsätzlich *Einstimmigkeit* erfordert, genügt bei der Erbengemeinschaft der *Mehrheitsbeschluß*, § 2038 Abs. 1, § 745 Abs. 1 BGB. Die Mehrheit wird dabei aus dem Verhältnis der materiellen Beteiligung der Erben am Nachlaß, also aus ihrer *Erbquote* errechnet, während in den Fällen, in denen das Mehrheitsprinzip bei einer OHG vereinbart ist, in der Regel die Stimme jedes Gesellschafters gleich schwer wiegt[9].

Auch in diesem Punkt tritt der wesentliche Unterschied zwischen OHG und Erbengemeinschaft zutage, der auf ihrer verschiedenen Zweckbestimmung beruht. Die OHG ist gekennzeichnet durch das Vertrauensverhältnis der Gesellschafter und durch ihre auf einen Dauerzustand abgestellte persönliche Verbundenheit zum Zwecke der Erreichung eines gemeinsamen Zieles. Die Erbengemeinschaft ist dagegen eine rein zufällig entstandene Vermögensgemeinschaft, deren Hauptzweck die Auseinandersetzung ist und die grundsätzlich nur zur besseren Verwertung des Nachlasses von längerem Bestand sein sollte. Die günstigste Verwertung des gemeinschaftlichen Vermögens ist also das Hauptanliegen der Erben, und dies erklärt auch, warum das Stimmrecht auf die Größe des Anteils abgestellt wird, den der Miterbe an diesem gemeinschaftlichen Vermögen, dem Nachlaß, besitzt.

Dieses auf die materielle Beteiligung der Erben abgestellte Stimmrecht kann für die Witwe des Unternehmers unangenehme Auswirkungen haben. Wäre sie nur gesetzliche Erbin zu ein Viertel des Nachlasses, so könnte sie in allen die Verwaltung des Nachlasses betreffenden Fragen von den übrigen Erben, u. U. selbst von dem einzigen Miterben, überstimmt werden. Will der Unternehmer seine Ehefrau hiervor schützen, so muß er ihr entweder eine entsprechende materielle Beteiligung testamentarisch zuweisen oder ihr durch andere Maßnahmen einen größeren Einfluß auf den Nachlaß und seine Verwaltung zubilligen[10].

cc) Umfang der Geschäftsführung

Durch Stimmenmehrheit kann nur eine der Beschaffenheit des gemeinschaftlichen Gegenstandes entsprechende Verwaltung beschlossen

---

[9] Selbstverständlich besteht auch bei einer OHG die Möglichkeit, durch entsprechende Bestimmungen des Gesellschaftsvertrages die Frage des Stimmrechts ähnlich wie bei einer Kapitalgesellschaft zu regeln.

[10] Vgl. die Abschnitte über die Testamentsvollstreckung und den Nießbrauch.

werden; eine wesentliche Veränderung des Gegenstandes darf jedoch weder beschlossen noch verlangt werden, § 745 BGB. Solche wesentlichen Veränderungen sind nicht allein Verschlechterungen der Nachlaßgegenstände, sondern können sich u. U. auch aus der Errichtung unverhältnismäßig teuerer Anlagen ergeben[11]. Die Anwendung dieser Bestimmungen des Gemeinschaftsrechtes auf einen Nachlaß, zu dem ein gewerbliches Unternehmen gehört, stößt jedoch auf große Schwierigkeiten und kann die Geschäftsführung des Unternehmens erheblich beeinträchtigen, wenn die Ordnungsmäßigkeit der Verwaltung des Nachlasses von einem Teil der Erben bestritten wird. Zu dieser Frage ist jedoch so gut wie keine Rechtsprechung bekannt, woraus man schließen kann, daß diese erbrechtliche Einschränkung in der Praxis durch interne Vereinbarungen umgangen wird, das Leben sich also trotzdem zu helfen weiß.

dd) Ausschluß von der Geschäftsführung

Da das BGB eine „Geschäftsführung“ im eigentlichen Sinne bei der Erbengemeinschaft nicht kennt, bestehen auch keine Bestimmungen über einen evtl. Ausschluß einzelner Erben von der Geschäftsführung; diese steht den Erben von Gesetzes wegen nur gemeinschaftlich zu. Soll jedoch ein einzelner Erbe aus Gründen einer Vereinfachung der Geschäftsführung an der Verwaltung des Nachlasses keinen Anteil haben, so kann er einem seiner Miterben eine Vollmacht erteilen, aufgrund deren dieser Erbe ihn bei allen Verwaltungs- bzw. Geschäftsführungshandlungen gegenüber den übrigen Miterben vertreten kann. Dies erfordert natürlich einen freiwilligen Entschluß des „auszuschließenden“ Erben. Doch zeigt sich auch hier ein wesentlicher Unterschied zur OHG. Während der ausgeschlossene Gesellschafter einer OHG, von gewissen Überwachungsrechten abgesehen[12], zur Ausübung der Geschäftsführung tatsächlich nicht in der Lage ist, bleibt der Miterbe auch nach formeller Übertragung seiner Rechte an einen Miterben weiterhin zur Ausübung der ihm aus der gemeinschaftlichen Verwaltung des Nachlasses zustehenden Rechte berechtigt[13]. Hierin liegt eine Gefahr für die das Unternehmen fortführenden Erben, da sie jederzeit durch Miterben, die sich in ihren Rechten beeinträchtigt fühlen, bei der Ausübung der Geschäftsführung erheblich behindert werden können.

ee) Entziehung der Geschäftsführungsbefugnis

Auch die Möglichkeit einer Entziehung der Geschäftsführungsbefugnis bzw. des Rechtes, an der gemeinschaftlichen Verwaltung des

---

[11] BayOLG „Recht“ 1908, S. 2662.

[12] Vgl. § 118 HGB.

[13] *Hochgräbe*, a.a.O., S. 45.

Nachlasses teilzunehmen, ist im Gesetz nicht vorgesehen, würde aber auch dem Wesen der nicht durch freiwilligen Zusammenschluß, sondern zwangsweise zustandegekommenen Erbengemeinschaft widersprechen. Es scheint daher, im Vergleich zur OHG, der Schutz der Erben als Mitunternehmer gegen Schädigungen durch einzelne unter ihnen gering. Zwar kann jeder Miterbe eine den Interessen aller Teilhaber entsprechende Verwaltung verlangen und erforderlicherweise auch auf dem Prozeßwege erzwingen[14]; eine derartige Verschleppung dringender und notwendiger wirtschaftlicher Maßnahmen kann aber u. U. schwere geschäftliche Schäden zur Folge haben, die trotz der Schadensersatzpflicht der schuldhaft handelnden Erben[15] nicht wieder gutzumachen sind. Im konkreten Einzelfall kann sich die als Unternehmergemeinschaft auftretende Erbengemeinschaft daher als völlig unzureichende Rechtsform erweisen.

c) Vertretung der Erbengemeinschaft

Die Gesellschafter der in mancher Beziehung körperschaftlich organisierten OHG können einen oder mehrere gemeinschaftlich handelnde Gesellschafter durch Rechtsgeschäft bevollmächtigen, die Gesellschaft Dritten gegenüber zu vertreten. Diese mit *Vertretung* bezeichnete Bevollmächtigung befähigt allein den betreffenden Gesellschafter zu Handlungen, die die Gesellschaft verpflichten; alle übrigen Gesellschafter sind von der Vertretung ausgeschlossen.

Die Erbengemeinschaft dagegen ist weder eine juristische Person noch nach Art einer solchen derart organisiert, daß sie, ähnlich wie eine OHG, als solche vertreten werden könnte[16]. Die Miterben können vielmehr stets nur gemeinschaftlich über die Nachlaßgegenstände verfügen. Während aber die Entscheidungen, die den geschäftlichen Maßnahmen vorausgehen, durch Mehrheitsbeschluß getroffen werden können, ist die nach außen hin wirksame Durchführung dieser Maßnahmen nur aufgrund gemeinschaftlichen Handelns aller Erben möglich; sie setzt also Einstimmigkeit voraus[17].

Die Erben können jedoch einen widerstrebenden Miterben zur Mitwirkung bei Maßnahmen, die zur ordnungsmäßigen Verwaltung erforderlich sind und die mit Stimmenmehrheit beschlossen wurden, verklagen. Wenn sich eine solche Klage z. B. auf die Abgabe der im Grundstücksverkehr erforderlichen Erklärungen erstreckt, so können diese Erklärungen gegebenenfalls durch ein rechtskräftiges Urteil nach § 894 ZPO ersetzt werden.

---

[14] KG RJA 13, 226.

[15] Die Erben haften auch untereinander als Gesamtschuldner, OGH Köln MDR 1949, S. 287.

[16] KG HRR 1939 Nr. 1472.

[17] So ist die Erbengemeinschaft z. B. nicht wechselfähig, es müssen vielmehr grundsätzlich sämtliche Miterben unterzeichnen.

Verständlicherweise würden sich aus einem solchen Verfahren erhebliche Behinderungen im Geschäftsverkehr, unnötige Kosten und Zeitverluste ergeben, die sich besonders nachteilig auswirken, wenn notwendige Maßnahmen eine schnelle Ausführung erfordern. Die Frage nach der Möglichkeit irgendeiner Form der Vertretung der Erbengemeinschaft ergibt sich daher zwangsläufig.

Eine *gesetzliche* Vertretungsmacht eines einzelnen Miterben kennt das Gesetz nur in den Fällen der zur Erhaltung des Nachlasses erforderlichen Notverpflichtungsgeschäfte, die dem handelnden Erben auch im Innenverhältnis die Befugnis zur alleinigen Geschäftsführung geben, § 2038 Abs. 1 S. 3. Nur in diesem Fall kann ein Erbe, wenn er dies auch nach außen erkennen läßt, für den Nachlaß und damit für die Erbengemeinschaft als solche handeln. Eine anderweitige Vertretung der Erbengemeinschaft in der Art und dem Umfange, wie dies bei der OHG der Fall ist, hat das Gesetz jedoch nicht vorgesehen.

Wohl aber können die Miterben einen unter ihnen zur Vornahme der im Geschäftsverkehr üblichen Handlungen durch *Rechtsgeschäft* bevollmächtigen. Dieser Erbe gilt dann jedoch nur als Vertreter der einzelnen Miterben, nicht aber als Vertreter der Erbengemeinschaft[18]. Diese Bevollmächtigung kann gleichzeitig mit einem Dienstvertrag verbunden sein, aus dem der Miterbe für seine Tätigkeit im Interesse der Erbengemeinschaft entlohnt wird.

Im Gegensatz zur OHG, die eine alleinige Vertretung durch den vertretungsberechtigten Gesellschafter kennt, bleiben die Miterben als Vollmachtgeber aber zur Vornahme der selben Handlungen nach wie vor berechtigt, können also nicht von der Vertretung ausgeschlossen werden. Der Ausschluß von der Vertretung ist durch § 125 HGB auf die OHG beschränkt, eine analoge Anwendung auf andere Rechtsgemeinschaften ist infolgedessen nicht zulässig[19]. Eine anderslautende Vereinbarung der Erben würde Dritten gegenüber nicht wirksam. Es kann im Handelsregister weder eingetragen werden, daß einzelne Erben zur Vertretung der — als Einzelkaufmann eingetragenen — Firma berechtigt, noch, daß die übrigen Erben von der Vertretung ausgeschlossen sind, da bürgerlich-rechtliche Rechtsverhältnisse wie die Vollmacht grundsätzlich keinen Platz im Handelsregister haben. Aber auch die Handlungsvollmacht als Abart der bürgerlichrechtlichen Vollmacht ist nicht eintragungsfähig[20]. Prokura, auf der anderen Seite, können die Erben wohl einem außenstehenden

[18] KG HRR 1939 Nr. 313.

[19] KG KGJ 48 A 127.

[20] KG RJA 17, 102; KG RJA 9, 159.

Dritten[21], nicht aber einem der Miterben übertragen[22]. Das Kammergericht[23] verneint das Bedürfnis einer solchen Prokura-Erteilung, da es die Fortführung des ererbten Unternehmens durch die Erbengemeinschaft als einen Notbehelf und zumindest auf längere Zeit als unerwünscht ansieht. Es sieht daher auch keinen Anlaß, das Fortbestehen der Erbengemeinschaft hinsichtlich des Unternehmens durch Zulassung einer dem Handelsrecht vorbehaltenen Einrichtung zu erleichtern, da diese ihrer rechtlichen Natur nach für die Erbengemeinschaft nicht passe. Es liege vielmehr im Interesse der Durchführung des Handelsrechtes, daß durch Schwierigkeiten, wie sie für die Erbengemeinschaft beim Betriebe eines Unternehmens entstehen, ein Anreiz dafür geschaffen wird, das minder geeignete Rechtsverhältnis des bürgerlichen Rechts in ein dem Handelsrecht angehöriges, z. B. in eine OHG oder Kommanditgesellschaft, umzuwandeln.

Da somit das Handelsregister derartigen Eintragungen verschlossen ist, kann ein Dritter nie mit Sicherheit erfahren, in welchem Umfang der bevollmächtigte Erbe zur rechtsgeschäftlichen Vertretung seiner Miterben berechtigt ist. Die Vornahme bestimmter Handlungen kann aber, je nach der Absprache unter den Miterben und dem zugrundeliegenden Auftragsverhältnis, dem mit der Unternehmungsführung betrauten Erben entzogen sein. Bei der OHG ist dagegen die Vertretungsmacht unbeschränkbar. Die hieraus resultierende rechtliche Unsicherheit der Geschäftspartner stellt einen wesentlichen Mangel der als zeitweilige Unternehmergemeinschaft auftretenden Erbengemeinschaft dar. Kaum weniger schwer wiegt die Behinderung, welcher der bevollmächtigte und geschäftsführende Erbe seitens widerstrebender Miterben ausgesetzt bleibt. Insgesamt gesehen erscheint die Erbengemeinschaft als Rechtsform zum Betreiben einer Unternehmung in der Tat wenig geeignet, wenn sich aus diesen Schwierigkeiten nicht ein Ausweg finden läßt, was im folgenden untersucht werden soll.

[21] KG HRR 1939 Nr. 1472; jeder einzelne Miterbe kann eine solche Prokura durch seinen Widerspruch zum Erlöschen bringen.

[22] KGJ 48 A 127 begründet dies damit, daß nur der Inhaber oder der gesetzliche Vertreter zur Erteilung der Prokura berechtigt seien; Prinzipal und Prokurist müßten aber zwei verschiedene Personen sein. Diese Begründung ist wenig überzeugend, da die Bevollmächtigung als solche zugelassen, die Prokura aber nur eine besondere Art der Bevollmächtigung ist. *Düringer-Hachenburg* (a.a.O., Anm. 1 zu § 48 HGB) bejahen daher auch die Möglichkeit der Erteilung einer Prokura an den Miterben.

[23] KG DJ 1939, S. 400.

5. Vertretung der erbrechtlichen Unternehmergemeinschaft durch den Testamentsvollstrecker

a) *Wesen und Aufgabe der Testamentsvollstreckung*

In vielen Fällen hinterläßt der verstorbene Unternehmer unmündige Erben oder solche, die aus anderen Gründen zur Nachfolge in die Unternehmensführung nicht geeignet sind, so daß er schon zu seinen Lebzeiten nach einer erfahrenen Persönlichkeit suchen wird, die in der Lage ist, die Geschäfte der Unternehmung, wenn auch nur zeitweilig, für die Erben zu führen. In anderen Fällen wird die Tatsache, daß die gesetzliche Regelung von Geschäftsführung und Vertretung nicht den Erfordernissen des Handelsverkehrs entspricht und die Uneinigkeit der Erben daher regelmäßig auch Auswirkungen auf das Unternehmen haben wird, dem Erblasser nahelegen, die Verwaltung des Nachlasses vorläufig einer Persönlichkeit anzuvertrauen, die über die erforderlichen kaufmännischen Fähigkeiten verfügt und deren Geschäftsführung nicht durch die Erben störend beeinflußt werden kann. Diesem Bestreben des Erblassers entspricht das erbrechtliche Institut der *Testamentsvollstreckung*[1].

Der Testamentsvollstrecker ist ein vom Erblasser berufener Treuhänder, der für die Durchführung seines letzten Willens Sorge zu tragen hat. In der Regel wird er durch den Erblasser selbst in einer Verfügung von Todes wegen bestimmt, doch kann auch die Bestimmung einem Dritten überlassen bleiben[2].

Wenn dem Unternehmer keine geeignete Person mit den erforderlichen praktischen Erfahrungen und kaufmännischen Kenntnissen bekannt ist, so kann er sich die Einrichtungen und Erfahrungen einer juristischen Person, z. B. einer Wirtschaftsprüfungs- oder -beratungsgesellschaft, in der Weise zunutze machen, daß er ihren gesetzlichen Vertreter zum Testamentsvollstrecker ernennt[3].

Der Testamentsvollstrecker muß jedoch nicht außerhalb der Erbengemeinschaft stehen, sondern kann auch aus dem Kreise der Miterben bestimmt werden. Die Einsetzung als Testamentsvollstrecker kann deshalb auch aus der Bestimmung des Erblassers entnommen

---

[1] Vgl. §§ 2197 ff. BGB.

[2] Oft bleibt die Bestimmung dem Nachlaßgericht überlassen, das vielfach Mitglieder der wirtschafts- und steuerberatenden Berufe zu Testamentsvollstreckern ernennt. So machten z. B. im Jahre 1927 die Testamentsvollstreckungen etwa 4 % der Arbeitsgebiete des Verbandes deutscher Treuhand- und Revisionsgesellschaften aus, *Liebig*, Robert, Aus der Treuhandtätigkeit, Wpr 1948, S. 36.

[3] Erwerb, Sicherung und Abwicklung der Erbschaft, Nr. 15 der Arbeitsberichte der Akademie für Deutsches Recht, Tübingen 1940, S. 350; es liegt darin keine Umgehung des Ausschlusses juristischer Personen vom Testamentsvollstreckeramt, da dem Vorstand die persönliche Verantwortung übertragen bleibt.

werden, daß einem oder mehreren seiner Erben die Verwaltung des Nachlasses allein zustehen soll[4].

Die Rechtsnatur des Testamentsvollstrecker-Amtes kommt im Gesetz selbst nicht zum Ausdruck; ihre Erforschung blieb der Rechtswissenschaft überlassen. Als herrschende Ansicht hat sich die *Amtstheorie* durchgesetzt, die in der Testamentsvollstreckung ein Amt zivilrechtlicher Art erblickt. Die Tätigkeit des Testamentsvollstreckers dient demnach fremden und nicht eigennützigen Interessen[5], er ist berufen, kraft eigenen Rechtes[6] im Interesse anderer — des Erblassers, der Erben und der Nachlaßgläubiger — zu handeln. Es besteht also eine weitgehende Übereinstimmung mit dem Amte eines Konkurs- oder Vergleichsverwalters. Der Testamentsvollstrecker ist dagegen weder gesetzlicher Vertreter der Erben noch Vertreter des Erblassers, noch hat er Ähnlichkeit mit der Stellung eines Vormundes oder Nachlaßpflegers. Da er nur kraft des ihm vom Erblasser übertragenen Amtes über den Nachlaß verfügt, bedürfen seine Verfügungen auch nicht der Genehmigung des Vormundschaftsgerichts.

Aufgabe des Testamentsvollstreckers ist es, die letztwilligen Anordnungen des Erblassers bezüglich der Verwertung des Nachlasses und der Auseinandersetzung unter den Miterben zur Ausführung zu bringen oder, falls er dazu ermächtigt wird, nach eigenem Ermessen zu regeln, worauf im Zusammenhang mit den Fragen der Auseinandersetzung noch einzugehen sein wird.

Der Erblasser kann die Auseinandersetzung jedoch im Interesse der Erben oder des Nachlasses aufschieben und, wenn ihm die kaufmännischen Fähigkeiten der Erben nicht ausreichend erscheinen, einem oder mehreren gemeinschaftlich handelnden Testamentsvollstreckern die Verwaltung des Nachlasses übertragen[7,8]. Bei der Ausübung der Verwaltung ist der Testamentsvollstrecker nicht an die Weisungen der Erben, wohl aber an die Anordnungen des Erblassers gebunden. Diese können jedoch auf Antrag der Beteiligten durch das Nachlaßgericht außer Kraft gesetzt werden, wenn ihre Befolgung den Nachlaß ernstlich gefährden würde, was u. U. durch Zeugen und Sachverständige zu beweisen ist[9]. Der Einflußnahme des Erblassers auf das Schicksal seiner Unternehmung ist mithin dort eine Grenze gesetzt,

---

[4] *Erman*, a.a.O., Anm. 5 b zu § 2038 BGB.

[5] Ist einer der Miterben Testamentsvollstrecker, so darf er sein Amt nicht im eigenen Interesse ausüben, es sei denn, der Erblasser habe ihn ausdrücklich dazu ermächtigt, RGZ 61, 139.

[6] RGZ 32, 153; 75, 302; 81, 292; KG KGJ 22, 59; 41, 79.

[7] Sogenannte „verwaltende Testamentsvollstreckung“.

[8] Umgekehrt kann jedoch auch in der Anordnung der Testamentsvollstreckung ein solches Teilungsverbot enthalten sein, wenn sie die Testamentvollstreckung auf den ganzen Nachlaß erstreckt.

[9] *Nadler*, Max, Nachlaßwesen, Berlin 1928, S. 51.

wo sich dieser Einfluß nachteilig auszuwirken beginnt. Ein verständnisvoller Unternehmer wird solche Verwaltungsrichtlinien jedoch nur in den seltensten Fällen festlegen, da er die Umstände, unter denen diese Richtlinien zur Anwendung gebracht werden, nicht kennt.

Bei der Anordnung der Testamentsvollstreckung steht es dem Erblasser frei, bestimmte Nachlaßgegenstände der Verwaltung des Testamentsvollstreckers zu entziehen oder ihr im umgekehrten Falle nur bestimmte Nachlaßteile, so z. B. die Unternehmung, zu unterstellen. Um die Anordnungen des Erblassers durchführen zu können, ist der Testamentsvollstrecker berechtigt, die Nachlaßgegenstände in seinen Besitz zu nehmen. Sie sind damit der Verfügungsbefugnis der Erben in jeder Hinsicht entzogen. Erstreckt sich die Verwaltung jedoch über einen längeren Zeitraum, so ist der Testamentsvollstrecker auf Wunsch der Erben zur jährlichen Rechnungslegung verpflichtet.

b) Die Unzulässigkeit der Fortführung einer Unternehmung durch den Testamentsvollstrecker kraft seines Vollstreckeramtes

Der Testamentsvollstrecker ist berechtigt, für den Nachlaß Verbindlichkeiten einzugehen, soweit dies zur ordnungsmäßigen Verwaltung des Nachlasses erforderlich ist, §§ 2205, 2206 BGB. Doch kann das Recht der Erben, ihre Beschränkung für die Haftung für die Nachlaßverbindlichkeiten geltend zu machen, durch Verfügungen des Testamentsvollstreckers nicht beeinträchtigt werden, § 2206 Abs. 2 BGB.

Diese Tatsache führt zu einer weiteren Interessenkollision erb- und handelsrechtlicher Bestimmungen, wenn zu dem der Testamentsvollstreckung unterliegenden Nachlaß ein gewerbliches Unternehmen gehört, und läßt die Frage offen, ob und unter welchen Umständen die Fortführung des Unternehmens durch einen Testamentsvollstrecker und die Eintragung der Testamentsvollstreckung im Handelsregister überhaupt rechtlich zulässig ist.

I n h a b e r der Unternehmung sind die Erben, sie sind daher auch im Handelsregister einzutragen. Wird das Unternehmen im Falle angeordneter Testamentsvollstreckung über die Frist des § 27 HGB hinaus fortgeführt, so würden die Erben trotzdem nicht der unbeschränkten Haftung für die neu eingegangenen Verbindlichkeiten unterliegen, da § 27 HGB ausdrücklich von einer „Fortführung durch die Erben" spricht. Diese sind jedoch gar nicht in der Lage, das Unternehmen fortzuführen, da ihnen durch die Anordnung der Testamentsvollstreckung die Verfügungsbefugnis über den Nachlaß entzogen wird. Der Testamentsvollstrecker andererseits ist nicht Inhaber des Unternehmens und braucht daher auch nicht persönlich für die von ihm eingegangenen Verbindlichkeiten einzustehen. Handelt er kraft seines A m t e s , so kann er auch nur den Nachlaß selbst verpflichten, § 2206 BGB. Seine Verwaltungsbefugnis reicht aber nicht so weit, daß er die Erben in eine unbeschränkte Haftung verstricken könnte[10]; diese sind daher stets berechtigt, sich auf die Beschränkung ihrer persönlichen Haftung auf ihre Anteile am Nachlaß zu berufen, § 2206 Abs. 2 BGB.

Das Reichsgericht[11] hat daher die Eintragung der Testamentsvollstreckung im Handelsregister als unzulässig erklärt, weil aufgrund einer derartigen Eintragung der eigenartige Zustand eintreten könnte, daß keiner der Beteiligten für die Verbindlichkeiten der Unternehmung handelsrechtlich haftet. Die Fortführung des Unternehmens durch einen Testamentsvollstrecker würde daher auf die mit den Bedürfnissen eines geordneten und sicheren Handelsverkehrs völlig unvereinbare Führung eines Einzelunternehmens mit beschränkter Haftung hinauslaufen[12]. Eine Beschränkung der Schuldenhaftung kennt das Handelsrecht nur in den besonders hierfür vorgesehenen Rechtsformen, nicht aber bei einem Einzelkaufmann.

Mit der Ablehnung einer Geschäftsführung durch den Testamentsvollstrecker kraft seines Amtes ist also entsprechend Art. 2 EGHGB den Grundsätzen des Handelsrechtes der Vorrang vor den Bestimmungen des bürgerlichen Rechtes eingeräumt worden, da der Rechtscharakter der Testamentsvollstreckung durchaus atypisch und nicht auf die Bedürfnisse des Handelsverkehrs zugeschnitten ist[13].

Daß in vielen Fällen jedoch ein Bedürfnis besteht, aus den eingangs erwähnten Gründen die Verwaltung des Nachlasses von Unternehmern einem Testamentsvollstrecker anzuvertrauen, ist indes nicht zu bezweifeln. Einen Ausweg aus den Normenkollisionen von Erb- und Handelsrecht bieten die im folgenden aufzuzeigenden Lösungsmöglichkeiten, so daß die wirtschaftlichen Ziele, die der Erblasser bei Anordnung der Testamentsvollstreckung vor Augen hatte, dennoch erreicht werden können.

c) Der Testamentsvollstrecker als Bevollmächtigter der Erben kraft Anordnung des Erblassers

Der Unternehmer kann einem Dritten zu seinen Lebzeiten umfassende Vollmachten derart erteilen, daß der Betreffende zu seiner Vertretung in allen rechtsgeschäftlichen Handlungen berechtigt ist. Diese Vertretung kann sich auch über den Zeitpunkt des Todes hinaus

---

[10] *Sommer*, Der Testamentsvollstrecker im Handelsrecht, DNotZ 1936, S. 937.

[11] RGZ 132, 138 ff.

[12] *Würdinger*, a.a.O., Anm. 26 zu § 27 HGB; das Handelsregister ist der Eintragung bürgerlich-rechtlicher Rechtsverhältnisse grundsätzlich verschlossen.

[13] KG JW 1936, S. 1138; KG JW 1937, S. 2599; KG HRR 1939 Nr. 10; *Bondi*, Felix, Eintragung von Erben eines Einzelkaufmanns in das Handelsregister, DJZ 1923, S. 563, hält dagegen die Eintragung des Testamentsvollstreckers im Handelsregister für unbedenklich.

auswirken und gilt zumindest so lange, bis die Erben die Vollmacht widerrufen. Der Erblasser kann die Erben jedoch bis zu einem gewissen Punkte zwingen, die Vollmacht weiterhin zu erteilen. Diese besteht sodann nicht weiter, sondern wird von den Erben neu begründet.

Diese Lösung[14] hat mit der eigentlichen Testamentsvollstreckung nur noch wenig gemein, da der Testamentsvollstrecker den Erben den Nachlaß — bzw. lediglich die Unternehmung als Nachlaßbestandteil — freigibt. Die Erben werden daher auch als Inhaber in das Handelsregister eingetragen, der Testamentsvollstrecker jedoch führt das Unternehmen als Bevollmächtigter der Erben in deren Namen und unter deren persönlicher Haftung fort[15]. Die Zustimmung der Erben zu dieser Art der Fortführung und die Bevollmächtigung des Testamentsvollstreckers kann der Erblasser durch eine Auflage oder Bedingung erzwingen. In jedem Falle, in dem ein Unternehmen zum Nachlaß gehört und die Testamentsvollstreckung über den Nachlaß angeordnet ist, muß der Erbe also damit rechnen, daß er zugleich verpflichtet ist, dem Testamentsvollstrecker die Befugnis einzuräumen, ihn bei der Geschäftsführung p e r s ö n l i c h zu verpflichten. Schlägt er die Erbschaft nicht aus, so kann er sich grundsätzlich der Macht des Testamentsvollstreckers nicht mehr entziehen[16]. Eine zu starke Bindung der Erben durch den Testamentsvollstrecker wird jedoch als sittenwidrig und daher als nichtig zu beurteilen sein.

Praktisch bedeutsam ist diese — als Generalvollmacht über den Tod hinaus anzusprechende — Lösung, wenn der Erblasser einem seiner Erben bereits zu Lebzeiten die entsprechenden Vollmachten für den Fall seines Ablebens überträgt und durch die entsprechenden testamentarischen Anordnungen erweitert. Nicht nur die Verwaltung des Nachlasses, sondern auch die Übertragungshandlungen im Rahmen der Erbauseinandersetzung können in diesem Falle ohne Hinzuziehung der Miterben erfolgen. Auch eine derart weitreichende Bevollmächtigung eines bewährten Prokuristen ist durchaus nicht unüblich[17], setzt

---

[14] BGH U. v. 18. 1. 1954 IV ZR 165/53 BGHZ 12, 111. Vgl. hierzu auch *Böttcher*, Conrad, Zum Wirtschafts- und Steuerrecht der Familienunternehmen, Steuerberater-Jahrbuch 1954/55, S. 156 ff. (S. 184 f.).

[15] Hat der Erblasser die Testamentsvollstreckung auf den ganzen Nachlaß ausgedehnt, so bedeutet dies praktisch den Widerruf einer Prokura, die er einem Dritten vor seinem Tode erteilt hatte. Da der Testamentsvollstrecker sich zur Erfüllung bestimmter Aufgaben eines Vertreters bedienen kann, steht es ihm jedoch frei, die Prokura zu bestätigen, wenn er Wert darauf legt, daß der Prokurist die Unternehmung weiterführt, *Dempewolf*, Günter, Zum Verhältnis von Testamentsvollstreckung und Prokura nach dem Tode des Erblassers, Der Betrieb 1955, S. 889.

[16] Anm. zu BGH vom 18. 1. 1954, LM Bl. 308.

[17] Vgl. KG DJ 1939, S. 1006; die Bevollmächtigung des „Testamentsvollstreckers" kann sich auch aus der Bestimmung des Erblassers ergeben, daß er im Eingehen von Verbindlichkeiten nicht beschränkt sein soll.

aber wegen der damit verbundenen persönlichen Haftung der Erben ein besonderes Vertrauensverhältnis voraus. In diesem Falle geht die Prokura in der weiterreichenden Testamentsvollstreckung auf; der Prokurist handelt dann nur noch als Testamentsvollstrecker und nicht mehr in seiner früheren Eigenschaft[18].

d) Der Testamentsvollstrecker als treuhänderischer Inhaber der Unternehmung

Überträgt der Erblasser dem Testamentsvollstrecker die Weiterführung seines Unternehmens, ohne daß es ihm auf die Art der Durchführung seiner Anordnungen wesentlich ankommt, so kann diese Verfügung aber auch dahin zu verstehen sein, daß der Ernannte ermächtigt wird, die Unternehmung als treuhänderischer Inhaber *für Rechnung der Erben,* aber *im eigenen Namen* zu betreiben[19]. In diesem Falle ist er auch in das Handelsregister einzutragen, jedoch nicht in seiner Eigenschaft als Testamentsvollstrecker, sondern weil er nach außen hin als Inhaber des Unternehmens auftritt[20]. Als solcher haftet er auch persönlich und unbeschränkt für die durch seine Geschäftsführung begründeten Verbindlichkeiten. Eine Beschränkung der Haftung für die Nachlaßverbindlichkeiten nach § 27 HGB steht ihm dabei nicht zu, da er unter L e b e n d e n und nicht von T o d e s wegen erwirbt; er kann aber seine persönliche Haftung für die vom Erblasser herrührenden Verbindlichkeiten gem. § 25 HGB ausschließen[21].

Da die Miterben den Testamentsvollstrecker mit der Fortführung der Unternehmung stillschweigend oder ausdrücklich beauftragt haben, müssen sie ihm im Innenverhältnis die ihm bei der Ausführung dieses Auftrages aufgrund seines persönlichen Einstehenmüssens für die Geschäftsverbindlichkeiten entstandenen Aufwendungen ersetzen[22]; allerdings können sie sich hierbei auf die Beschränkung ihrer

---

[18] *Dempewolf,* Günter, a.a.O.

[19] KG JW 1939, S. 104; RGZ 132, 142; BGH U. v. 18. 1. 1954 IV ZR 165/53 BGHZ 12, 111. Die Rechte des Testamentsvollstreckers, der das Handelsgeschäft eines Erblassers fortführt, gehen hiernach sogar so weit, daß er die Herstellung seines Verwaltungsrechtes wieder verlangen kann, wenn er entgegen den Bestimmungen des Testamentes einen Nachlaßgegenstand irrtümlich an den Erben freigegeben hat. Dabei ist es unerheblich, ob der Erbe als Geschäftsinhaber im Handelsregister eingetragen ist.

[20] Er ist in diesem Fall Kaufmann im Sinn des HGB, KG HRR 1937, Nr. 1374. Wer das Unternehmen im eigenen Namen betreibt, ist der r e c h t l i c h e Inhaber, auch wenn er den Betrieb für fremde Rechnung führt. Derjenige, für dessen Rechnung das Unternehmen geführt wird, ist nur der w i r t s c h a f t l i c h e Inhaber, BGH NJW 1951, 229 f.

[21] KG JFG 18, 282; KG DR 1940, S. 2007. Ist der Testamentsvollstrecker zu gleicher Zeit Miterbe, so erwirbt er in Höhe seines Anteiles von Todes wegen, die von ihm verwalteten Teile seiner Miterben erwirbt er jedoch unter Lebenden.

[22] § 670 BGB.

Haftung auf den Nachlaß berufen. Verfügt der Testamentsvollstrecker selbst über kein nennenswertes Vermögen, so ähnelt diese Form der Fortführung in ihren wirtschaftlichen Auswirkungen stark einer Kommanditgesellschaft, deren einziger Komplementär nur als „Strohmann“ vorgeschoben wird.

Diese zweite Lösung wird in denjenigen Fällen unannehmbar erscheinen, in denen der Testamentsvollstrecker nicht zu eigenem Recht erwirbt, also nicht selbst der Erbengemeinschaft als Miterbe angehört. Da ihm nicht zugemutet werden kann, sein eigenes Vermögen für die Interessen dritter Personen aufs Spiel zu setzen, kann er zur Übernahme der treuhänderischen Inhaberschaft nicht gezwungen werden. Es muß ihm vielmehr gestattet werden, das Unternehmen ganz aus seiner Verwaltung zu entlassen und den Erben zur weiteren Fortführung freizugeben, wenn diese nicht bereit sind, sich durch die Geschäftsführung des Testamentsvollstreckers persönlich verpflichten zu lassen[23]. Denn obwohl er im Handelsregister als Geschäftsinhaber eingetragen ist und gem. § 2205 BGB über die Nachlaßgegenstände verfügen kann, wird er weder Eigentümer des Nachlasses noch der durch den Betrieb des Unternehmens neu erworbenen Gegenstände und Forderungen, die ebenfalls dem Nachlaß zugerechnet werden, § 2041 BGB. Sein Anspruch erstreckt sich grundsätzlich nur auf eine angemessene Entschädigung für die getätigten Aufwendungen. *Goldschmit*[24] mißt dieser Regelung daher keine größere praktische Bedeutung bei. Einen größeren Anreiz zur Übernahme der persönlichen Haftung kann der Erblasser jedoch dadurch schaffen, daß er einem bewährten Prokuristen zugleich mit der Ernennung zum Testamentsvollstrecker ein Vermächtnis in Form einer stillen Beteiligung und zusätzlich eine besondere Testamentsvollstrecker-Vergütung in Form einer Umsatz- oder Gewinnbeteiligung zuwendet. Dieser Fall mag dort anzutreffen sein, wo die Erben noch unmündig sind, setzt aber ein besonderes Vertrauensverhältnis zwischen dem Unternehmer und dem mit der Testamentsvollstreckung betrauten Prokuristen voraus.

Neben der Form der unmittelbaren Geschäftsführung durch den Testamentsvollstrecker wird jedoch oft auch der Weg beschritten, daß das Unternehmen bis zur Volljährigkeit der Erben oder dem Heranwachsen einer dritten, zur Unternehmungsführung geeigneten Generation, verpachtet wird, wenn es sich nach Art des Gewerbezweiges dazu eignet, oder daß ein Geschäftsführer mit Prokura die Unternehmung leitet. Dem Testamentsvollstrecker obliegt in diesen Fällen

---

[23] KG HRR 1936, S. 268. Der übrige Nachlaß bleibt jedoch weiterhin in seinem Besitz.

[24] Die Beerbung des Einzelkaufmans durch mehrere Erben, JW 1931, S. 3057 f.

lediglich die Überwachung des Pachtverhältnisses bzw. die Kontrolle des Geschäftsführers.

Häufiger ist die Form der Fortführung durch den als treuhänderischen Inhaber tätigen Testamentsvollstrecker dort anzutreffen, wo ein Miterbe aufgrund seiner kaufmännischen Fähigkeiten und praktischen Erfahrungen als Geschäftsführer besonders geeignet erscheint und durch die Anordnung der Testamentsvollstreckung in der Geschäftsführung vor Beeinträchtigungen durch seine Miterben geschützt werden soll[25]. Wenn dieser Miterbe außer seinem Erbteil über kein nennenswertes sonstiges Vermögen verfügt, so geht er durch die Übernahme der persönlichen Haftung auch kein zusätzliches Risiko ein.

Die Ernennung eines Miterben zum Testamentsvollstrecker bringt zudem noch einen steuerlichen Vorteil mit sich, da die Vergütung für den Testamentsvollstrecker zu den bei der Wertermittlung des Erbanfalls für die Erbschaftssteuer abzugsfähigen außergerichtlichen Kosten der Regelung des Nachlasses rechnet, jedoch nur, soweit sie angemessen ist[26]. Zählt die zum Testamentsvollstrecker ernannte Person zum engeren Familienkreis, so wird die durch den verstorbenen Unternehmer testamentarisch festgelegte Vergütung einer besonderen Überprüfung auf ihre Angemessenheit seitens des Finanzamtes unterliegen. Nicht allein der Wert des verwalteten Nachlasses[27], sondern auch der Umfang der Leistung ist für die Frage der Angemessenheit der Vergütung ausschlaggebend. Bei einer länger andauernden Testamentsvollstreckung ist die Höhe der abzugsfähigen Vergütung zu schätzen[28].

Ist auch aus wirtschaftlichen Gründen die Testamentsvollstreckung in dieser Form zu begrüßen, so stehen ihr andererseits doch ernste Bedenken entgegen, wenn sie zu einer unbilligen Bevorzugung eines Erben bei gleichzeitiger langdauernder Knebelung der anderen Erben

---

[25] Ist der Witwe die uneingeschränkte Verfügung über den Nachlaß und zudem der Nießbrauch eingeräumt, so ist hierin jedoch nicht die Anordnung der Testamentsvollstreckung, sondern befreite Vorerbschaft anzunehmen, da die Witwe nicht fremde, sondern nur eigene Interessen wahrzunehmen hat, BayOLG OLGR 43, 400.

[26] *Kapp*, Reinhard, Das Erbschaftsteuergesetz, Bremen 1951, S. 281; vgl. auch RFH vom 28. 4. 1938, RStBl. 1938, S. 517.

[27] Als Anhaltspunkt können die in DNotZ 1935, S. 1830 den mit der Testamentsvollstreckung beauftragten Notaren empfohlenen Sätze dienen: bei einem Nachlaß bis zu 10 000 Mark Bruttowert 4 % des Wertes, darüber hinaus bis zu 100 000 Mark: 3 %, von 100 000 Mark bis zu 1 Million Mark 2 % des Nachlaßwertes.

[28] Beträgt der erbschaftsteuerpflichtige Wert des Unternehmens DM 800 000, so würde der Abzug von DM 100 000 als Vergütung für eine auf 10 Jahre angesetzte Testamentsvollstreckung zweifellos als angemessen anzusehen sein. Sind vier Erben vorhanden, so beträgt die gesamte Steuerersparnis rund DM 8400.

führt. Die Anordnungen bezüglich der Testamentsvollstreckung, vor allem die Auswahl des Amtsträgers, bedürfen daher besonders gründlicher Prüfung der rechtlichen Auswirkungen und setzen große wirtschaftliche Voraussicht und gute Menschenkenntnis des Erblassers voraus.

6. Feststellung und Verteilung von Gewinn und Verlust

a) Feststellung von Gewinn und Verlust

Wie schon erwähnt, lassen die bürgerlich-rechtlichen Bestimmungen bezüglich der Verwaltung des Nachlasses den Fall der Fortführung eines zu diesem Nachlaß gehörenden Unternehmens durch die Erbengemeinschaft unberücksichtigt, es bestehen daher auch keine besonderen erbrechtlichen Regeln zur Feststellung des beim Betrieb des Unternehmens erzielten Gewinnes oder Verlustes. Eine derartige Regelung ist auch nicht erforderlich, denn da die Erbengemeinschaft das bisher einzelkaufmännische Unternehmen „als Einzelkaufmann" weiterbetreibt, finden die allgemeinen Bestimmungen des Handelsgesetzbuches über Buchführung und Bilanzierung Anwendung, §§ 38 bis 47 HGB. Die Erbengemeinschaft ist daher, wenn es sich um ein vollkaufmännisches Unternehmen handelt, nach § 38 HGB verpflichtet, Bücher zu führen und in diesen die Lage ihres Vermögens nach den Grundsätzen ordnungsmäßiger Buchführung und Bilanzierung ersichtlich zu machen.

Auf Grund des § 39 Abs. 1 HGB haben die Erben nach dem Tode des Unternehmers, wenn sie das Unternehmen weiterführen, eine Eröffnungsbilanz[1] aufzustellen. Das sich hierbei ergebende Reinvermögen steht den Erben im Innenverhältnis nach Maßgabe ihrer jeweiligen Erbquoten zu; die „Kapitalkonten" der Miterben ergeben sich also aus dem Eigenkapital des den Erben gemeinschaftlich gehörenden Unternehmens und der jeweiligen Erbquote des Miterben. Die dabei festgestellte Summe sagt jedoch nichts aus über den Anteil, der den Miterben bei einer Auseinandersetzung in Ansehung des Unternehmens zukommen wird, es sei denn, der Erblasser habe diese Werte als verbindliche Unterlage für die Auseinandersetzungsbilanz bestimmt.

§ 39 HGB verpflichtet die Erben weiterhin zur Aufstellung einer Bilanz zum Schluß eines jeden Geschäftsjahres; der in dieser Jahresbilanz ermittelte Gewinn oder Verlust des vergangenen Geschäftsjahres ist auf die Erben zu verteilen. § 40 HGB, der bei der Auf-

---

[1] Es beginnt ein Handelsgeschäft auch, wer ein bestehendes Geschäft übernimmt, *Baumbach*, Handelsgesetzbuch, Berlin 1932, Anm. 3 zu § 39 HGB. Handelsrechtlich sind die Erben an die Bilanzansätze des Erblassers nicht gebunden. Wegen der Wertansätze der für die Einkommensteuer maßgebenden Eröffnungsbilanz vgl. S. 67 f.

stellung dieser Bilanz heranzuziehen ist, gibt jedoch nur Höchstwertbestimmungen, während die Bewertung der Aktiva nach unten und die der Passiva nach oben dem Ermessen des Bilanzierenden weitgehend unterliegen. Interessengegensätze zwischen den Miterben, die das Unternehmen später endgültig übernehmen sollen und denjenigen, die ihren Erbteil nur als eine rentable Kapitalanlage betrachten, können darum zu Streitigkeiten über die Höhe des auszuweisenden Gewinns führen.

Es kann darum empfehlenswert sein, wenn der Erblasser durch letztwillige Anordnung festlegt, daß der bei der einheitlichen Feststellung der Einkünfte aus dem Gewerbebetrieb für die Zwecke der Einkommensbesteuerung ermittelte Unternehmenserfolg oder ein bestimmter Prozentsatz die Grundlage für die Verteilung des Gewinns auf die Erben bilden soll. Zu berücksichtigen sind dabei allerdings besondere, rein steuerliche Abzugsposten, die den steuerpflichtigen Gewinn schmälern, ohne jedoch betrieblichen Aufwand darzustellen.

b) Verteilung von Gewinn und Verlust

Die Begriffe *Unternehmen* und *Gewinn* sind dem Erbrecht unbekannt. Es ist daher notwendig, die erbrechtlichen Begriffe des *Nachlasses* und des *Reinertrages* des Nachlasses analog anzuwenden, wenn sie sich auch in den Fällen nicht decken, in denen außer dem Unternehmen andere ertragbringende Nachlaßgegenstände vorhanden sind.

Die Erträge des Unternehmens teilen als Nachlaßfrüchte[2] die Rechtslage des Nachlasses; sie werden Gesamtgut der Erben und unterliegen bis zum Zeitpunkt der Auseinandersetzung grundsätzlich dem Teilungsverbot, § 2038 Abs. 2 BGB. Der einzelne Erbe hat daher auch kein Recht auf eine Abschlagszahlung, wenn nicht alle Erben in ihrer Gesamtheit damit einverstanden sind[3]. Das Gesetz mag dabei von dem Gedanken ausgegangen sein, daß sich erst bei einer Auseinandersetzung des Gesamtnachlasses ein Überblick darüber gewinnen läßt, ob der Nachlaß zur Tilgung der Nachlaßverbindlichkeiten ausreicht. Eine Ausnahme dieses Teilungsverbotes ist jedoch in den Fällen gegeben, in denen die Auseinandersetzung auf länger als ein Jahr ausgeschlossen ist. In einem solchen Falle kann jeder Miterbe am Schluß des Jahres Teilung des Reinertrages verlangen, § 2038 Abs. 2 BGB.

Die Teilung des Reinertrages im erbrechtlichen Sinne kann aber nicht ohne weiteres mit einer Verteilung des Gewinnes bei einer offenen Handelsgesellschaft gleichgesetzt werden. Handelt es sich dort

---

[2] Zu den Früchten einer Sache zählt § 99 BGB u. a. die Erzeugnisse und die sonstige Ausbeute, die aus der Sache ihrer Bestimmung gemäß gewonnen werden.

[3] RGZ 81, 241; sowie *Soergel-Ehard-Eder*, a.a.O., Anm. 5 zu § 2038 BGB; *Palandt*, a.a.O., Anm. 5 zu § 2038 BGB.

lediglich um eine buchmäßige Zuweisung des nach dem gesetzlichen oder vertraglichen Verteilungsschlüssel ermittelten Gewinnanteils auf das Kapitalkonto des einzelnen Gesellschafters, so unterliegt der Reinertrag der Erbengemeinschaft der realen Verteilung. Der Anteil des einzelnen Erben am Reinertrag entspricht dabei seinem Anteile am Nachlaß, der Erbquote[4]. Auch in dieser lediglich auf die kapitalmäßige Beteiligung abgestellten Art der Gewinnverteilung kommt zum Ausdruck, daß, im Gegensatz zu der bei einer OHG bestehenden persönlichen Verbundenheit, zwischen den Miterben einer Erbengemeinschaft nur kapitalmäßige Bindungen bestehen. Wenn in einem konkreten Einzelfall der Gewinn nach Köpfen verteilt wird, während die Erbteile in einem anderen Verhältnis zueinander stehen, so ist daher im Zusammenhang mit anderen Umständen in der Regel zu schließen, daß die Erben nicht nur nach außen, sondern auch im internen Verhältnis eine OHG begründet haben[5].

Zu Schwierigkeiten kann der Ausschluß der Teilung des Reinertrages führen, wenn ein Miterbe seinen Erbteil einem Erben oder einem Dritten überträgt. Es kann sich hierbei die Frage ergeben, ob der Veräußerer des Erbteils bei einer späteren Auseinandersetzung denjenigen Teil des Reinertrages, der vor der Veräußerung des Erbteils entstanden ist, fordern kann oder ob auch der Anspruch auf den ungeteilten Reinertrag als mitverkauft gelten soll[6]. Will man eine klare Rechtslage schaffen, so empfiehlt sich in solchen Fällen, daß der Erbteilskäufer den bereits entstandenen Anspruch auf einen Teil des Reinertrages bei der Abfindung des Verkäufers ausdrücklich berücksichtigt und daß dessen Anspruch damit als endgültig abgegolten gilt.

Nach den Bestimmungen der §§ 2038 Abs. 2, 748 BGB sind auch die Lasten und Kosten des ungeteilten Nachlasses von den Erben im Verhältnis ihrer Erbquoten zu tragen. Darunter ist jedoch nicht zu verstehen, daß der Erbe verpflichtet ist, Ausgleichszahlungen zur Nachlaßmasse zu leisten, wenn das zum Nachlaß gehörige Unternehmen in einem Geschäftsjahr mit Verlust abgeschlossen hat. Die Verteilung dieses sich aus der Geschäftsführung ergebenden Verlustes wird jedoch zwangsläufig bei der Auseinandersetzung wirksam, weil sich der zu verteilende Nachlaß vermindert hat. Denn da auch die Auseinandersetzung nach Maßgabe der Anteile der einzelnen Erben erfolgt, tragen diese die eingetretenen Verluste entsprechend ihrer Erbquote.

---

[4] Es entspricht dem Wesen der Gemeinschaft, daß die erlangten Vorteile dem Einzelnen in dem Verhältnis zukommen, in dem er an der Gemeinschaft beteiligt ist, *Erman*, a.a.O., Anm. 1 zu § 743 BGB.

[5] Vgl. RG LZ 1912, S. 157.

[6] *Rink*, Otto, der Erbteilskauf, Pirmasens 1932, S. 27.

c) Geldentnahmen

Das Recht der OHG behandelt die Frage der Gewinnverteilung getrennt von der Regelung der Geldentnahmen. Nach den §§ 120, 121 HGB darf der Gesellschafter unabhängig von der Tatsache, ob ein Gewinn erzielt worden ist oder nicht, 4 vH seines im letzten Geschäftsjahre festgestellten Kapitalanteiles für seinen persönlichen Bedarf entnehmen. Selbst bei einem höheren Gewinnanteil darf er jedoch nur dann mehr entnehmen, wenn diese Entnahmen nicht zum offenbaren Schaden der Gesellschaft gereichen[7].

Die Bestimmungen des Erbrechtes lassen eine bestimmte Regelung der Geldentnahmen vermissen, was sich aber daraus erklärt, daß der Reinertrag *real* verteilt werden soll. Die Erben sind daher berechtigt, mangels einer anderweitigen Absprache den verteilten Gewinn gleichzeitig auch zu entnehmen. Dies läßt jedoch erkennen, daß der Gesetzgeber dabei nur an die Verwaltung ruhender Vermögen (Grundstücke und Wertpapiere), nicht aber an die Fortführung gewerblicher Unternehmungen durch die Erbengemeinschaft gedacht hat. Der reale Ertrag einer gewerblichen Unternehmung, deren Vermögen einer fortwährenden Abnutzung, Umwandlung und strukturellen Veränderung unterliegt, kann erst dann ermittelt werden, wenn die Unternehmung ihren Betrieb eingestellt hat und abgewickelt wird. Jeder Versuch, nach Abschluß einer Teilperiode der gesamten Lebensdauer einer Unternehmung einen Erfolg zu errechnen, kann darum nicht mehr als eine bloße Schätzung des während dieser Periode erzielten Teiles des realen Totalerfolges darstellen. Um greifbare und daher auch real zu verteilende Größen handelt es sich dabei aber nicht.

Errechnet sich ein Kaufmann aufgrund seiner Bücher zum Jahresabschluß einen Überschuß der Erträge der Periode über ihre Aufwendungen — wenn er dynamisch denkt — oder ein Mehr des Reinvermögens gegenüber demjenigen zu Beginn des Geschäftsjahres — wenn er die Bilanz statisch auffaßt —, so bedeutet dies zudem bekanntlich noch nicht, daß sich diese Differenz in einem Zuwachs ausschüttungsfähiger liquider Mittel niedergeschlagen hat.

Dem trägt bei der OHG die Bestimmung des § 122 HGB Rechnung, die eine Gewinnentnahme über die gesetzliche Kapitalverzinsung hinaus nur dann gestattet, wenn eine solche Entnahme der Gesellschaft nicht zum Schaden gereicht. Bei der einzelkaufmännischen Erbengemeinschaft, die eine solche Einschränkung des Entnahmerechtes nicht kennt, könnte sich ein uneingeschränktes Gewinn-

---

[7] Das ist anzunehmen, sobald die Auszahlung der Gesellschaft offensichtlich notwendige Betriebsmittel entziehen würde, *Lehmann*, Heinrich, Handelsrecht II. Teil: Gesellschaftsrecht, Berlin 1949, S. 100. Da diese Bestimmungen dispositiver Natur sind, können sie natürlich eine abweichende vertragliche Gestaltung erfahren.

entnahmerecht ohne Rücksicht auf die Liquidität als große Gefahr für die Unternehmung erweisen, wenn die Erben sich nicht in ihrem eigenen Interesse maßvoll zeigen[8]. Es würde daher eigentlich näher liegen, die Bestimmungen des HGB über Gewinnverteilung und Geldentnahme auch bei einer Erbengemeinschaft zugrunde zu legen, wenn sich diese als Inhaberin eines gewerblichen Unternehmens betätigt. Eine solche analoge Anwendung handelsrechtlicher Bestimmungen ist jedoch mit dem vom Erbrecht beabsichtigten Schutz der Nachlaßgläubiger unvereinbar. Wie schon an anderer Stelle erwähnt, gewährt § 122 HGB dem Gesellschafter einer OHG nämlich auch dann ein Recht auf Geldentnahme, wenn k e i n Gewinn erzielt wurde[9]. § 2038 Abs. 2 BGB läßt dagegen nur eine Verteilung des R e i n e r t r a g e s zu. Die Gründe für diese Bestimmung liegen auf der Hand. Hätten die Erben ein solches uneingeschränktes Entnahmerecht[10], so könnte sich u. U. der Nachlaß von Jahr zu Jahr vermindern und so den Nachlaßgläubigern die haftende Masse entzogen werden. Während bei einer OHG den Gläubigern immer noch die Gesellschafter persönlich haften, ist dies nach den vorausgegangenen Ausführungen bei einer Erbengemeinschaft selbst bei Fortführung des Unternehmens über die Frist des § 27 (Abs. 2) hinaus nicht notwendigerweise der Fall. Solange die Erben das Unternehmen ausdrücklich in ungeteilter Erbengemeinschaft fortführen, müssen sie sich auch nach den Bestimmungen des Erbrechts richten, das neben den Erben vor allem die Nachlaßgläubiger schützen will. Insofern ergibt sich aus der Tatsache, daß sich die Erben bei der Feststellung des erzielten Gewinnes nach dem HGB richten müssen, bei der Verteilung des Gewinnes und den Fragen der Geldentnahme aber erbrechtlichen Bestimmungen unterworfen sind, durchaus kein Widerspruch.

Fraglich ist, ob die Erben berechtigt sind, den nach einem mit Verlust abgeschlossenen Geschäftsjahr erzielten Reinertrag ebenfalls

---

[8] Unabhängig von der Verteilung des Reinertrages bzw. dem Recht auf Entnahme des Reinertrages hat der das Unternehmen als Testamentsvollstrecker fortführende Miterbe einen Anspruch auf die vom Erblasser testamentarisch festgesetzte oder anderenfalls auf eine angemessene Vergütung für seine Tätigkeit. Diese Vergütung steht in keinem Zusammenhang mit dem ihm als Erben zustehenden Anteil am Reinertrag, sie stellt vielmehr eine Belastung des Nachlasses dar und ist infolgedessen, ähnlich wie das Geschäftsführergehalt bei der OHG, vor Ermittlung des Reinertrages abzusetzen.

[9] *Lehmann*, a.a.O., S. 100.

[10] Wenn die Erben wirtschaftlich gesichert sind und daher auf die Einkünfte aus ihrem Erbteil nicht angewiesen sind, besteht auch keine Notwendigkeit, ein solches uneingeschränktes Entnahmerecht einzuführen. Der geschäftsführende Erbe hat in jedem Falle Anspruch auf seine Testamentsvollstreckervergütung. Sind die Witwe oder minderjährige Erben auf feste Einkünfte zur Bestreitung ihres Lebensunterhaltes angewiesen, so muß ihnen der Erblasser durch testamentarische Bestimmungen Renten aussetzen, die unter Umständen als Vermächtnisse zu behandeln sind.

zu verteilen und zu entnehmen. Soll der Bestand des den Nachlaßgläubigern haftenden Nachlasses erhalten und damit der Zweck des § 2038 Abs. 2 BGB erfüllt werden, so dürfte, solange noch echte Nachlaßverbindlichkeiten bestehen, eine Gewinnverteilung erst dann wieder vorgenommen werden, wenn die Kapitalkonten der einzelnen Erben nach einem Verlustjahre wieder die Höhe erreicht haben, die zu Beginn der Fortführung durch die Erbengemeinschaft vorhanden war. Eine Entnahme des Gewinns würde sonst die Substanz des Nachlasses angreifen, könnte daher u. U. als „Teilung des Nachlasses" angesehen werden und infolgedessen den Verlust der Haftungsbeschränkung gem. § 2059 BGB zur Folge haben. Dieser Konflikt zwischen dem auf Schutz der Nachlaßgläubiger abzielenden Erbrecht und der wirtschaftlichen Praxis scheint bisher weder in der Rechtsprechung noch in der Literatur behandelt worden zu sein; man kann daher annehmen, daß dieser Frage keine allzu große praktische Bedeutung beizumessen ist.

Wenn auch § 2038 Abs. 2 BGB den Erben ein Recht zur Entnahme ihres Anteils am Reinertrage einräumt, so müssen sie diese Anteile selbstverständlich nicht entnehmen, sie können diese vielmehr der Unternehmung weiterhin zur Verfügung stellen. Dadurch ändert sich jedoch nichts an ihrem Kapitalanteil, der sich nach wie vor aus dem Kapitalkonto in der Eröffnungsbilanz der Erbengemeinschaft und der Erbquote des betreffenden Erben errechnet. Auch die Gewinnverteilung richtet sich weiterhin nach diesem Maßstab. Die nichtentnommenen Gewinnanteile müssen bei der Ermittlung des Nachlaßwertes ausgesondert werden. Über ihre Verzinsung spricht sich das Gesetz nicht aus, doch müßten sie mangels einer anderen Abrede mit dem unter Kaufleuten üblichen Satz von 5 vH zu Lasten des Ertrages verzinst werden.

7. Die Besteuerung der Erbengemeinschaft als Inhaberin der Unternehmung

a) Steuern, die der Erbengemeinschaft obliegen

Ebenso wie die Erbengemeinschaft zivilrechtlich keine eigene Rechtspersönlichkeit besitzt, ist sie auch steuerrechtlich nur insoweit „rechtsfähig", als durch den gemeinschaftlichen Betrieb des ererbten Unternehmens der Tatbestand einer Steuerart erfüllt wird. Steuern, die der Erbengemeinschaft als solcher obliegen, sind demnach nur solche, bei denen sich die Steuerpflicht auf den Betrieb des Unternehmens begründet, mithin die Verkehr- und Verbrauchssteuern, nicht aber die Einkommen- und die Vermögensteuer.

aa) Gewerbesteuer

Als steuerpflichtiger Gewerbebetrieb gilt neben der Tätigkeit einer OHG oder Kommanditgesellschaft stets und in vollem Umfange auch diejenige anderer Personenvereinigungen, bei denen die Gesellschafter als Mitunternehmer des Gewerbebetriebes anzusehen sind[1]. Wenn auch die Erbengemeinschaft wegen ihres nicht auf vertraglicher Grundlage beruhenden Zusammenschlusses grundsätzlich nicht als Gesellschaft anzusehen ist, so sind die Miterben einer das Unternehmen des Erblassers fortführenden Erbengemeinschaft unter Zugrundelegung der diesbezüglichen Rechtsprechung des Reichsfinanzhofes[2] doch als *Mitunternehmer* anzusehen, da sie am laufenden Geschäftsgewinn, an den Anlagewerten und an den stillen Reserven beteiligt[3] sind und nach den Bestimmungen des Erbrechts über die Verwaltung des gemeinschaftlichen Nachlaßvermögens auch über ein entsprechendes Mitbestimmungsrecht verfügen.

Führt die Erbengemeinschaft das in kaufmännischer Weise eingerichtete Unternehmen des Erblassers fort und ist ihre Auseinandersetzung auf längere Zeit ausgeschlossen, so wird sie für die Zwecke der Gewerbesteuer daher auch ohne formelle Gesellschaftsgründung einer OHG gleichgestellt. Für die steuerliche Beurteilung kommt es danach weniger auf die bürgerlich-rechtliche Form als auf den wirtschaftlichen Tatbestand an, da wirtschaftlich im wesentlichen gleichliegende Verhältnisse möglichst gleich behandelt werden sollen[4].

Schuldner der Gewerbesteuer ist der Unternehmer, nach § 5 Abs. 1 GewStG also derjenige, für dessen Rechnung das Gewerbe betrieben wird. Aufgrund dieser Bestimmung wird als Steuerpflichtiger die Erbengemeinschaft als solche angesehen[5], so daß die einzelnen Miterben nur eine „Haftung im Sinne des Einstehenmüssens für eine Steuer, deren Tatbestand ein anderer verwirklichte“[6], trifft.

bb) Umsatzsteuer

Unternehmer im Sinne des § 2 UStG kann jede nichtrechtsfähige Personenvereinigung sein, sofern sie selbständig durch gewerbliche oder berufliche Lieferungen und Leistungen am wirtschaftlichen Ver-

---

[1] Vgl. § 2 Abs. 2 Ziff. 1 GewStG.

[2] Vgl. RFH vom 17. 7. 1935, RStBl. 1935, S. 1192 und RFH vom 20. 7. 1938, RStBl. 1938, S. 940.

[3] *Glöggler*, Hans, Mitunternehmerschaft bei elterlichen und testamentarischen Nutzungsrechten, Der Betrieb 1955, S. 737.

[4] RFH vom 20. 7. 1938, RStBl. 1938, S. 940; RFH vom 27. 5. 1931, JW 1932, S. 267 (= RStBl. 1931, S. 836).

[5] Die OHG — entsprechend auch die Erbengemeinschaft — ist gewerbesteuerlich ein selbständiges Rechtssubjekt, RFH vom 6. 8. 1941, StW 1941, Nr. 542.

[6] *Bühler*, Ottmar, Steuerrecht der Gesellschaften und Konzerne, 1. Auflage, Berlin und Frankfurt/M. 1951, S. 21.

kehr teilnimmt. Es ist daher auch die Erbengemeinschaft in diesem Sinne Unternehmer, wenn sie das Unternehmen, zwar ohne vertragliche Grundlage und somit nicht als Handelsgesellschaft, aber doch unter gemeinschaftlichem Namen weiterführt[7]. Der Erbgang allein ohne die Tatsache einer nachhaltigen gewerblichen Tätigkeit und einer nicht nur einstweiligen Fortführung des Unternehmens führt jedoch nicht dazu, daß die Unternehmereigenschaft des Erblassers auf den oder die Erben übergeht. Diese brauchen die nach dem Tode des Erblassers eingehenden Entgelte daher nur dann selbst zu versteuern, wenn sie dessen gewerbliche Tätigkeit fortsetzen[8], sie haften jedoch andererseits für die Umsatzsteuerschulden des Erblassers nach § 8 Abs. 2 StAnpG.

Führt ein Testamentsvollstrecker das Unternehmen einstweilig für die Erben fort, so werden diese erst nach erfolgter Freigabe des Nachlasses und dem endgültigen Erwerb des Unternehmens als Unternehmer im Sinne des UStG behandelt[9].

Der verstorbene Unternehmer wird für den Teil des Jahres, der bis zu seinem Tode abgelaufen ist, letztmalig zur Umsatzsteuer veranlagt, und zwar für alle Umsätze, die er erzielt hat, auch wenn das Entgelt erst nach seinem Tode eingeht[10]. Für die Umsätze, die nach seinem Tode getätigt werden, wird sodann die Erbengemeinschaft als Unternehmer steuerpflichtig.

cc) Grundsteuer

Steuerschuldner der Grundsteuer ist der Eigentümer der Grundstücke. Eine Zurechnung der im Eigentum der Gesamthandgemeinschaft stehenden Grundstücke auf die einzelnen Gemeinschafter im Verhältnis der Bruchteile ihrer gemeinschaftlichen Berechtigung gem. § 11 Ziff. 5 StAnpG ist für diesen Fall nicht möglich, da das Steuerobjekt und nicht die Berechtigung des einzelnen Anteilseigners der Grundsteuer unterliegt[11]. Die Miterben als gemeinschaftliche Inhaber des Steuerobjektes sind daher Gesamtschuldner der Grundsteuer[12]. Ein einzelner Erbe kann darum die Grundsteuer mit befreiender Wirkung für seine Miterben entrichten. Grundsätzlich ist aber die Grundsteuer Obliegenheit der Erbengemeinschaft, wenn diese unter ihrer Firma als Eigentümerin im Grundbuch eingetragen ist.

---

[7] *Droste*, Hans, Die Besteuerung von Personenvereinigungen, Diss. Münster 1950.

[8] *Plückebaum*, Konrad, Umsatzsteuer, Berlin—Köln 1953, 5. neubearbeitete Auflage, S. 49.

[9] RFH vom 30. 4. 1936, StW 1936, S. 306.

[10] *Koch-Wirckau-Sölch-Ringleb*, Umsatzsteuergesetz, München und Berlin 1952, 5. neubearbeitete Auflage, Bem. 3 zu § 9 UStG.

[11] *Stenger*, Alfons, Das neue Grundsteuerrecht, Stuttgart, Köln 1951, S. 87.

[12] § 7 Abs. 2 GrStG.

b) *Die Steuerpflicht der Miterben*

aa) Einkommensteuer

1. Der Übergang der Einkommensteuerpflicht auf die Erben

Mit dem Tode des Unternehmers erlischt seine Einkommensteuerpflicht, und es findet eine letztmalige Veranlagung für die Zeitspanne bis zu seinem Tode statt. Das in diesem Zeitraum erzielte Einkommen wird wie ein volles Jahreseinkommen versteuert und nicht *pro rata temporis* auf ein Jahreseinkommen umgerechnet. Die Steuerschuld erlischt nicht gleichermaßen, sondern wird wie die anderen Steuerschulden des Erblassers zur Nachlaßverbindlichkeit, für die die Erben haften. Die Einkommensteuerpflicht für die nach dem Erbfall anfallenden Einkünfte aus dem gewerblichen Unternehmen geht auf die Erben als dem neuen Steuersubjekt über.

2. Die Erbengemeinschaft als steuerliche Mitunternehmergemeinschaft

Führen mehrere Erben das ererbte Unternehmen auf gemeinschaftliche Rechnung fort, so ist die Erbengemeinschaft als Unternehmergemeinschaft anzusehen und einkommensteuerlich wie eine BGB-Gesellschaft zu behandeln. Sie ist jedoch kein rechtlich selbständiges Steuersubjekt[13] und daher auch nicht der Körperschaftsteuer unterworfen[14,15].

Die Erbengemeinschaft als solche wird nicht zur Einkommensteuer herangezogen, sondern stets nur die einzelnen Erben. Diese müssen die mit der Erbschaft zusammenhängenden Einkünfte vom Augenblick des Erbfalles an versteuern. Der Gewinn der Unternehmung wird dabei einheitlich festgestellt und den Erben nach ihren Anteilen am Nachlaß prozentual zugerechnet[16]. Die Zurechnung des Gewinns erfolgt für dasselbe Jahr, in dem er der ungeteilten Erbengemeinschaft

---

[13] RFH vom 27. 5. 1931, JW 1932, S. 267; RFH vom 2. 3. 1933, RStBl. 1933, S. 585.

[14] *Brönner*, Herbert, Die Besteuerung der Gesellschaften, des Gesellschafterwechsels und der Umwandlungen, Stuttgart 1953, 8. neubearbeitete Auflage, S. 21.

[15] Eine Ausnahme bilden die aufgrund landesrechtlicher Bestimmungen aus der Zeit vor 1900 entstandenen „Hamburgischen Nachlaßmassen“, die selbständige Rechtspersönlichkeit besitzen und daher auch grundsätzlich körperschaftsteuerpflichtig sind, jedoch für bestimmte Einkünfte von der Steuer befreit sind, vgl. RFH vom 29. 4. 1941, RStBl. 1941, S. 505; RFH vom 28. 10. 1941 RStBl. 1941, S. 911. Es kann jedoch im übrigen der ungeteilte Nachlaß als körperschaftsteuerpflichtiges Zweckvermögen besteuert werden, wenn der Aufenthalt mehrerer Erben unbekannt ist (RStBl. 1940, S. 918), was als Folge des Krieges und der Nachkriegsverhältnisse durchaus keine Seltenheit zu sein braucht.

[16] *Peters-Herrmann*, Kommentar zur Einkommensteuer und Körperschaftsteuer, begründet von Mrozek und Kennerknecht, Bd. I, Köln o. J., Anm. 3 zu § 1 EStG (ferner zitiert: *Herrmann-Heuer*).

zugeflossen ist[17]; auf den Zeitpunkt der Abrechnung des Geschäftsführers der Gemeinschaft oder auf die tatsächliche Verteilung des Reinertrages kommt es daher nicht an. Für die Frage der Steuerpflicht ist es darum auch unbeachtlich, ob die Verteilung des Reinertrages z. B. durch Vereinbarung der Erben oder durch Anordnungen des Erblassers ausgeschlossen ist oder nicht.

Wenn die Erbengemeinschaft auch keine im Sinne des Einkommensteuerrechtes „steuerlich rechtsfähige Person" ist, so muß sie doch für die Zwecke der Einkommensteuer einer OHG gleichgestellt werden, wenn sie das Unternehmen nicht nur vorübergehend, vor allem zur besseren Verwertung des Nachlasses, sondern aufgrund eines Auseinandersetzungsverbotes oder einer ausdrücklichen oder stillschweigenden Vereinbarung der Erben für längere Zeit fortzusetzen gedenkt und es sich nach Art und Umfang des Geschäftsbetriebes um ein vollkaufmännisches Unternehmen handelt[18]. Zum Betriebsvermögen der OHG zählt in diesem Falle aber nicht der ganze Nachlaß, sondern gehören nur diejenigen Wirtschaftsgüter als Teile des Nachlasses, die nach dem Willen der Erben oder des Erblassers dem Unternehmen tatsächlich dienen und die auch in der Bilanz zum Betriebsvermögen gerechnet werden[19].

3. Fortführung durch einen einzelnen Erben bei fortbestehender Erbengemeinschaft

Nicht in jedem Falle ist das Weiterbestehen der Erbengemeinschaft gleichbedeutend mit dem Entstehen einer Unternehmergemeinschaft. Hat der Unternehmer in seiner Verfügung von Todes wegen angeordnet, daß ein bestimmter Erbe das Unternehmen erhalten und fortführen soll, dann wird lediglich dieser Erbe Unternehmer im Sinne des Einkommensteuerrechtes. Als solcher führt er das Unternehmen nicht auf gemeinschaftliche Rechnung der Miterben, sondern mit deren stillschweigendem oder ausdrücklichem Einverständnis auf eigene Rechnung weiter, wenn er auch den Betrieb erst bei der Auseinandersetzung unter Auszahlung der Miterben endgültig übernimmt. Die Anerkennung der steuerlichen Mitunternehmerschaft wird in solchen Fällen trotz bestehender Erbengemeinschaft abgelehnt, wenn dieser Miterbe, z. B. die Witwe des Erblassers oder der mit der treuhänderischen Inhaberschaft betraute Testamentsvollstrecker, der zugleich Miterbe ist, wirtschaftlich die uneingeschränkte Stellung eines Alleininhabers hat, da diese Tatsache allein für das Steuerrecht von Be-

---

[17] RFH vom 2. 3. 1933, RStBl. 1933, S. 585.

[18] RFH vom 27. 5. 1931, RStBl. 1931, S. 836; RFH vom 20. 7. 1938, RStBl. 1938, S. 940.

[19] *Zitzlaff*, Steuerliche Fragen zur Betriebsaufspaltung, StW 1949, Sp. 857.

deutung ist. Der betreffende Miterbe wird daher mit sämtlichen Einkünften der Unternehmung als Alleininhaber veranlagt[20].

Da diese Alleinveranlagung wegen der damit verbundenen Progressionswirkung der Einkommensteuer eine bedeutend höhere Steuerbelastung der Unternehmung zur Folge hat, bleibt die Frage offen, ob nicht vor allem in den Fällen eines längeren Aufschubes der Auseinandersetzung eine Fortführung auf gemeinschaftliche Rechnung vorteilhafter ist, auch wenn dadurch die Geschäftsführung des Unternehmens u. U. erschwert werden sollte.

4. Die einkommensteuerliche Eröffnungsbilanz der Erbengemeinschaft

Der Erbübergang des Unternehmens auf die Erbengemeinschaft gilt als unentgeltliche Übertragung des Betriebsvermögens[21]. Die Miterben als Rechtsnachfolger des Unternehmers sind daher bei der Aufstellung ihrer einkommensteuerlichen Eröffnungsbilanz, dem Grundsatz der Bilanzidentität folgend, an die Werte gebunden, die für die Schlußbilanz des verstorbenen Unternehmers angesetzt wurden und die sich aus § 6 Ziff. 1 bis 3 EStG ergeben[22]. An dem steuerlichen Kapitalkonto des Erblassers ändert sich durch den Erbübergang nichts, da die Gesamthand der Erbengemeinschaft an die Stelle des bisherigen Alleininhabers tritt[23]. Eine Auflösung stiller Reserven ist lediglich dann denkbar, wenn die Erben bei Aufstellung der Schlußbilanz des Erblassers von den Möglichkeiten der Höherbewertung Gebrauch machen, die sich aus Ziff. 2 des § 6 EStG ergeben. Dies können sie aber nur bei den nicht der Abnutzung unterliegenden Wirtschaftsgütern (Grund und Boden, Beteiligungen, Umlaufvermögen), wenn der Teilwert den letzten Bilanzansatz übersteigt, aber auch dann nur bis zur Grenze der Anschaffungs- oder Herstellungskosten. Die Möglichkeiten einer Höherbewertung sind daher gering, weil der größere Teil der stillen Reserven in der Regel in dem der Abnutzung unterliegenden Anlagevermögen liegt. Wird auf diese Weise ein Gewinn realisiert, so erhöht er den steuerpflichtigen Gewinn des Erblassers, und die hierfür zu zahlende Steuer geht als Nachlaßverbindlichkeit auf die Erben über[24]. Im allgemeinen kommt eine Realisierung der stillen Reserven jedoch erst bei einer Veräußerung der Unternehmung bzw. bei der Auseinandersetzung unter den Miterben in Frage.

---

[20] RFH vom 30. 8. 1932, StW 1932, Nr. 1006.

[21] *Herrmann-Heuer*, a.a.O., Anm. 42 zu § 6 EStG.

[22] § 5 Abs. 1 EStDV 1951; vgl. RFH vom 8. 11. 1933, RStBl. 1934, S. 295.

[23] RFH vom 8. 2. 1929, RStBl. 1929, S. 215.

[24] Die unentgeltliche Übertragung des Betriebes durch Übergang auf dem Erbwege stellt keine „Aufgabe" des Gewerbebetriebes im Sinne des § 16 EStG dar (Herrmann-Heuer, a.a.O., Anm. 22 zu § 16 EStG), wenn die Erben den Betrieb fortführen. Es entsteht daher im Falle einer Gewinnrealisierung

§ 5 der EStDB vom 17. 3. 1939, der durch die EStDVO 1941 aufgehoben wurde, ließ dagegen eine Auflösung der stillen Reserven im Zeitpunkt der unentgeltlichen Betriebsübertragung auch bei den der Abnutzung unterliegenden Wirtschaftsgütern zu. So konnten auf Antrag in der letzten Schlußbilanz des Erblassers die Teilwerte dieser Wirtschaftsgüter auch dann eingesetzt werden, wenn sie höher lagen als die Anschaffungs- oder Herstellungskosten, was eine einmalige Durchbrechung des Grundsatzes der Bilanzidentität bedeutete. Der Erblasser, der von dieser Möglichkeit der Gewinnrealisierung Gebrauch machte, konnte damit seinen Nachfolgern den wirtschaftlichen Start erleichtern[25], da deren Möglichkeiten zur Vornahme steuerlich wirksamer Abschreibungen dadurch erhöht wurden. Von Bedeutung war diese Reaktivierungsmöglichkeit allerdings nur dann, wenn auf diese Weise ein Betriebsverlust ausgeglichen werden konnte, da der sonst aus der Gewinnrealisierung resultierende steuerpflichtige Gewinn von den Erben zwar nicht zu versteuern, die Steuerschuld des Erblassers jedoch nichtsdestoweniger von ihnen zu tragen war und die gewonnenen Vorteile der größeren Abschreibungsmöglichkeiten dadurch in der Regel aufgewogen wurden.

5. Die Einkommensteuerpflicht der Erben bei Einstellung der gewerblichen Tätigkeit

Wird der Betrieb des Unternehmens auch nicht mit dem Tode des Unternehmers sofort eingestellt, so bedeutet dies doch nicht in jedem Falle Fortführung der gewerblichen, auf Gewinnerzielung abgestellten Tätigkeit des Erblassers. Es ist z. B. durchaus möglich, daß die Erben die ererbten Werte — vor allem Grundstücke und Gebäude — einige Zeit verwalten und den Nachlaß nur langsam auflösen, um nicht durch einen sofortigen Verkauf Vermögensverluste zu erleiden. Eine solche schrittweise Realisierung des Nachlasses ohne kaufmännischen Geschäftsbetrieb stellt regelmäßig keine gewerbliche Tätigkeit dar[26]. Die bei dieser Gelegenheit anfallenden Miet- bzw. Pachteinnahmen stellen daher auch keine Einkünfte aus Gewerbebetrieb dar. Die bei der Veräußerung der einzelnen, dem Unternehmen zugehörigen Nachlaßbestandteile entstehenden Gewinne unterliegen jedoch der Einkommensteuer, da die Aufgabe der Unternehmung mit ihrer Veräußerung gleichgesetzt wird.

bb) Vermögensteuer

Die Vermögensteuerpflicht des Unternehmers erlischt mit seinem Tode; die Vermögensteuer selbst wird aber bis zum Ende des Kalenderjahres erhoben, in dem der Tod eintritt, und zwar als Steuer des Verstorbenen, für die die Erben haften müssen.

---

durch Auflösung stiller Reserven auch kein steuerbegünstigter Veräußerungsgewinn.

[25] *Meisner*, Heinrich, Die einkommensteuerlichen Umgründungsbilanzen der Betriebe unter besonderer Berücksichtigung des Geschäftswertes, Diss. Frankfurt 1949, S. 133.

[26] Anders entschied der OFH (III 6/49 vom 30. 3. 1949, StW 1949, Nr. 48) in einem besonders gelagerten Einzelfall.

Die Steuerpflicht der Erben beginnt erst mit dem auf den Tod folgenden neuen Kalenderjahre. Es wird für das durch die Erbengemeinschaft betriebene Unternehmen der steuerliche Einheitswert des Betriebsvermögens festgestellt[27] und der Erbengemeinschaft ein einheitlicher Feststellungsbescheid zugestellt, in dem auch die Aufteilung der Werte auf die einzelnen Miterben enthalten ist. Wenn auch das Vermögen der Miterben auf diese Weise einheitlich bei der Erbengemeinschaft festgestellt wird, so ist doch nicht diese, sondern sind stets nur die einzelnen Erben persönlich vermögensteuerpflichtig[28]. Die Anordnung der Testamentsvollstreckung ist steuerlich unbeachtlich. Der Erbe oder die Erben gelten als wirtschaftliche Eigentümer auch dann, wenn die Geschäfte des Unternehmens von einem Testamentsvollstrecker als treuhänderischem Inhaber geführt werden und dem Erben lediglich ein Anteil am Reinertrage des Nachlasses ausbezahlt wird[29].

8. Die Auflösungsgründe der Erbengemeinschaft

Die Gründe, die zur Auflösung einer Erbengemeinschaft führen, sind im BGB nicht, wie im HGB entsprechend für die OHG[1], zusammenfassend aufgeführt. Unter dem Gesichtspunkt einer Prüfung der Erbengemeinschaft auf ihre Eignung zur zeitweiligen Übernahme unternehmerischer Aufgaben liegt es nahe, die Auflösungsgründe der frei gewählten Gemeinschaftsform der OHG mit denen der zufällig zustandegekommenen Erbengemeinschaft, die vorübergehend ähnliche Funktionen zu erfüllen hat, zu vergleichen. Eine geschlossene Darstellung der Gründe, die zur Beendigung der Erbengemeinschaft führen, erfolgt daher zweckmäßigerweise in einer der Aufzählung des § 131 HGB ähnlichen Reihenfolge.

---

[27] Zu dem Betriebsvermögen einer steuerlich als OHG zu behandelnden Erbengemeinschaft können nur solche Gegenstände gerechnet werden, die dem Betrieb wirklich dienen, dies aber auch dann, wenn sie den einzelnen Erben persönlich und nicht dem ungeteilten Nachlaß gehören, RFH vom 23. 2. 1933, RStBl. 1933, S. 788.

[28] Die Entscheidung des RFH vom 27. 5. 1931, RStBl. 1931, S. 836, wonach die Erbengemeinschaft steuerlich als OHG zu behandeln ist, wenn sie nach außen hin als solche auftritt, hatte unter dem VStG 1925 eine größere Bedeutung, da es die OHG als besonderes Rechtssubjekt behandelte und diese darum auch selbständig vermögensteuerpflichtig war (vgl. auch RFH vom 6. 3. 1941, RStBl. 1941, S. 836). In einem früheren Urteil (RFH vom 19. 7. 1929, RStBl. 1929, S. 489) hatte der RFH jedoch entschieden, daß nicht die Erbengemeinschaft als solche, sondern die Erben Eigentümer der Unternehmung seien; die Erbengemeinschaft zähle nicht zu den im Vermögensteuergesetz aufgezählten vermögensteuerpflichtigen Rechtsgebilden.

[29] RFH vom 21. 9. 1933, RStBl. 1934, S. 679.

[1] Vgl. § 131 HGB.

a) Auflösung durch Zeitablauf

Grundsätzlich ist das Bestehen der Erbengemeinschaft zeitlich nicht beschränkt. Dagegen kann der Erblasser eine bestimmte Mindestdauer festlegen, indem er die Auseinandersetzung für eine bestimmte Zeit ausschließt, § 2044 BGB. Ein derartiges Teilungsverbot muß sich gegen sämtliche Miterben richten, kann sich jedoch entweder auf die Auseinandersetzung in Ansehung des ganzen Nachlasses oder aber nur der Unternehmung als eines einzelnen Nachlaßgegenstandes erstrecken[2]. Der Ausschluß der Auseinandersetzung kann auch auf unbestimmte Zeit erfolgen, jedoch wird eine solche Anordnung spätestens 30 Jahre nach Eintritt des Erbfalls unwirksam[3].

Auch die Miterben können ihrerseits vereinbaren, die Auseinandersetzung sowohl für bestimmte als auch für unbestimmte Zeit, selbst auf immer, auszuschließen. Bei Vorliegen eines „wichtigen Grundes“ ist allerdings ein Ausschluß der Auseinandersetzung, ob er durch letztwillige Verfügung oder durch Vereinbarung der Erben erfolgt ist, nicht mehr bindend.

Eine automatische Auflösung der Erbengemeinschaft nach Ablauf der für sie vorgesehenen Zeit findet natürlich nicht statt, sie folgt vielmehr nur entweder aus dem Auseinandersetzungsverlangen eines einzelnen Miterben oder aus einer vertraglichen Übereinkunft aller Erben.

b) Auflösung durch Beschluß der Erben

Selbstverständlich können die Erben die von ihnen selbst getroffene Vereinbarung, die Auseinandersetzung aufzuschieben, auch durch einstimmigen Beschluß wieder aufheben. Fraglich ist aber, ob ein solcher Beschluß auch entgegenstehende letztwillige Anordnungen des Erblassers aufheben kann.

Haben diese Bestimmungen nur den Zweck, einzelne Miterben — so z. B. den das Unternehmen fortführenden Erben — vor Schädigungen durch ein unzeitgemäßes Auflösungsbegehren zu schützen, so können sich diese Erben durch ihre Zustimmung zum Auflösungsbeschluß freiwillig dieses Schutzes begeben[4]. Hieran mag der Erblasser vor allem denken, wenn er den Erben, der das Unternehmen später ein-

---

[2] *Skopnik*, Kurt, Der Aufschub der Erbenauseinandersetzung, Jur. Diss. Rostock 1932, S. 25. — So auch *Soergel-Ehard-Eder*, a.a.O., Anm. 1 zu § 2044 BGB.

[3] Daneben ist die Auseinandersetzung auch durch das Gesetz ausgeschlossen, wenn wegen der zu erwartenden Geburt eines Miterben die Erbteile noch unbestimmt sind, § 2043 BGB. Vgl. hierzu auch *Soergel-Ehard-Eder*, a.a.O., Anm. 1 zu § 2043 BGB; *Planck*, a.a.O., Anm. 1 zu § 2043 BGB; *Palandt*, a.a.O., Anm. 1 zu § 2043 BGB.

[4] Eine solche Bestimmung ist als „negative Teilungsanordnung mit vermächtnisähnlichem Charakter“ aufzufassen, *Skopnik*, a.a.O., S. 27.

mal übernehmen soll, davor schützen will, daß er schon während der für ihn ohnehin schwierigen Übergangszeit durch Auszahlungsverpflichtungen allzusehr belastet wird, ihm aber nicht die Möglichkeit nehmen will, diesen Verpflichtungen nachzukommen, wenn er glaubt, dies im Interesse der Unternehmungserhaltung verantworten zu können.

Es wird gelegentlich[5] die Auffassung vertreten, dies gelte nicht für den Fall, daß die Anordnung des Erblassers die Erben auch bei übereinstimmendem Auflösungsbeschluß binden wolle, da eine solche Anordnung den Charakter einer Auflage erhalte[6]. Mit *Endemann*[7] muß man aber diese weite Ausdehnung des Auflagebegriffes ablehnen. Denn sind sich die Miterben über die Auflösung der Erbengemeinschaft einig, so fehlt es an den Gegeninteressenten, zu deren Schutz die Auflage gedacht ist. Die Erben können darum ein lediglich obligatorisch wirkendes Auseinandersetzungsverbot des Erblassers dadurch umgehen, daß sie durch einen Vertrag die Teilung des von der Auseinandersetzung ausgeschlossenen Unternehmens beschließen[8]. Wenn der Erblasser die Unternehmung unter allen Umständen vor einer vorzeitigen Auseinandersetzung bewahren und sein Verbot darum mit dinglicher Wirkung ausstatten will, muß er die Testamentsvollstreckung anordnen. Die Erben haben in diesem Falle gar keine Möglichkeit, die Auseinandersetzung vorzunehmen, da der Nachlaß sich im Besitz des Testamentsvollstreckers befindet. Dieser ist zudem verpflichtet, die letztwilligen Verfügungen, also auch die Auflagen des Erblassers, auszuführen, woran ihn auch ein entgegenstehender Beschluß der Erben nicht hindern kann.

Eine weitere Möglichkeit, dem Auseinandersetzungsverbot dingliche Wirkung zu verleihen, besteht darin, daß der Erblasser eine Zuwiderhandlung gegen seine Anordnungen als auflösende Bedingung der Erbeinsetzung festsetzt[9]. Auch dann, wenn der Erblasser einer bestimmten Person, vor allem seiner Ehefrau, den Nießbrauch am ganzen Nachlaß vermächtnisweise zuwendet, schließt er das Recht der Erben auf Auseinandersetzung auf die Dauer des Nießbrauches aus.

---

[5] *Hochgräbe*, a.a.O., S. 70.

[6] RGR-Kommentar zum BGB, a.a.O., Anm. 1 zu § 2044; *Soergel-Ehard-Eder*, a.a.O., Anm. 1 zu § 2044 BGB; nach *Skopnik* (a.a.O., S. 27) handelt es sich um eine „negative" Teilungsanordnung mit auflageähnlichem Charakter". Nach § 1940 BGB kan der Erblasser einen Erben zu einer Leistung verpflichten (die auch in einem Unterlassen bestehen kann), ohne einem anderen ein Recht auf diese Leistung zuzuwenden (Auflage).

[7] a.a.O., S. 1043.

[8] *Marcus*, Josef, Das Deutsche Testament, Berlin, Wien 1928, 5. umgearbeitete Auflage, S. 92.

[9] *Soergel-Ehard-Eder*, a.a.O., Anm. 1, 2 zu § 2075 BGB; *Planck*, a.a.O., Anm. 1 zu § 2075 BGB; *Palandt*, a.a.O., Anm. 1 zu § 2075 BGB.

c) *Auflösung durch Nachlaßkonkurs*

Nach § 215 KO kann die Eröffnung des Nachlaßkonkurses schon beantragt werden, wenn Überschuldung des Nachlasses vorliegt, während § 102 KO im gewöhnlichen Konkursverfahren die Zahlungsunfähigkeit des Schuldners voraussetzt. Diese unterschiedliche Behandlung beruht darauf, daß bei einem Nachlaß im allgemeinen die Entwicklung der Haftungsmasse als abgeschlossen unterstellt werden muß[10]. Doch wird dabei der besondere Fall nicht berücksichtigt, daß der Nachlaß aus einem in Erbengemeinschaft fortgeführten Unternehmen besteht, dessen Vermögenslage sich durch geschickte Geschäftsführung der Erben bessern kann.

Durch die Konkurseröffnung wird der Nachlaß zur Konkursmasse und besteht daher als solcher nicht mehr. Damit entfällt eine der beiden Voraussetzungen der Erbengemeinschaft: das gemeinschaftliche Vermögen. Die Erbengemeinschaft wird daher durch die Konkurseröffnung aufgelöst. Das den Erben nach Abschluß des Konkursverfahrens u. U. verbleibende Vermögen kann von diesen nicht etwa wiederum in Erbengemeinschaft verwaltet werden, da eine solche nicht durch Rechtsgeschäft begründet werden kann[11].

d) *Keine Auflösung durch den Tod eines Miterben*

Bei einer OHG entfällt u. U. mit dem Tod eines Gesellschafters eine der Grundvoraussetzungen des gesellschaftlichen Zusammenschlusses, darum sieht § 131 HGB dieses Ereignis auch als Auflösungsgrund an. Die Erbengemeinschaft dagegen entsteht nicht aufgrund eines freiwilligen Zusammenschlusses, worauf schon in anderem Zusammenhang hingewiesen wurde, sondern ist eine zufällige Vermögensgemeinschaft; es liegt daher auch kein Grund dafür vor, daß der Tod eines Teilhabers ihr Bestehen verändert. Die Erben des verstorbenen Miterben treten vielmehr ohne weiteres an seiner Stelle in die Erbengemeinschaft ein. Im Zweifel tritt jedoch mit dem Tode eines der Miterben die freie Vereinbarung der Erben außer Kraft, die Auseinandersetzung für eine bestimmte Zeit auszuschließen[12], da solche Vereinbarungen sich nur gegen die Einzelrechtsnachfolger, nicht aber gegen die Gesamtrechtsnachfolger richten. Zudem ist der Tod eines Miterben regelmäßig als „wichtiger Grund" im Sinne des § 749 BGB anzusehen, der selbst ein Auseinandersetzungsverbot des Erblassers aufhebt[13]. Die Erbeserben können in diesem Falle zwar die Gemeinschaft mit Einverständnis der bisherigen Erben fortsetzen, sie können aber auch die Auseinandersetzung verlangen. Im letzteren Falle steht

---

[10] *Hochgräbe*, a.a.O., S. 72.
[11] OLG Colmar OLGR 21, 316.
[12] §§ 2042, 750 BGB.
[13] *Skopnik*, a.a.O., S. 40.

es den übrigen Erben frei, die Erbengemeinschaft unter sich fortzusetzen, nachdem die Erbeserben abgefunden wurden.

e) Auflösung durch Konkurs eines Miterben

Der Anteil eines Erben am Gesamtnachlaß ist nicht nur veräußerlich, § 2033 BGB, sondern auch der Pfändung unterworfen, § 859 II ZPO, und fällt daher auch in die Konkursmasse, § 1 KO. Eine Realisierung des Anteiles ist aber nur auf dem Wege denkbar, daß die Erbengemeinschaft aufgelöst wird und der sich nach der Abrechnung zugunsten des Konkursschuldners ergebende Erlös der Befriedigung der Konkursgläubiger dient. Doch können die Miterben auch in diesem Fall beschließen, sich nur mit dem betreffenden Erben auseinanderzusetzen und die Erbengemeinschaft unter sich fortzusetzen.

f) Auflösung durch Kündigung seitens eines Miterben

Neben dem völligen Ausschluß der Auseinandersetzung kann eine — weniger starke — Einschränkung des Rechtes der Erben, jederzeit die Auseinandersetzung zu verlangen, darin bestehen, daß dieses Recht nur unter Einhaltung einer Kündigungsfrist geltend gemacht werden darf. Eine derartige Kündigungsfrist kann auch durch die Erben selbst festgesetzt werden. Ein Auseinandersetzungsverbot ist in einer solchen Beschränkung des Kündigungsrechtes nicht zu erblicken[14].

Bestimmungen oder Vereinbarungen dieser Art nähern die Erbengemeinschaft in etwa einer Offenen Handelsgesellschaft an. Der Vorteil einer solchen Regelung liegt darin, daß sie — angemessene Kündigungsfristen vorausgesetzt — wesentlich elastischer ist als der schematische und starre Ausschluß der Auseinandersetzung, dem die Erben auch dann unterworfen sind, wenn sich eine derartige Bindung des Nachlasses aufgrund veränderter Verhältnisse als unvorteilhaft erweisen sollte.

Das Vorliegen eines wichtigen Grundes, z. B. die begründete Gefahr einer erheblichen Entwertung des von der Teilung ausgeschlossenen Unternehmens[15] oder eine sonstwie begründete Unzumutbarkeit der weiteren Fortsetzung der Gemeinschaft, entbindet den Erben jedoch von der Einhaltung einer Kündigungsfrist[16]. Dieses Rechtes kann er sich auch durch eine freiwillig getroffene Vereinbarung nicht begeben[17]. Ein Gläubiger, der den Anteil eines Erben am Nachlaß ge-

---

[14] *Soergel-Ehard-Eder*, a.a.O., Anm. 5 zu § 2042 BGB; ähnlich auch *Palandt*, a.a.O., Anm. 1 zu § 2042 BGB; *Skopnik*, a.a.O., S. 24.

[15] *Marcus*, Das Deutsche Testament, a.a.O., S. 92.

[16] §§ 2042 Abs. 2, 2044 Abs. 1, 749 Abs. 2 BGB, vgl. § 133 Abs. 3 HGB.

[17] § 749 Abs. 3 BGB; vgl. § 133 Abs. 3 HGB; siehe auch *Palandt*, a.a.O., Anm. 2 zu § 749 BGB.

pfändet hat und der zur Befriedigung seines Anspruches die Auseinandersetzung in Ansehung des Nachlasses betreibt, ist jedoch in keinem Falle an die Einhaltung einer Kündigungsfrist gebunden.

9. Die Erbengemeinschaft als Übergangslösung, nicht als dauernde Unternehmergemeinschaft

a) Gründe gegen eine sofortige Auseinandersetzung der Erbengemeinschaft

Es zeigt sich also, daß, vom Fall des Nachlaßkonkurses abgesehen, dem zeitlich unbegrenzten Fortbestehen einer Erbengemeinschaft, die das Unternehmen ihres Erblassers fortführt, keine rechtlichen Bedenken entgegenstehen, wenn alle Beteiligten eine derartige unbegrenzte Fortführung beabsichtigen und der Erblasser keine entgegenstehenden Anordnungen mit dinglicher Wirkung getroffen hat.

Wenn auch ein länger andauerndes Festhalten der Erben an der Erbengemeinschaft mit deren Charakter als Abwicklungsgemeinschaft grundsätzlich nicht vereinbar ist, so sprechen doch mancherlei Gründe dafür, die erbrechtliche Gesamthandgemeinschaft nicht unmittelbar nach dem Erbfall auseinanderzusetzen. Die Nachfolger des Unternehmers verfügen in vielen Fällen nicht über die Geschäftserfahrungen des bisherigen Inhabers und haben, vielfach zum ersten Male auf sich allein gestellt, während längerer Zeit große Anstrengungen zu leisten, um die Position des Erblassers im Geschäftsleben zu behaupten. Gleichzeitig wird die Liquidität der Unternehmung durch die Erbschaftsteuer in erheblichem Maße belastet, wenn der Unternehmer nicht durch Abschluß einer Erbschaftsteuerversicherung rechtzeitig Vorsorge zur Bereitstellung dieser Mittel getroffen hat. Zu diesen Schwierigkeiten, die dem übernehmenden Erben allein schon mit dem Übergang des Unternehmens im Erbwege erwachsen, soll nach Möglichkeit nicht noch zusätzlich die Belastung hinzutreten, die sich aus dem Auseinandersetzungsverlangen der Miterben und den daraus resultierenden Abfindungszahlungen ergeben würde. In vielen Fällen wird die Auseinandersetzung daher bis zu einem Zeitpunkt ausgeschlossen, an dem nach menschlichem Ermessen die den Nachfolgern erwachsenden Anfangsschwierigkeiten überwunden sind.

Außerdem bedarf die Regelung der Auseinandersetzung einer gründlichen Überlegung. Es ist ratsam, daß der Erblasser in der Erkenntnis, daß er im Zeitpunkt der Errichtung seiner letztwilligen Verfügung die wirtschaftlichen Verhältnisse zur Zeit seines Todes nicht überschauen kann, auf eine ins einzelne gehende testamentarische Regelung der Auseinandersetzung verzichtet, diese vielmehr einem von ihm ernannten Testamentsvollstrecker, einem Dritten oder aber der freien Vereinbarung der Erben überläßt. Eine solche gütliche

Einigung der Erben wird sich aber nur dann treffen lassen, wenn den Interessen aller Beteiligten, sowohl der ausscheidenden als der fortführenden Erben, Rechnung getragen wird. Dies setzt wiederum voraus, daß die allgemeinen wirtschaftlichen Verhältnisse und die Entwicklung der Unternehmung übersichtlich sind. Einerseits wird Furcht vor Geldentwertungen die Miterben zur Fortsetzung der Erbengemeinschaft bewegen, andererseits kann im umgekehrten Falle die Gefahr der Entwertung des Unternehmungsvermögens als „wichtiger Grund" die Auflösung schneller als bei einer OHG herbeiführen. Dies alles spricht in wirtschaftlich unruhigen Zeiten für eine nicht allzu rasche Auflösung der gesamthänderischen Bindung der Erben.

In vielen Fällen wird die Erbauseinandersetzung durch den Erblasser bis zum Tode oder bis zur Wiederverheiratung seiner Ehefrau ausgeschlossen und dieser gleichzeitig durch Übertragung der Testamentsvollstreckung die beherrschende Rolle innerhalb der Erbengemeinschaft zugesprochen. Eine solche Maßnahme gewährleistet die größtmögliche wirtschaftliche Unabhängigkeit der Ehefrau gegenüber den Abkömmlingen, birgt aber andererseits wegen ihrer damit verbundenen persönlichen Haftung auch Gefahren, die der Erblasser vermeiden möchte. Zudem ist diese Regelung dort nicht am Platze, wo fähigen und erwachsenen Abkömmlingen auf diese Weise weiterhin die ihnen zukommende alleinverantwortliche Stellung vorenthalten wird.

Eine Bindung des Nachlaßvermögens ist dagegen angebracht, wenn die Erben minderjährig sind und eine endgültige Regelung noch nicht möglich ist, da es ungewiß ist, wer von ihnen einmal das Unternehmen weiterführen wird. Auch dort ist eine Bindung vertretbar, wo die auf den Erblasser folgende Generation nicht willens oder nicht geeignet ist, die Unternehmung weiterzuführen und die zukünftigen Unternehmer erst der nächsten Generation entstammen. Hierdurch wird bei diesen der Nachlaß ungeschmälert erhalten, wenn auch die Eltern die Nutzung des Nachlasses haben[1].

Das Recht jedes Miterben, über seinen Anteil am Nachlaß zu verfügen, kann jedoch durch keine Maßnahme des Erblassers ausgeschlossen werden; er kann daher u. U. aus der Erbengemeinschaft ausscheiden, wenn sich die Bindungen des Erblassers als unzweckmäßig erweisen. Wegen dieser lockeren Form der Erbengemeinschaft

---

[1] Aus steuerlichen Gründen ist es in diesem Falle vorteilhafter, den Enkeln das Unternehmen unmittelbar zu übertragen und den Kindern den uneingeschränkten Nießbrauch am Unternehmen einzuräumen, da auf diese Weise nur e i n Erbübergang der Erbschaftsteuer unterliegt und der kapitalisierte Nießbrauch bei Ermittlung des steuerpflichtigen Erbanfalls der Enkel abzugsfähig ist. Die Nießbraucher dürfen dabei jedoch nicht als wirtschaftliche Alleininhaber auftreten, da sonst Vorerbschaft angenommen wird; der Vorerbe wird aber von der Erbschaftsteuer wie jeder andere Erbe behandelt.

empfiehlt es sich daher, diese das Unternehmen so lange fortführen zu lassen, bis die Erben feste Entschlüsse hinsichtlich der Verwertung des Nachlasses getroffen haben, da sie sich nach einer unmittelbar auf den Erbfall folgenden Auseinandersetzung durch Umwandlung in eine OHG nicht mehr so leicht von der Gemeinschaft lösen können.

Die Erbengemeinschaft k a n n darum eine geeignete Übergangsform bis zur Herstellung des endgültigen Dauerzustandes darstellen, wenn ihre hauptsächlichen Nachteile, vor allem ihre mangelnde Eignung zum Auftreten im Handelsverkehr, dadurch ausgeschaltet werden, daß ein durch Rechtsgeschäft oder durch testamentarische Anordnung bevollmächtigter Vertreter die Stellung eines wirtschaftlichen Alleininhabers erlangt. Unter diesem Gesichtspunkt mag es daher im Einzelfall vertretbar sein, daß der Erblasser von den oben aufgezeigten Möglichkeiten der vermögensrechtlichen Bindung des Nachlaßvermögens Gebrauch macht.

b) Gründe gegen eine längere Fortführung in Erbengemeinschaft

Wenn auch die Rechtsprechung zu wiederholten Malen die Zulässigkeit der Fortführung einer Unternehmung durch die Erbengemeinschaft des verstorbenen Unternehmers ausgesprochen hat, so doch nur aufgrund der Tatsache, daß die gemeinschaftlich fortführenden Erben für die früheren und für die neu eingegangenen Verbindlichkeiten die gleiche Haftung trifft, wie wenn sie in Form einer OHG fortführen würden[2]. Die wirtschaftlichen Konsequenzen einer derartigen Fortführung, vor allem die Schwierigkeiten, die den Erben aus der im Geschäftsverkehr ungemein hinderlichen Verfügungsbefugnis zur gesamten Hand erwachsen, ebenso die Unklarheiten hinsichtlich der Vertretungsbefugnis, denen sich Dritte u. U. gegenübergestellt sehen, sind jedoch mit Recht nicht Gegenstand der rechtlichen Erwägungen bei der Beurteilung der Frage, ob die Erbengemeinschaft als solche das Unternehmen fortführen darf. Denn diese Mängel fallen in erster Linie den Erben selbst zur Last oder berühren sie insofern mittelbar, als die zu erwartenden rechtlichen Komplikationen und die Undurchsichtigkeit der rechtlichen Verhältnisse die Kreditwürdigkeit des Unternehmens stark herabmindern[3]. Das *Placet* der Rechtsprechung trifft also nicht den Kern der bei einem Erbübergang auf eine Erbenmehrheit auftauchenden Probleme; es entbindet die Erben bzw. den Erblasser darum auch nicht von der Notwendigkeit, die Entscheidung über eine längere Fortführung in Erbengemeinschaft erst nach reif-

---

[2] Die Frage der persönlichen Haftung der Erben ist der Ausgangspunkt in der Mehrzahl der Entscheidungen, die die Zulässigkeit der Fortführung einer Erbengemeinschaft betreffen.

[3] *Gruß*, Lothar, Die Fortführung eines Handelsgeschäftes durch eine Erbengemeinschaft, Der Betrieb 1955, S. 573.

licher Überlegung der daraus erwachsenden wirtschaftlichen Folgen zu fällen.

Die Gefahr, daß innerhalb der Erbengemeinschaft Meinungsverschiedenheiten über Art und Mittel der Geschäftsführung entstehen, wächst naturgemäß mit deren Dauer. Vor allem in wirtschaftlich unruhigen Zeiten können sich aufgrund der unbefriedigenden Regelung von Geschäftsführung und Vertretung schwerwiegende Differenzen ergeben, die auf den Geschäftsgang der Unternehmung nachteilige Auswirkungen haben.

Zu diesen Gründen, die unter dem Gesichtspunkt der reibungslosen unternehmerischen Betätigung gegen eine längere Fortführung in Erbengemeinschaft sprechen, treten andere, die mehr auf dem Charakter der Erbengemeinschaft als Personengemeinschaft „auf Abbruch" beruhen. So wurde die Möglichkeit der Erben, trotz aller Bindungen im geeigneten Augenblick ihren Erbteil durch Veräußerung im Ganzen realisieren zu können, an anderer Stelle als Vorteil dieser Gemeinschaftsform hingestellt. Auf der anderen Seite werden jedoch durch eine derartige Anteilsveräußerung u. U. Fremde in die Familiengemeinschaft eingeführt, die sich regelmäßig nur als kapitalistische Teilhaber fühlen und sich dementsprechend über Familienbindungen hinwegsetzen werden[4]. Eine Überfremdung der Unternehmung durch außerhalb des Familienkreises stehende Dritte kann deshalb nie mit Sicherheit verhindert werden, zumal die übrigen Miterben von ihrem Vorkaufsrecht[5] in Ermanglung entsprechender Mittel in den seltensten Fällen Gebrauch machen können. Diese Gefahr einer Überfremdung ist natürlich um so größer, auf je längere Zeit die Auseinandersetzung ausgeschlossen und damit den nichttätigen Erben die Möglichkeit genommen ist, auf anderem Wege in den eigentlichen Genuß ihres Erbteiles zu gelangen.

Fehlt es an Teilungsverboten mit dinglicher Wirkung, so kann weiterhin ein zur Unzeit vorgebrachtes Auseinandersetzungsverlangen eines Miterben den übrigen Erben erhebliche Schwierigkeiten bereiten und möglicherweise die Erhaltung des Unternehmens gefährden.

Schon aus dem Wesen der Erbengemeinschaft und ihrer besonderen Zwecksetzungen ergibt sich jedoch, daß sie zu einer auf längere Dauer abgestellten unternehmerischen Tätigkeit nicht geeignet ist. Nicht die Förderung eines gemeinsamen Zweckes ist ihre Bestimmung, sondern lediglich die Erhaltung des Nachlaßvermögens zum Zwecke der für die Erben günstigsten Verwertung. Eine besondere Dynamik kann dieser Form des Zusammenschlusses daher nicht innewohnen, was auch in den Bestimmungen über die Regelung der

---

[4] *Staudinger*, a.a.O., Vorbemerkung 7 vor § 2032 BGB.

[5] Vgl. § 2034 BGB.

Innen- und Außenbeziehungen zum Ausdruck kommt. Grundvoraussetzung für eine auf die Dauer abgestellte gemeinschaftliche Fortführung des Unternehmens ist eine einheitliche Leitung und klare Abgrenzung der Verantwortung; bei der Erbengemeinschaft kann aber die Uneinigkeit der Erben die völlige Handlungsunfähigkeit herbeiführen. Die starke Bindung der Erben in den Fragen der Verwaltung des Nachlasses schwächt die Aktionsfähigkeit der Gemeinschaft und „vermindert die Schlagkraft ihres Wirtschaftseinsatzes“[6].

Während die Gesellschafter einer OHG sich freiwillig aufgrund reiflicher Überlegungen und gemeinsamer Interessen zu deren Verwirklichung zusammenfinden, sind die Miterben oftmals gegen ihren eigenen Willen zu einer Vermögensgemeinschaft zusammengeschlossen und daher nur bestrebt, sich sobald als möglich wieder zu trennen. Es liegt aber in der Natur der Sache, daß die Erben in zwei Parteien aufgespalten sind: diejenigen, die das Unternehmen nach der Auseinandersetzung übernehmen und die darum dem Wohl des Unternehmens in allen Fragen der Verwaltung den Vorrang geben, und diejenigen, deren späteres Ausscheiden aus der Unternehmung schon jetzt feststeht und die dementsprechend ihr Erbteil lediglich als eine zeitlich begrenzte Kapitalanlage betrachten. Diese verschiedenartigen persönlichen und wirtschaftlichen Interessen und Bindungen treiben die Erben auseinander, sie vereiteln darum in der Regel ein gemeinschaftliches Handeln auf längere Zeit. Nach alledem ist die Erbengemeinschaft grundsätzlich nur ein Durchgangsstadium, „ihre Tendenz ist die Auseinandersetzung, ihr Zweck ist die Beendigung, sie selbst ist nur das notwendige Übel zur Verwirklichung des Erbrechtes“[7].

Wenn man auch nicht vergessen darf, daß die Erbengemeinschaft der „nach dem Tode des Vaters forthausenden Familie“ die geschichtliche Vorläuferin der heutigen OHG war[8], so darf dies doch nicht dazu führen, dieser für den Handelsverkehr nicht typischen Form einen festen Platz im Handelsrecht einräumen zu wollen, selbst in den Fällen nicht, in denen alle Erben an der gemeinschaftlichen Fortführung des Unternehmens interessiert sind und deshalb auch ein einstimmiges Handeln zu erwarten ist. Der Zustand der Erbengemein-

---

[6] Erwerb, Sicherung und Abwicklung der Erbschaft. 4. Denkschrift des Erbrechtsausschusses der Akademie für Deutsches Recht, Tübingen 1940, S. 135, (ferner zitiert: Denkschrift der Akademie für Deutsches Recht).

[7] *Geineder*, a.a.O., S. 17. „Die Erbengemeinschaft ist gewiß nicht Selbstzweck, hat vielmehr das natürliche Bestreben, sich aufzulösen und ist in diesem Sinne eine vorübergehende Erscheinung“, KG JW 1939, 565.

[8] *Weber*, Max, Zur Geschichte der Handelsgesellschaften im Mittelalter, S. 114 (zitiert nach *Lohauß*, a.a.O., S. 2). Im übrigen fußen nicht nur die römisch-rechtliche Societas, sondern auch die deutsch-rechtliche Gemeinschaft als Vorbild der OHG letzten Endes auf der fortgesetzten Erbengemeinschaft, *Lastig*, Beiträge zur Geschichte des Handelsrechtes, Zeitschrift für das gesamte Handelsrecht, 24. Band (a. F.) S. 387 ff.

schaft ist eben nur ein vorläufiger und drängt wie jeder Interimszustand nach Schaffung klarer und endgültiger Verhältnisse[9].

Die Erbengemeinschaft als Inhaberin eines Unternehmens ist darum nur dort als Dauerzustand zu vertreten, wo z. B. infolge Testamentsvollstreckung eine Alleininhaberschaft im wirtschaftlichen Sinne vorliegt, aber auch dort — wie in allen anderen Fällen — nur so lange, wie ein allseits zufriedenstellender Weg der Auseinandersetzung des Nachlasses oder der Umwandlung in eine den Bedürfnissen des Wirtschaftslebens gemäßere Form noch nicht gefunden werden konnte.

Eine solche Auseinandersetzung müßte nach den vorausgegangenen Ausführungen auf die Herstellung eines Zustandes hinzielen,

a) der eine reibungslose Abwicklung des Handelsverkehrs mit Dritten ermöglicht, der mithin die Haftungsverhältnisse, die Fragen der Geschäftsführung und der Vertretung in zufriedenstellender Weise regelt,
b) der den Erben, die die Geschäfte des Unternehmens führen, sowohl in Bezug auf die Leitung als auch im Hinblick auf die Bindung des Kapitals eine möglichst unbehinderte unternehmerische Betätigung gestattet und die nichttätigen Erben in ihrer Einflußnahme auf die Wahrnehmung ihrer vermögensrechtlichen Interessen beschränkt,
c) bei dem der Nachlaß des verstorbenen Unternehmers jedoch gleichzeitig gerecht und entsprechend den Absichten des Erblassers auf tätige und nichttätige Erben verteilt wird.

---

[9] *Herold*, Georg, Erbteilungsverträge über gewerbliche Betriebe, Steuer- und Wirtschaftsberater 1951, S. 120.

Dritter Teil

Die Auseinandersetzung der Erbengemeinschaft des Einzelunternehmers

Abschnitt 1

Begriff und Verfahren der Erbauseinandersetzung

1. Der Begriff der Erbauseinandersetzung

a) Erbauseinandersetzung im engeren und weiteren Sinne

Der Begriff der Erbauseinandersetzung ist im Gesetz an keiner Stelle genau definiert. Üblicherweise versteht man unter „Auseinandersetzung" die Teilung der Nachlaßgegenstände im Sinne des § 2042 Abs. 2 BGB, die die gesamthänderische Bindung der Erben beendet und die mittelbar gebundene Teilhaberschaft am Gesamtnachlaß in unmittelbare Alleinherrschaft und Sonderrechte an den einzelnen Nachlaßgegenständen umwandelt[1]. Ob die Teilung in Natur erfolgt, ob der Nachlaß versilbert und lediglich der Erlös verteilt wird oder ob ein sonstiger Teilungsmodus gefunden wird, spielt dabei keine Rolle. Auch die Schaffung selbständiger Sonderrechte am ganzen Nachlaß durch Umwandlung der erbrechtlichen Gesamthandgemeinschaft in eine Gemeinschaft nach Bruchteilen bzw. in eine Gesellschaft des bürgerlichen oder des Handelsrechtes fällt unter den Begriff der Erbauseinandersetzung in diesem engeren Sinne[2].

Doch führt auch die Übertragung sämtlicher Erbteile auf einen Miterben gegen eine von diesem zu zahlende Abfindung an die übertragenden Erben zur Beendigung der Erbengemeinschaft. Trotzdem kann man in diesem Falle nicht von einer Auseinandersetzung der Erben in Ansehung des Nachlasses reden, denn selbst das, was den ausscheidenden Erben bei einer solchen Abfindung aus der Substanz des Nachlasses zufließt, erhalten sie nicht als Nachlaß und nicht in ihrer Eigenschaft als Miterben, sondern als Entgelt für die Aufgabe ihres Erbrechtes[3]. Da jedoch die wirtschaftlichen Ziele der Erbaus-

---

[1] Durch die Zuteilung in Miteigentum erfolgt ebenfalls die Auseinandersetzung, OLGR 21, 316.

[2] So auch KG RJA 13, 226; noch weiter geht *Bondi* (DJZ 1923, Sp. 563), der nicht einmal die Umwandlung in eine OHG als Auseinandersetzung ansieht.

[3] *Endemann*, a.a.O., S. 271. Es ist dabei ohne Bedeutung, ob die Abfindung

einandersetzung auch durch die Übertragung der Erbteile erreicht werden können, läßt es sich vertreten, diese unter den Begriff der Erbauseinandersetzung im weiteren Sinne einzuordnen[4].

Die Erbauseinandersetzung kann demnach definiert werden als die Aufhebung der unter den Miterben bestehenden Gemeinschaft zur gesamten Hand[5] mit dem Ziele der Herstellung eines endgültigen und wirtschaftlich vertretbaren Rechtszustandes unter Einhaltung der gesetzlichen Vorschriften.

Es kann aber auch so sein, daß der Erblasser nur den eigentlichen Nachfolger in der Unternehmungsführung als Erben einsetzt, dagegen die übrigen Abkömmlinge, vielfach auch die Ehefrau, an Stelle einer Erbeinsetzung mit Vermächtnissen bedenkt, die in ihrer Höhe den ihnen anderenfalls zukommenden Erbteilen entsprechen. Dann erübrigt sich eine Erbauseinandersetzung im engeren Sinne. Es würde jedoch zu weit führen, auch diese Form noch der Erbauseinandersetzung im weiteren Sinne zuzurechnen, da die Vermächtnisnehmer nicht Erben und daher auch nicht Teilhaber einer auseinanderzusetzenden Erbengemeinschaft werden. Die Verteilung des hinterlassenen Vermögens erfolgt zwar auch hier nach dem Tode des Unternehmers, ist aber von diesem bereits in allen Einzelheiten geplant und bedarf nur noch der Durchführung, zu der die Erben den Vermächtnisnehmern gegenüber verpflichtet sind. Vom wirtschaftlichen Standpunkt aus betrachtet sind jedoch die Unterschiede zu den anderen Auseinandersetzungsformen gering, da der Erblasser bei der Festlegung der bei einer Erbauseinandersetzung zu berücksichtigenden Teilungsanordnungen dieselben Erwägungen bezüglich Höhe und Fälligkeit der Auszahlungen anstellt wie bei der Festsetzung der Vermächtnisse.

b) Der Umfang der Erbauseinandersetzung

Gegenstand der Erbauseinandersetzung ist grundsätzlich der Gesamtnachlaß. Die Vollauseinandersetzung in Ansehung aller zum

---

aus der Nachlaßsubstanz oder aus dem Eigenvermögen des übernehmenden Erben gezahlt wird.

[4] Die Erbteilsübertragung stellt keine eigentliche Erbauseinandersetzung dar, sondern erübrigt sie nur (JW 1931, S. 308; FG Stuttgart, Der Betriebsberater 1951, S. 386; *Staudinger*, a.a.O., Anm. 1 zu § 2042 BGB), allerdings nicht deshalb, weil der Erwerber dann als Alleinerbe anzusehen ist, sondern weil durch die Erbteilsübertragung die Mitberechtigung des Anteilsveräußerers übergegangen und der Erwerber nunmehr allein am Nachlaß berechtigt ist. Nicht zu verwechseln mit einer Übertragung der Erbteile ist die Übertragung sämtlicher Nachlaßgegenstände auf einen Miterben gegen Entschädigung. Hier liegt eine echte Teilung vor, da die Miterben die Abfindung in ihrer Eigenschaft als Erben erhalten und ihr Erbrecht unberührt bleibt.

[5] Nach *Marcus* (ZBlFG Bd. 9, S. 121 ff.) besteht zwischen „Aufhebung der Erbengemeinschaft" und „Auseinandersetzung" kein Unterschied.

Nachlaß gehörenden Gegenstände stellt darum die Regel, die Teilauseinandersetzung demgegenüber den Ausnahmefall dar. Eine solche gegenständlich beschränkte Teilauseinandersetzung liegt dann vor, wenn aufgrund einer Anordnung des Erblassers oder einer Vereinbarung der Miterben die Auseinandersetzung in Ansehung einzelner Nachlaßgegenstände ausgeschlossen wird und diese weiterhin in ungeteilter Erbengemeinschaft verbleiben[6]. Auch wenn der Nachlaß im übrigen schon geteilt ist, kann die Erbengemeinschaft hinsichtlich des Unternehmens fortgesetzt werden[7], wenn eine Teilauseinandersetzung stattgefunden hat. Da aber die Auseinandersetzung in Bezug auf das Unternehmen untersucht werden soll, interessieren für die betriebswirtschaftliche Fragestellung neben der Vollauseinandersetzung nur diejenigen gegenständlich beschränkten Teilauseinandersetzungen, bei denen zumindest in Ansehung des Unternehmens die erbrechtliche Gesamthandgemeinschaft aufgelöst wird.

Auch der Kreis der auseinandersetzenden Erben kann insofern beschränkt werden, als nur ein Teil der Erben aus der Erbengemeinschaft ausscheidet, während diese unter den übrigen Miterben fortbesteht[8]. Diese Lösung erscheint zweckmäßig, wenn einer oder mehrere Erben auf sofortige Auszahlung ihrer Erbteile drängen, die übrigen Erben jedoch eine endgültige Auseinandersetzung noch nicht wünschen[9]. Die Erbauseinandersetzung braucht daher nicht in einem geschlossenen Akt zu erfolgen, sondern kann auch in vielen Einzelverträgen durchgeführt werden[10].

Üblicherweise werden bei einer solchen persönlich beschränkten Teilauseinandersetzung die Anteile der ausscheidenden Erben von einem oder mehreren Miterben im Wege des Erbschaftskaufes übernommen. Die Erben, die ihren Anteil veräußern, nehmen dann an dem endgültigen Auseinandersetzungsverfahren nicht mehr teil[11].

c) Erbauseinandersetzung und Nachlaßteilung

Der Begriff der „Auseinandersetzung" beinhaltet im allgemeinen Sprachgebrauch zwei verschiedene Tatbestände. Einmal versteht man darunter den Vertrag, durch den sich die Erben zu einer bestimmten Art der Nachlaßteilung entschließen und mit dem sie den Rechtsgrund

---

[6] OLGR 21, 317.

[7] RGR-Kommentar zum BGB, Anm. 2 zu § 2059; *Würdinger*, a.a.O., Anm. 17 zu § 27 HGB.

[8] OLGR 11, 230; KG KGJ 23 A 74.

[9] Die persönlich beschränkte Teilauseinandersetzung erfordert trotzdem die Zustimmung aller Erben, da die Erben nur gemeinschaftlich über den Nachlaß verfügen können.

[10] RG HRR 1934, 1458.

[11] *Brösamle*, Walter, Die Abtretung des Anteils am Nachlaß, Diss. Tübingen 1931, S. 91.

für die Verfügung über den Nachlaß festlegen[12], zum anderen aber auch den realen dinglichen Vollzug dieser vertraglichen Regelung durch Einweisung der Erben in das Eigentum der ihnen von nun an allein zustehenden Nachlaßgegenstände.

Die Auseinandersetzung im letzteren Sinne wird vom Gesetz[13] als „Teilung" bezeichnet und hat, falls die Nachlaßgläubiger nicht vorher befriedigt wurden, die unbeschränkte und persönliche Haftung der Erben für die Nachlaßverbindlichkeiten auch mit ihrem nachlaßfreien Vermögen zur Folge, da sie den Nachlaßgläubigern durch Zersplitterung der haftenden Nachlaßmasse den Zugriff erschwert[14].

Erst der Abschluß des realen Vollzuges der Auseinandersetzung bedeutet die endgültige Auflösung der Erbengemeinschaft, die im übrigen — auch während des Vollzuges der Auseinandersetzung — als Gesamthandgemeinschaft fortbesteht, soweit es der Zweck der Auseinandersetzung, die Verwaltung und die Abwicklung der laufenden Geschäfte erfordern[15]. Durch Rücktritt von dem einmal vollzogenen Auseinandersetzungsvertrag kann die Erbengemeinschaft jedoch nicht wieder ins Leben gerufen werden[16]. In der vorliegenden Arbeit wird unter dem Begriff der Auseinandersetzung der ganze Vorgang der Aufhebung der Erbengemeinschaft, also unter Einbeziehung auch des realen Vollzuges, verstanden.

d) Die Auseinandersetzung der Erbengemeinschaft eines Unternehmers im Unterschied zur Liquidation einer Offenen Handelsgesellschaft

Die Tatsache, daß sich auch die Auflösung der Erbengemeinschaft in zwei Abschnitten, dem verpflichtenden Auseinandersetzungsplan und der eigentlichen realen Teilung, vollzieht, darf nicht dazu verleiten, die Auseinandersetzung mit der Auflösung und Abwicklung einer OHG zu vergleichen. Die OHG ist eine auf freier vertraglicher Vereinbarung beruhende Gemeinschaft, die auf den dauernden Betrieb eines Unternehmens abgestellt ist. Ebensowenig wie der Beschluß der Miterben die Erbengemeinschaft aufhebt, führt der Auflösungsbeschluß der Gesellschafter unmittelbar zur Aufhebung der Gesell-

---

[12] *Staudinger,* a.a.O., Anm. 1 zu § 2042 BGB.

[13] Vgl. § 2059 BGB.

[14] Die haftungsverschärfende Wirkung der „Teilung" ist nicht davon abhängig, daß der Nachlaß völlig aufgeteilt wurde, sondern richtet sich im wesentlichen danach, wie hoch der Wert der bereits aufgeteilten Nachlaßgegenstände im Verhältnis zum Werte des Gesamtnachlasses ist, RGR-Kommentar zum BGB, Anm. 2 zu § 2059; *Erman,* a.a.O., Anm. 3 zu § 2059 BGB; *Würdinger,* a.a.O., Anm. 17 zu § 27 HGB; die Verteilung einiger, selbst wertvoller Nachlaßgegenstände bedeutet allerdings noch nicht die Teilung des Nachlasses selbst, RGZ 89, 403.

[15] *Endemann,* a.a.O., S. 1044.

[16] OLG DRechtspr. I (170) 12 d; die Erbengemeinschaft kann nicht durch Rechtsgeschäft begründet werden.

schaft, sondern beendet nur deren werbende Tätigkeit und wandelt sie in eine Abwicklungsgesellschaft um. Auch diese Liquidationsgesellschaft bleibt Handelsgesellschaft, bis die Abwicklung beendet ist[17]; erst dann ist die Löschung der Firma beim Handelsregister zu veranlassen. Solange die Abwicklung jedoch nicht abgeschlossen ist, kann die als Liquidationsgesellschaft fortbestehende Gesamthandgemeinschaft wieder in eine werbende Gesellschaft umgewandelt werden.

Die Erbengemeinschaft ist dagegen von Anfang an keine solche werbende Gesellschaft, sondern, wie schon verschiedentlich betont wurde, eine Gemeinschaft, die lediglich auf die Verwaltung des Nachlasses gerichtet ist, wenn auch zu diesem Nachlaß eine Unternehmung gehören kann, die werbend fortgeführt wird. Ihre Dauer ist im Regelfall auf eine bestimmte Übergangszeit beschränkt, und ihr natürliches Ziel ist die Auseinandersetzung durch Aufhebung der Gemeinschaft unter den Miterben. Sie kann darum nicht, wie die OHG, erst zu einer Abwicklungsgemeinschaft werden und in Liquidation treten, weil sie sich schon von ihrem Entstehen an im Rechtszustande der, wenn auch hinsichtlich ihres Vollzuges aufgeschobenen, Liquidation befindet[18]. Das Auseinandersetzungsbegehren der Erben hat darum nicht, wie bei der OHG, die Auflösung der werbenden Gesellschaft, sondern lediglich den Vollzug der Auseinandersetzung zur Folge, der aber grundsätzlich ohne Einfluß auf die Frage des Weiterbestehens der zum Nachlaß gehörenden Unternehmung ist.

Für eine Erbengemeinschaft, die ein Unternehmen fortführt, kann demnach auch kein Liquidator ernannt werden. Ein solcher könnte nur nach den Grundsätzen des Handelsrechtes liquidieren, wobei mangels einer anderweitigen Vereinbarung über die Art der Liquidation grundsätzlich das g a n z e Vermögen zu versilbern wäre. Bei der Erbengemeinschaft ist jedoch eine Versilberung nur soweit erforderlich, als dies zur Befriedigung der Nachlaßgläubiger notwendig ist, während die Erbteilung im übrigen ihrem Sinne nach eine Naturalteilung ist. Im Gegensatz zur OHG bezweckt die Auseinandersetzung also grundsätzlich T e i l u n g, nicht V e r w e r t u n g des gemeinschaftlichen Vermögens[19].

2. Die Verfahren der Erbauseinandersetzung

a) Die außergerichtlichen Verfahren

aa) Der Erbauseinandersetzungsvertrag

Die außergerichtliche Regelung der Auseinandersetzung durch einen frei vereinbarten Erbauseinandersetzungsvertrag setzt voraus, daß die

---

[17] *Lehmann*, a.a.O., S. 112.

[18] OLG München JFG 16, 151.

[19] *Endemann*, a.a.O., S. 1044.

Erben die volle Verfügungsgewalt über den Nachlaß haben und nicht durch Teilungsanordnungen, denen der Erblasser zwingenden Charakter verliehen hat, in der freien Gestaltung der Erbauseinandersetzung behindert sind. Der Vorteil der frei vereinbarten Auseinandersetzung beruht darin, daß sich die Erben über die unzweckmäßigen gesetzlichen Teilungsregeln hinwegsetzen können[1] und auch nicht unbedingt auf die ihnen u. U. ungeeignet erscheinenden Teilungsanordnungen des Erblassers zurückgreifen müssen. Sind sich die Miterben einig, so kann der Nachlaß, insbesondere die Unternehmung, auf die unter den gegebenen wirtschaftlichen Verhältnissen günstigste Weise verwertet werden.

Die Auseinandersetzung kann dagegen nicht gegen den Widerstand eines einzelnen Erben erzwungen werden, sondern setzt in jedem Falle eine übereinstimmende Abrede aller Erben voraus. Infolgedessen genügt der Widerspruch eines einzigen Miterben, um eine noch so vorteilhafte Regelung zum Scheitern zu bringen. Zwar können die übrigen Erben in diesem Falle versuchen, den widerstrebenden Miterben durch eine erhöhte Abfindung zur Aufgabe seiner Miterbenstellung zu veranlassen und seinen Anteil im Wege des Erbschaftskaufes zu übernehmen[2], ähnlich, wie ein „lästiger Gesellschafter" zur Aufgabe seiner Gesellschafterrechte veranlaßt wird. Trotzdem wird die Gefahr der Uneinigkeit unter den Miterben den Erblasser vor allem bei einem zu erwartenden größeren Erbenkreis dazu bestimmen, entweder die Regelung der Auseinandersetzung selbst vorzunehmen oder aber einem von den Erben unabhängigen Testamentsvollstrecker zu übertragen.

In der Praxis wird die Erbengemeinschaft häufig in der Form aufgehoben, daß dem die Unternehmung fortführenden Miterben die Erbteile der anderen übereignet werden und dieser sich zu einer Gegenleistung verpflichtet[3]. Diese Art der Erbteilung wird von *Marcus*[4] auch als „Erbteilungsvertrag durch konkludente Handlung" bezeichnet. Während der Erbauseinandersetzungsvertrag gewöhnlich ein bloßer Veräußerungsvertrag ist und daher die beteiligten Erben zur Vornahme der vereinbarten Auseinandersetzungsmaßnahmen nur schuldrechtlich verpflichtet, hat der Vertrag, mit welchem die Miterben ihren Erbteil im ganzen übertragen, unmittelbar dingliche Wirkung und bedarf darum in jedem Falle der notariellen Beurkundung.

---

[1] *Weber*, Robert, Der Erbauseinandersetzungsvertrag, Jur. Diss. Rostock 1932, S. 13.

[2] Vgl. FG Stuttgart, Der Betriebsberater 1951, S. 386; der veräußernde Erbe tritt damit den Anspruch auf dasjenige ab, was ihm bei der Teilung des Nachlasses zufallen würde, RGZ 80, 30.

[3] KGJ 35 A 74.

[4] *Marcus*, ZBlFG Bd. 9, S. 121 ff.

Hat der Erblasser trotz aller Bedenken seinen Erben die Regelung der Auseinandersetzung in vollem Umfange überlassen, weil er noch größere Nachteile aus einer strengen Reglementierung der Nachlaßteilung erwartet, so kann er doch langwierige und kostspielige Prozesse der Erben untereinander vermeiden, wenn Erbstreitigkeiten aufgrund einer letztwilligen Anordnung nicht zum gerichtlichen Austrag gebracht werden dürfen, sondern durch ein Schiedsgericht entschieden werden müssen. Wenn eine solche Anordnung auch heute unüblich geworden ist, so ist gegen ihre Zulässigkeit doch nichts einzuwenden[5]. Die Unterwerfung der streitenden Erben unter den Schiedsspruch eines oder mehrerer Dritter scheint praktisch der Auseinandersetzungsregelung durch eine im billigen Ermessen eines Dritten liegenden Entscheidung nahezukommen. Der wesentliche Unterschied besteht jedoch darin, daß der „Dritte" die Auseinandersetzung nach billigem Ermessen zu regeln hat und damit an die Stelle des Erblassers tritt, während der Schiedsrichter seine Entscheidung über die bei der Durchführung der Auseinandersetzung strittigen Punkte nach Rechtsgründen zu fällen, also gleich einem Richter das Testament auszulegen hat[6].

bb) Die Auseinandersetzung durch den Testamentsvollstrecker

Hat der Erblasser zur Verwaltung des Nachlasses einen Testamentsvollstrecker bestellt, so ist dieser grundsätzlich berechtigt und verpflichtet, auch die Auseinandersetzung der Erbengemeinschaft zu bewirken; alle anderen Auseinandersetzungsverfahren scheiden in diesem Falle aus.

Wie bei der Verwaltung des Nachlasses ist der Testamentsvollstrecker nur an die Anordnungen des Erblassers, nicht aber an Weisungen der Erben gebunden, selbst wenn diese auf einen einstimmigen Beschluß zurückgehen, da er kraft eigenen, ihm vom Erblasser übertragenen Rechtes handelt. Nicht der Wille der Erben, sondern nur der des Erblassers darf für ihn Maß und Richtschnur sein[7]. Fehlen solche Teilungsanordnungen, so ist der Testamentsvollstrecker aufgrund der §§ 2204, 2042 Abs. 2 BGB an sich verpflichtet, die Auseinandersetzung nach den gesetzlichen Teilungsregeln durchzuführen, also den Nachlaß zu versilbern und den Erlös nach Tilgung der

---

[5] Eine solche Anordnung stellt nicht notwendig eine Auflage dar, sondern kann als Teilungsanordnung i. S. des § 2048 BGB angesehen werden, RGZ 100, 77. Das Verfahren richtet sich nach §§ 1025 ff. ZPO, die Anrufung des ordentlichen Gerichtes gegen den Schiedsspruch nach § 1040 ZPO.

[6] *Tauber*, Erich, Die Teilungsanordnungen des Erblassers nach heutigem Recht, Jur. Diss. Freiburg 1932, S. 29.

[7] *Binder*, a.a.O., S. 250. — Soergel-Ehard-Eder, a.a.O., Vorbem. zu §§ 2197 ff. BGB; *Planck*, a.a.O., Vorbem. 2 zu §§ 2197 ff. BGB; *Palandt*, a.a.O., Anm. 1 (Allg.) zu §§ 2197 ff. BGB.

Nachlaßverbindlichheiten zu verteilen. Nach richtiger Ansicht[8] ist er aber an die Regeln über die Art der Auseinandersetzung nicht gebunden; doch müssen die Erben bei der Auseinandersetzung zumindest dasjenige erhalten, was ihnen bei einer Auseinandersetzung nach den gesetzlichen Regeln zukommen würde; eine günstigere Art der Nachlaßverwertung steht dem Testamentsvollstrecker daher im Zweifelsfall offen[9].

Trotzdem erscheint es in diesem Falle zweckmäßiger, wenn der Erblasser die Auseinandersetzung ausdrücklich in das freie Ermessen des Testamentsvollstreckers stellt. Dieser wird in der Regel eine Persönlichkeit sein, die nicht nur das volle persönliche Vertrauen des Erblassers genießt, sondern auch in sachlicher Hinsicht geeignet erscheint, die jeweils günstigste Lösung der im Verlauf der Erbauseinandersetzung auftauchenden Schwierigkeiten zu finden. Aufgabe des Testamentsvollstreckers ist es daher in einem solchen Falle, an Stelle des Erblassers die Auseinandersetzung so zu regeln, wie dieser selbst es in Kenntnis der Umstände getan hätte. Ist die Auseinandersetzung dergestalt in sein freies Ermessen gestellt, so ist der Testamentsvollstrecker bei der Aufstellung des Auseinandersetzungsplanes und bei seiner Durchführung nicht an die gesetzlichen Regeln gebunden[10]; zwingende gesetzliche Vorschriften darf er allerdings nicht verletzen.

Zu dem Plan, den der Testamentsvollstrecker für die Auseinandersetzung aufstellt, braucht er die Erben nur zu hören; ihre ausdrückliche Zustimmung ist dagegen nicht erforderlich. Einen Widerspruch gegen Plan und Durchführung der Auseinandersetzung können die Erben nur darauf stützen, daß die vom Testamentsvollstrecker getroffenen Anordnungen offenbar unbillig sind.

Wird einer der Miterben zum Testamentsvollstrecker ernannt, so bedarf es einer ausdrücklichen Ermächtigung des Erblassers, wenn er auch die Auseinandersetzung durchführen soll, da der Testamentsvollstrecker sein Privatamt grundsätzlich nur in fremdem, nicht aber in eigenem Interesse ausüben darf[11]. Aber auch dann, wenn dem Testamentsvollstrecker die Durchführung der Auseinandersetzung entzogen ist, kann er infolge einer Anordnung des Erblassers doch zum Schiedsrichter über die Streitigkeiten der Erben ernannt werden und anstelle des Richters, der sonst eingreifen müßte, die letztwillige Verfügung auslegen[12].

---

[8] RGZ 108, 290.

[9] a. M. *Bondi*, DJZ 1923, Sp. 563.

[10] *Kress*, Hugo, Die Erbengemeinschaft nach dem BGB für das Deutsche Reich, Jena 1903, S. 260.

[11] KG RJA 3, 101. Um eine derartige Interessenkollision zu vermeiden, wird der Erblasser daher gut tun, die Auseinandersetzung selbst einer anderen Persönlichkeit zu übertragen, dem Miterben also lediglich die Verwaltung des Nachlasses zu überlassen.

[12] RGZ 100, 77.

cc) Die Auseinandersetzung nach dem billigen Ermessen eines Dritten

Nicht nur der Testamentsvollstrecker, sondern auch andere dritte Personen können vom Erblasser durch Verfügung von Todes wegen beauftragt werden, die Auseinandersetzung nach ihrem billigen Ermessen zu regeln. Diese Dritten haben aber in Ermangelung eines Verfügungsrechtes über den Nachlaß nicht die weitgehenden Befugnisse eines Testamentsvollstreckers. Ihre Aufgabe ist es lediglich, einen Auseinandersetzungsplan aufzustellen. Der aufgrund freier Vereinbarung zustande gekommene Erbauseinandersetzungsvertrag wird in diesem Falle ersetzt durch die Anordnung des Dritten, die darum auch keine weitergehende Wirkung haben kann als der Vertrag selbst[13]; der Plan wirkt daher nicht dinglich, sondern begründet nur ein Klagerecht der einzelnen Erben gegeneinander, das sich auf Vollziehung der Auseinandersetzung nach Maßgabe des Planes richtet. Die Durchführung seines Planes kann der Dritte jedoch nicht erzwingen, falls die Erben aufgrund eines einstimmigen Beschlusses die Auseinandersetzung abweichend vollziehen.

Wenn der Auseinandersetzungsplan „offenbar unbillig“ ist, kann jeder Miterbe das Prozeßgericht um eine anderweitige Regelung der Auseinandersetzung angehen[14]. Das Urteil des Gerichts ersetzt in diesem Falle die Bestimmung des Dritten, hat aber ebenfalls keine dingliche Wirkung[15].

Eine einstimmig getroffene Vereinbarung der Erben kann in jedem Falle den Auseinandersetzungsplan des Dritten umstoßen, da dieser nicht wie der Testamentsvollstrecker gleichzeitig auch mit der Durchführung der Auseinandersetzung beauftragt ist. Will der Erblasser mit Sicherheit damit rechnen, daß die Auseinandersetzung in seinem Sinne durchgeführt wird, so darf er sie deshalb nicht der Bestimmung eines Dritten überlassen, da dieser nicht zugleich den Nachlaß in seinem Besitz hat und demzufolge seine Bestimmungen nicht durchsetzen kann.

Der „Dritte“ braucht nicht notwendig außerhalb der Erbengemeinschaft zu stehen; es kann sich vielmehr genau wie bei der Testamentsvollstreckung um einen Miterben handeln. Daneben kann der Erblasser eine Bestimmung treffen, wonach die Mehrheit (z. B. zwei Drittel) der beteiligten Erben die Entscheidung über die Art der Auseinandersetzung treffen kann. Diese Erben sind dann als „Dritte“ im Sinne des § 2048 Satz 2 und 3 BGB anzusehen[16]. Eine solche Lösung

---

[13] *Binder*, a.a.O., S. 263.

[14] *Kress*, a.a.O., S. 261.

[15] RGR-Kommentar, a.a.O., Anm. 3 zu § 2048 BGB.

[16] RG DJZ 1925, Sp. 1265; § 137 BGB steht dem nicht entgegen. Die Befugnis zur Teilnahme an der Verfügung über den Nachlaßgegenstand wird den in der Minderheit gebliebenen Erben nicht entzogen, sie sind nur kraft der

ist, im Vergleich zu den übrigen Verfahren, als glücklich zu bezeichnen. Sie übernimmt die Vorteile des frei vereinbarten Erbauseinandersetzungsvertrages, nicht aber seine Nachteile, nämlich die mögliche Vereitelung durch den bloßen Widerspruch eines einzelnen Beteiligten. Da der Mehrheitsbeschluß einen klagbaren Anspruch auf Vollzug der Auseinandersetzung in der vereinbarten Form begründet, müssen sich die in der Minderheit gebliebenen Erben diesem Beschlusse fügen. Trotzdem sind der willkürlichen Benachteiligung einzelner Erben dadurch Grenzen gesetzt, daß diese von der Mehrheit beschlossene, aber offenbar unbillige Bestimmungen anfechten können[17].

b) Die gerichtlichen Auseinandersetzungsverfahren

aa) Die Vermittlung der Auseinandersetzung durch das Nachlaßgericht

Kommt eine Einigung unter den Miterben nicht zustande, so kann jeder Miterbe die gerichtliche Vermittlung der Auseinandersetzung beantragen, dies aber nur dann, wenn kein Testamensvollstrecker mit der Gestaltung der Auseinandersetzung betraut wurde. Auch während der Dauer der Nachlaßverwaltung und des Nachlaßkonkurses ist eine gerichtliche Vermittlung der Auseinandersetzung nicht zulässig[18].

Das Vermittlungsverfahren gehört zu den Verfahren der freiwilligen Gerichtsbarkeit[19] und richtet sich nach den §§ 86 ff. FGG. Ist das Verfahren auf Antrag eines der Beteiligten eingeleitet, so hat das zuständige Amtsgericht von Amts wegen die erforderlichen Verfügungen zu treffen, Ermittlungen zu veranstalten und Beweise zu erheben. Im übrigen gilt aber der Grundsatz, daß nicht das Gericht, sondern die Beteiligten teilen[20]. Das Gericht hat daher im wesentlichen nur eine vermittelnde und beurkundende, nicht aber eine entscheidende Funktion. Es hat lediglich darauf zu achten, daß sich die Erben über die Auseinandersetzung einigen und daß diese den zwingenden gesetzlichen Vorschriften entspricht.

Nach Klärung der Vorfragen (Wert des Nachlasses, Erbrecht der einzelnen Erben, Ausgleichungsansprüche usw.) stellt der Nachlaßrichter einen Auseinandersetzungsplan auf. Erklären sich die Miterben mit diesem Plan einverstanden, so ist die Auseinandersetzung zu bestätigen. Falls eine Einigung der Miterben hinsichtlich des

---

Teilungsanordnung schuldrechtlich verpflichtet, sich der Bestimmung der Mehrheit zu fügen. — Siehe auch *Soergel-Ehard-Eder*, a.a.O., Anm. 4 zu § 2048 BGB; *Palandt*, a.a.O., Anm. 3 zu § 2048 BGB.

[17] *Soergel-Ehard-Eder*, a.a.O., Anm. 4 zu § 2048 Satz 2 und 3 BGB.

[18] KG KGJ 49 A 84.

[19] Bis zur Einführung des BGB war ein solches Vermittlungsverfahren unbekannt. Zur Beilegung von Erbstreitigkeiten waren die Beteiligten daher regelmäßig auf den ordentlichen Rechtsweg angewiesen.

[20] *Binder*, a.a.O., S. 250.

Planes aber nicht zustande kommt, hat der Nachlaßrichter das Verfahren bis zur Erledigung der Streitpunkte auszusetzen. So könnten beispielsweise bezüglich des Wertes des Nachlasses, insbesondere über den Wert der Unternehmung, Meinungsverschiedenheiten zwischen den Erben bestehen. Kommt eine Einigung durch Vermittlung des Nachlaßgerichtes nicht noch nachträglich zustande, so sind die strittigen Punkte vor dem Prozeßgericht zu klären[21], das Nachlaßgericht selbst ist jedoch zu einer Entscheidung nicht berufen. Erst nach Erledigung der Streitpunkte kann der Nachlaßrichter das Verfahren durch Bestätigung der Auseinandersetzung beenden.

Der reale Vollzug der Auseinandersetzung, die Teilung, ist jedoch nicht mehr Aufgabe des Nachlaßgerichtes, sondern erfolgt durch freiwillige Vornahme der erforderlichen Rechtsgeschäfte durch die Miterben, notfalls aber im Wege der Zwangsvollstreckung. Nur dann, wenn die Auseinandersetzung im Einverständnis aller Erben dadurch erfolgen soll, daß einem Miterben die Erbteile der übrigen Erben übereignet werden, gilt mit der rechtskräftigen Bestätigung der Vereinbarung die Übereignung als bewirkt[22].

Die Schwäche des Vermittlungsverfahrens vor dem Nachlaßgericht liegt darin, daß der bloße Widerspruch eines der Beteiligten — gleichgültig, ob er aus berechtigten Gründen oder aber aus Dummheit oder Bosheit erfolgt — das Zustandekommen der Einigung vereitelt[23]. Selbst im Falle des Gelingens wird das Verfahren durch ständiges Aussetzen beim Auftauchen von Streitpunkten äußerst zeitraubend und, falls zur Klärung dieser Streitpunkte der Prozeßweg beschritten werden muß, auch kostspielig. Sind die Erben sich einig, so brauchen sie das Vermittlungsverfahren nicht; sind sie aber uneinig, so kann auch der Nachlaßrichter die Einigung nicht erzwingen. Er hat nicht die Möglichkeit, die Auseinandersetzung nach seinem eigenen, freien Ermessen zu gestalten, indem er die Nachlaßgegenstände einzelnen Erben zuweist und gleichzeitig die Ausgleichszahlungen festlegt. Eine solche „Adjudikationsbefugnis", wie sie bis 1900 in den meisten deutschen Rechten bestand und auch heute noch in vielen Auslandsrechten besteht, hat das BGB dem Nachlaßrichter versagt[24/25].

---

[21] KG KGJ 23 A 197.

[22] KG KGJ 35 A 74, wenngleich die dingliche Übereignung auch in diesem Falle keinen notwendigen Bestandteil des Auseinandersetzungsverfahrens bildet.

[23] *Endemann*, a.a.O., S. 1052.

[24] *Boehmer*, Gustav, Grundlagen der bürgerlichen Rechtsordnung. 1. Buch: Das bürgerliche Recht als Teilgebiet der Gesamtrechtsordnung, Tübingen 1950, S. 149.

[25] Im Zuge ihrer Bestrebungen, den ordentlichen Rechtsweg zugunsten eines autoritativen Amtsverfahrens zurückzudrängen, beabsichtigte die nationalsozialistische Gesetzgebung, dem Nachlaßrichter die Befugnis zur

bb) Die Auseinandersetzungsklage

Können sich die Erben weder außergerichtlich noch vor dem Nachlaßrichter einigen, so steht jedem von ihnen zur Verwirklichung seines Erbrechtes der ordentliche Rechtsweg offen. Der Versuch einer gütlichen Einigung braucht aber nach herrschender Ansicht der Klage nicht vorausgegangen zu sein[26], so daß jeder Erbe jederzeit, selbst „zur Unzeit", auf Auseinandersetzung klagen kann, sofern diese nicht vom Erblasser ausgeschlossen wurde oder der Nachlaß im Besitz eines Testamentsvollstreckers ist.

Eine Einschränkung erfährt dieses Recht nur in Zeiten offensichtlichen Währungsverfalls. So konnte ein Auseinandersetzungsanspruch kurz vor der Währungsreform nicht geltend gemacht werden, ohne dem Einwande des Rechtsmißbrauches ausgesetzt zu sein[27]. Die Auseinandersetzung war vielmehr aufzuschieben, bis sie auf wertbeständiger Grundlage durchgeführt werden konnte[28]; selbst die Zwangsvollstreckung zum Zwecke einer bereits angeordneten Aufhebung der Erbengemeinschaft war in einem solchen Falle mit Rücksicht auf die Geldentwertung einstweilen einzustellen[29]. Ebenso verstößt die Auseinandersetzungsklage eines Miterben, der bereits zu Lebzeiten des Erblassers ausgleichungspflichtige Zuwendungen in einem solchen Umfange erhalten hat, daß ihm bei einer Auseinandersetzung mit Sicherheit nichts mehr zufallen würde, gegen Treu und Glauben[30].

Von diesen Fällen jedoch abgesehen, ist die Auseinandersetzungsklage stets zulässig. Hat der Erblasser Teilungsanordnungen erlassen, so kann jeder der Erben eine Auseinandersetzung nach Maßgabe dieser Anordnungen erzwingen. In Ermangelung einer Regelung durch den Erblasser wird der Erbe, der die Auseinandersetzung betreibt, dem Klageantrag einen eigenen Auseinandersetzungsplan beigeben und den Antrag stellen, die Miterben zur Zustimmung zu der im Plane enthaltenen Auseinandersetzung zu verurteilen. Die beklagten Erben können hiergegen Widerklage erheben und eine andere Art der Nachlaßteilung vorschlagen, und zwar einmal aus *rechtlichen* Gründen, z. B. wegen Verletzung gesetzlicher Vorschriften, u. U. aber auch aus Gründen der *Zweckmäßigkeit*, wenn z. B. die im Plane enthaltene Veräußerung eines Nachlaßgegenstandes nicht als die günstigste Art der Verwertung erscheint. Erklärt sich der Kläger mit den

---

Regelung der Auseinandersetzung nach freiem Ermessen zu verleihen, vgl. Denkschrift der Akademie für Deutsches Recht, a.a.O., S. 283.

[26] *Mauss*, Gerhard, Ist der Erbauseinandersetzungsvertrag ein Rechtsgeschäft, das ausschließlich in der Erfüllung einer Verbindlichkeit besteht? Diss. Erlangen 1930, S. 6.

[27] LG Verden, Nds. Rpfl. 1948, 110.

[28] OLG MDR 1948, S. 17.

[29] LG Arnsberg, Justiz-Ministerialblatt NRW 1948, S. 81.

[30] RG HRR 1934, S. 1458; OLG HRR 1935, Nr. 353.

Abänderungen nicht einverstanden, so kann der Richter, da er an die Anträge der Parteien gebunden ist, nur nach den gesetzlichen Teilungsregeln erkennen. Diese Regeln sind zwar äußerst klar, aber so auf die technische Abwicklung abgestellt, daß sie der Verschiedenheit aller in der Praxis auftretenden Fälle, vor allem dem besonderen Fall der Auseinandersetzung der Erbengemeinschaft eines Unternehmers, nicht gerecht werden können[31]. Nach freiem richterlichen Ermessen kann der Prozeßrichter die Auseinandersetzung aber ebensowenig wie der Nachlaßrichter bewirken.

Die Auseinandersetzung selbst kann nur als ganze, d. h. als *Vollauseinandersetzung* verlangt werden; eine nach und nach erfolgende Auseinandersetzung, wie sie aufgrund freier Vereinbarung möglich ist, ist hierbei nicht zulässig. Wenn das Verfahren einmal eingeleitet ist, besteht also nicht mehr die Möglichkeit, den Nachlaß sukzessiv und in der Weise zu verwerten, die den Erben den größtmöglichen Nutzen bringt.

c) Vergleich der Auseinandersetzungsverfahren im Hinblick auf ihre Zweckmäßigkeit

Vergleicht man die einzelnen Auseinandersetzungsverfahren im Hinblick auf ihre Brauchbarkeit, so wird man ohne weiteres den außergerichtlichen Verfahren den Vorzug geben vor jenen, die, sei es im Verfahren der freiwilligen oder der ordentlichen Gerichtsbarkeit, auf gerichtlichem Wege die Auseinandersetzung bewirken, weil letztere in der Regel kompliziert, zeitraubend und kostspielig sind. Man muß bei einem solchen Vergleich jedoch berücksichtigen, daß die gerichtlichen Verfahren meist erst dann zur Anwendung kommen, wenn sich eine Einigung auf außergerichtlichem Wege nicht erzielen läßt.

So sehr die Auseinandersetzung aufgrund freier Vereinbarung unter den Miterben an sich den Idealfall darstellt, so sehr muß darum auf der anderen Seite von diesem Wege abgeraten werden, wenn auch nur die entfernteste Wahrscheinlichkeit besteht, daß sich bei dieser Gelegenheit Streitpunkte ergeben können. Die Gefahr einer Verschleppung der Auseinandersetzung durch endlose Erbteilungs-Prozesse ist hier besonders groß, wenn nicht der Erblasser gleichzeitig

---

[31] Dazu hatten die Verfasser des BGB die Auseinandersetzungsregeln auch nicht bestimmt. Unter Berücksichtigung eines leider der Vergangenheit angehörigen Wohlstandes hatte man vielmehr angenommen, daß jeder Erbe bei der Auseinandersetzung den streitigen Nachlaßgegenstand selbst kaufen und das Kaufgeld aus seiner Erbschaft oder seinem sonstigen Vermögen bezahlen könne. Danach wäre die Auseinandersetzung weniger eine echte Teilung als eine Versteigerung unter den Erben, und es bestünde kein Bedürfnis nach besonderen Auseinandersetzungsregeln (*Motive* zum BGB Bd. V, S. 695), ein Gedanke, der heute nur noch in den seltensten Fällen Geltung finden dürfte.

die Entscheidung über Streitpunkte einem Schiedsgericht übertragen hat.

Wird dagegen der Testamentsvollstrecker oder ein sonstiger Dritter mit der Durchführung der Auseinandersetzung betraut, so können sich die Erben nur dann an das Gericht wenden, wenn die Auseinandersetzung im billigen Ermessen des Betreffenden stand und die getroffene Regelung offenbar unbillig ist. Führt jedoch ein Testamentsvollstrecker die Auseinandersetzung nach Maßgabe der erblasserischen Anordnungen durch, so ist die Möglichkeit einer gerichtlichen Intervention — von Schadensersatzansprüchen der Erben gegen den Testamentsvollstrecker, wenn dieser schuldhaft Vermögensschäden der Erben verursacht, abgesehen — so gut wie ausgeschlossen. Vom Standpunkt der *rechtlichen* Zweckmäßigkeit aus gesehen erscheint daher die Auseinandersetzung durch einen Testamentsvollstrecker, der den letzten Willen des Erblassers zur Ausführung bringt, als die vorteilhafteste.

Wirtschaftliche Erwägungen sprechen jedoch dafür, die Auseinandersetzung so zu regeln, daß den jeweiligen tatsächlichen Gegebenheiten nach dem Erbfall — die der Erblasser in seinen Anordnungen nicht berücksichtigen kann, da er sie nicht kennt — am besten Rechnung getragen werden kann. Dies scheint am ehesten erreichbar, wenn der Testamentsvollstrecker die Auseinandersetzung nach seinem freien Ermessen regelt. Daneben scheint die Regelung durch eine nach billigem Ermessen eines Dritten zu treffende Entscheidung ebenso vorteilhaft, wenn die Mehrheit der beteiligten Erben als „Dritte" zu dieser Entscheidung berechtigt ist.

Abschnitt 2

Die Auseinandersetzung der Erbengemeinschaft in Ansehung des Unternehmens durch Abfindung einzelner Miterben

A. Leitende Grundsätze bei der Abfindung der nichttätigen Erben

1. Die Abfindungsregelung als betriebswirtschaftliches Problem

In der Mehrzahl aller Fälle setzen sich die Erben eines Unternehmers in der Form auseinander, daß das Unternehmen nur durch einen Erben oder aber durch einen Teil der Erben gemeinschaftlich fortgeführt wird, während die übrigen Erben aus dem sonstigen Nachlaß oder aber in Geld abgefunden werden. Der Erblasser wird eine solche Lösung anstreben, wenn er wünscht, daß das Unternehmen in einer Hand bleibt und das Unternehmungskapital nicht durch weitere Erbgänge immer mehr zersplittert wird. Gleichzeitig befreit diese Lösung den übernehmenden Erben von der Behinderung in der Geschäftsführung, die sich bei bestehender Erbengemeinschaft aus der Berechtigung auch der nichttätigen Miterben, an der Verwaltung des Unternehmens teilzunehmen, ergibt; sie entläßt aber auch die künftig von der Nutznießung der Unternehmungserträge ausgeschlossenen Erben aus der ihnen meist unerwünschten persönlichen Haftung für die laufenden Geschäftsverbindlichkeiten. Eine derartige Auseinandersetzung bereitet keine allzu großen Schwierigkeiten, wenn der Nachlaß außer dem Unternehmen andere ertragbringende Vermögenswerte enthält, mit denen die betreffenden Miterben abgefunden werden können. Auch die gesetzlichen Auseinandersetzungsregeln setzen grundsätzlich eine derartige naturale Verteilung des Nachlasses voraus. Wenn ein Unternehmer bei Errichtung seines Testamentes z. B. festlegt, daß sein ältester Sohn die Unternehmung, die Töchter aber die in Privatbesitz befindlichen Wertpapiere und die Hausgrundstücke erhalten sollen, so birgt diese Anordnung freilich die Gefahr in sich, daß sich im Laufe der Jahre bis zum Eintritt des Erbfalls die Wertrelationen zwischen diesen Vermögensobjekten wesentlich verschieben, so daß der eine oder der andere der Erben, entgegen den Absichten des Erblassers, entscheidend benachteiligt wird. Teilungsanordnungen, die auf diese Weise bestimmten Erben einzelne Nachlaßgegenstände natural zuweisen, müssen darum die Möglichkeit eines Wertausgleichs für zwischenzeitlich eingetretene Wertänderungen berücksichtigen.

Auch die Unternehmung selbst kann im Ausnahmefall natural auf einzelne Erben verteilt werden, wenn sie aus mehreren Betrieben besteht, die auch losgelöst voneinander lebensfähig bleiben, wo also die geistige Organisation, der Unternehmungskern, nicht durch die Aufteilung zerstört wird. Diese Möglichkeit bietet sich z. B. bei Filialbetrieben des Einzelhandels. Eine Grenze ist dieser Aufteilung gesetzt durch die betriebswirtschaftliche Forderung nach einer optimalen Betriebsgröße. Vielfach wurden diese Zweigbetriebe gerade deshalb errichtet, weil die bisherige Betriebskapazität ein wirtschaftliches Arbeiten nicht mehr gestattete. Eine Wiederherstellung des alten, unwirtschaftlichen Zustandes verbietet sich darum von selbst[1].

Meistens besteht jedoch der Nachlaß im wesentlichen nur aus der Unternehmung als dem einzigen und unteilbaren Nachlaßgegenstand von größerem Wert. Eine Abfindung der „weichenden" Erben ist daher in diesen Fällen nur dann möglich, wenn die entsprechenden Mittel ganz oder teilweise dem Unternehmungsvermögen entzogen werden. Hieraus ergeben sich die besonderen betriebswirtschaftlichen Fragen des Erbübergangs von Unternehmungen.

In ihrem Mittelpunkt steht das Problem, auf welche Weise die Ermittlung der Höhe der Abfindungen selbst am zweckmäßigsten durchzuführen ist und wie die gegebenenfalls gestundeten Auseinandersetzungsforderungen zu sichern und zu verzinsen sind. Die Lösung dieses Fragenkomplexes kann nicht allein unter dem Gesichtspunkt der betriebswirtschaftlich optimalen Gestaltung, also unter ausschließlicher Berücksichtigung der Interessen der Unternehmung und der Unternehmungserhaltung, beurteilt werden. Darüber hinaus verdienen auch außerwirtschaftliche Überlegungen, wie sie in den Forderungen nach einer gerechten und gleichmäßigen Behandlung aller Erben oder nach Sicherstellung der ausscheidenden Erben zum Ausdruck kommen, gleichfalls starke Beachtung. Die Gesichtspunkte, die bei der Gestaltung des Erbüberganges einer gewerblichen Unternehmung insgesamt zu berücksichtigen sind, sollen im folgenden näher dargestellt werden.

2. Die gerechte Beteiligung aller Erben am Nachlaß als leitender Grundsatz bei der Ermittlung der Abfindungsbeträge

Schwarze[2] sieht den Grundsatz der Gerechtigkeit bei der Auseinandersetzung einer Personengesellschaft dann verwirklicht, wenn der

[1] Ähnliche unerwünschte Auswirkungen der Erbteilung kann man in den Gegenden beobachten, in denen die Realteilung landwirtschaftlicher Anwesen üblich war oder noch ist; hier förderte die Erbteilung das Entstehen unrentabler bäuerlicher Kleinbetriebe mit zersplittertem Landbesitz.

[2] *Schwarze,* Paul, Die Vermögensauseinandersetzung beim Ausscheiden eines Gesellschafters aus einer Personengesellschaft in betriebswirtschaftlicher und steuerlicher Hinsicht, Bergisch-Gladbach 1937, S. 8.

ausscheidende Gesellschafter eine Abfindung erhält, die seinem dem Kapitalkonto entsprechenden Anteil am wirklichen Wert des Unternehmens entspricht. Tragen alle Gesellschafter das gleiche Risiko und leisten sie die gleiche Arbeit, so scheint es auch gerechtfertigt, daß sie an den im Laufe der Jahre entstandenen stillen Reserven und am Geschäftswert in gleichem Umfange berechtigt sind.

Die Forderung nach einer gerechten Beteiligung aller Erben am Nachlaß kann jedoch nicht mit den gleichen Argumenten gestützt werden, da die Erben fast immer ohne eigenes Verdienst und nur aufgrund familienrechtlicher Beziehungen in den Besitz des Nachlasses gelangen. Hier ist der Grundsatz der Gerechtigkeit vielmehr schon im gesetzlichen Erbrecht verankert, das der Ehefrau ein Viertel des Nachlasses, den Kindern aber die übrigen drei Viertel zu gleichen Teilen zuspricht. Man begegnet vielfach der Anschauung, daß demjenigen Erben, der das Unternehmen fortführt, eine besondere Stellung gegenüber den abzufindenden Miterben zukomme. Diese Auffassung geht auf frühere erbrechtliche Gewohnheiten zurück, die dem Erstgeborenen bzw. dem als Repräsentanten der Familie bestimmten Abkömmling eine Sonderstellung einräumten[3], die aber heute nur noch im landwirtschaftlichen Sondererbrecht als gesetzliche Regelung enthalten sind[4]. Die Erbfolge in einer Unternehmung unterliegt jedoch der gleichen Behandlung wie die Erbfolge in jedes andere Nachlaßobjekt, es ist darum eine Begünstigung des übernehmenden Erben als *gesetzliches* Vorrecht nicht begründet.

Die gerechte und gleichmäßige Behandlung der Kinder bedarf jedoch eigentlich keiner rechtlichen Begründung, sondern müßte Herzensbedürfnis jedes guten Familienvaters sein. Sie wird sich jedoch nicht verwirklichen lassen, wenn er das Unternehmen zu mathematisch gleichen Teilen auf seine Erben überträgt, gleichzeitig aber einigen das Recht zubilligt, ihren Erbteil dem Unternehmungsvermögen zu entziehen. Ungerecht wäre eine solche Lösung insofern, als der übernehmende Erbe zwar die Chancen höherer Gewinne besitzt, sein Kapital jedoch fest angelegt und daher dem Risiko des Verlustes in viel stärkerem Maße ausgesetzt ist als dasjenige der ausscheidenden Erben, denen jede Verwendungsmöglichkeit für die Anlage ihrer Erbteile offensteht. Zudem hat der übernehmende Erbe oft schon jahrelang in der Unternehmung an verantwortlicher Stelle mitgearbeitet und selbst in nicht unerheblichem Maße zur Entstehung und Erhaltung des Wertes der Unternehmung beigetragen, ohne daß ihm persönlich der entsprechende Gegenwert hierfür zugeflossen wäre.

---

[3] *Reusch*, Kuno, Die Bewertung und Verwertung des Fabrikgeschäftes im Nachlaß hinsichtlich des Verhältnisses mehrerer Erben zueinander, Münster 1920, S. 8.

[4] Vgl. § 12 Höfeordnung Brit. Zone, MRABl. Nr. 18, S. 505.

Als gerecht und gleichmäßig kann man eine Abfindung daher nur dann bezeichnen, wenn sie die Erben in die Lage versetzt, vermöge der ihnen ohne eigenes Verdienst zufallenden Erbteile bei gleichen Arbeitsleistungen und gleichen Risiken relativ gleich hohe Erträge zu erwirtschaften. Es müssen also der persönliche Einsatz und das erhöhte Risiko der Unternehmer-Erben auf der einen, die Möglichkeit eines arbeits- und risikolosen Einkommens der abgefundenen Erben auf der anderen Seite entsprechende Berücksichtigung finden.

Anordnungen des Erblassers, die auf eine in diesem Sinne gerechte Abfindung hinzielen und die darum von dem nur auf den ersten Blick gerechten, weil gleichmäßigen Verteilungsmaßstab abweichen, müssen nicht notwendig in der Bestimmung der Erbquoten zum Ausdruck kommen. Ebenso wirkungsvoll sind Teilungsanordnungen, die den Wert der einzelnen Nachlaßgegenstände, insbesondere den Wert der Unternehmung bestimmen. Aber auch bei der Regelung der Auszahlungen sowie der Sicherung der gestundeten Auseinandersetzungsforderungen muß auf eine gerechte Lösung hingestrebt werden. Ob diese insgesamt erreicht wurde, läßt sich jedoch nur bei einer zusammenfassenden Würdigung aller Teilfragen der Abfindungsregelung beurteilen.

3. Die Erhaltung der Unternehmung als leitender Grundsatz bei der Regelung der Auszahlungen

Es bedarf wohl keiner besonderen Erwähnung, daß es die Erhaltung der Unternehmung gefährdet, wenn ihr flüssige Mittel in größerem Umfang entzogen werden oder wenn zur Auszahlung der Abfindungsbeträge hochverzinsliches Fremdkapital in größerem Umfang aufgenommen werden muß. Der Grundsatz der gerechten Behandlung ausscheidender Erben muß darum eine Einschränkung durch die vordringlich zu berücksichtigende Forderung der Erhaltung des Unternehmens erfahren. Nicht nur der ausscheidende, sondern auch der übernehmende Erbe soll gerecht behandelt werden, es ist daher im Grunde genommen der Grundsatz der Unternehmungserhaltung bereits im Grundsatz der gerechten und gleichmäßigen Behandlung aller Erben eingeschlossen.

Aber auch die ausscheidenden Erben müssen ein Interesse an möglichster Schonung der Unternehmung haben. Ihre Abfindung wird sich meist über längere Zeiträume erstrecken; eine Gefährdung der Unternehmung durch anfänglich überhöhte und zur Unzeit erfolgende Abfindungszahlungen bedeutet daher gleichzeitig, daß ihre restlichen Abfindungsforderungen in Frage gestellt sind. Es handelt sich daher bei diesem Grundsatz nicht, wie man zunächst annehmen möchte, um eine einseitige Berücksichtigung der Interessen der fortführenden Erben.

An der Erhaltung einer soliden und wirtschaftlich arbeitenden Unternehmung besteht jedoch auch ein echtes volkswirtschaftliches Interesse, wenn durch die Auflösung und Zerschlagung der Unternehmung die in ihr begründeten Werte nicht auf einen anderen Eigentümer übergehen, sondern ganz oder teilweise vernichtet werden. Je nach Art und Umfang des betreffenden Unternehmens bleibt sein Ausfall nicht ohne Folgen auf andere Unternehmen, die mit ihm in Geschäftsverbindung standen; Geschäftserfahrungen, Geschäftsverbindungen und, was noch wichtiger ist, Arbeitsplätze gehen verloren. Während der Staat die Erhaltung landwirtschaftlicher Betriebe durch Sondererbfolgeregelungen unterstützt, sind derartige Maßnahmen im Bereiche der Erbfolge gewerblicher Unternehmungen unbekannt. Es bleibt deshalb allein dem Erblasser überlassen, die Gefahren, die der Unternehmung aufgrund der Abfindungen drohen, durch sinnvolle Maßnahmen abzuschwächen.

Während die Forderung nach einer gerechten und gleichmäßigen Beteiligung der Erben hauptsächlich auf die H ö h e der Abfindung abzielt, kommt die Forderung nach Erhaltung der Unternehmung in stärkerem Umfange bei der Frage der Abfindungsformen, also bei der Festsetzung der Auszahlungsmodalitäten, zur Geltung.

4. Die Forderung nach Sicherstellung ausscheidender Erben

Hinterläßt der Erblasser Abkömmlinge, die noch keine eigene Existenz haben, so wird ihm die wirtschaftliche Sicherstellung dieser Erben vordringlich am Herzen liegen. Ebenso gilt dies für die Ehefrau. In solchen Fällen wird meist eine testamentarische Bestimmung getroffen, daß der Erbteil durch zeitlich begrenzte oder auf die Lebensdauer abgestellte laufende Bezüge abgegolten werden soll, oder daß diese Bezüge n e b e n dem Erbteil zu gewähren sind.

Der kapitalisierte Wert dieser laufenden Bezüge kann sehr wohl den Wert des Erbteiles übersteigen und daher der Grundsatz der gerechten und gleichmäßigen Beteiligung aller Erben am Nachlaß wegen einseitiger Berücksichtigung der Interessen der ausscheidenden Erben verletzt werden. Auf der anderen Seite entspricht eine Abfindung durch laufende Bezüge jedoch am ehesten der Forderung nach größtmöglicher Schonung der Unternehmung, da die laufend zu zahlenden Beträge die Liquidität der Unternehmung am wenigsten belasten.

5. Die Forderung nach einfacher und frühzeitiger Berechenbarkeit der Abfindungssummen

Die Ermittlung des „wirklichen“ Wertes des Nachlasses erfordert im Falle der Beerbung eines Einzelunternehmers die Anwendung komplizierter Bewertungsmethoden, die im Ergebnis trotzdem Benachteiligungen der einen oder der anderen Partei mit sich bringen können, wenn sich die geschätzten Bewertungsunterlagen später als falsch erweisen. Sie bieten daher leicht Anlaß zu Streitigkeiten unter den Erben.

An ihre Stelle treten darum vielfach einfachere Methoden, die vielleicht nicht so sehr den Forderungen einer gerechten Beteiligung aller Erben, dafür aber eher kaufmännischen Bedürfnissen entsprechen und die zudem den Vorteil haben, daß sie sowohl den verbleibenden Erben frühzeitig einen Anhaltspunkt dafür geben, was an Auszahlungen zu leisten ist, als auch den ausscheidenden Erben einen Überblick darüber verschaffen, was sie an Abfindungszahlungen zu erwarten haben, so daß beide Parteien frühzeitig entsprechende Dispositionen treffen können[5].

6. Allgemeine Grundsätze der Auseinandersetzungsregelung

Welcher dieser meist in Widerspruch zueinander stehenden Grundsätze im Einzelfall vordringlich zu berücksichtigen ist, muß aus einer vernünftigen Auseinandersetzungsregelung hervorgehen. Der Erblasser kann die Entscheidung darüber, welche Grundsätze Vorrang genießen sollen, selbst treffen, wenn er die Auseinandersetzung bis ins kleinste regelt und einen Testamentsvollstrecker mit der Durchführung seiner Anordnungen betraut.

Einer großen Zahl von Unternehmern mag das Schicksal ihrer Unternehmung so am Herzen liegen, daß sie es mittels einer letztwilligen Verfügung auf diese Weise noch über ihren Tod hinaus beeinflussen möchten. Zwar ist diese Neigung verständlich, sie ist jedoch in einer Zeit, in der auf allzu lange Zeit getroffene Regelungen leicht ihren Sinn verlieren, nicht angebracht. *Böttcher*[6] weist mit Recht darauf hin, daß sich in den Nachkriegsjahren vor allem die detailliert geplanten und unabdingbar gestalteten Erbfolgeregelungen als verfehlt und geradezu als Unglück für die betroffenen Unternehmungen erwiesen haben, obwohl sie zur Zeit ihrer Festsetzung richtig und zweckmäßig waren.

---

[5] Die Ausführungen *Schwarze's* (a.a.O., S. 10) bezüglich der Abfindungsregelung in Personengesellschaften treffen in dieser Hinsicht auch auf die Erbengemeinschaft zu.

[6] *Böttcher*, Conrad, Neue Erfahrungen und Erkenntnisse zum Wirtschafts- und Steuerrecht der Familienunternehmen, Steuerberater-Jahrbuch 1952, S. 76.

Eine brauchbarere Lösung ist daher darin zu sehen, daß der Erblasser in sein Testament oder in den Erbvertrag einen allgemein gehaltenen und mit der Präambel eines Gesellschaftsvertrages vergleichbaren Teil aufnimmt, in welchem er seinen Erben in der Form unverbindlicher Richtlinien die Ziele nahelegt, die er nach seinem Tode gern verwirklicht wissen möchte, und dabei auf die Grundsätze hinweist, die in Zweifelsfällen vordringlich zu berücksichtigen sind. Besitzen die Erben die nötige Einsicht, so wird der Erblasser auf diese Weise mehr erreichen als durch starre Teilungsanordnungen, die u. U. der nach dem Erbfall veränderten Sachlage nicht mehr gerecht werden können. Diese Handhabung findet daher heute auch in stärkerem Maße Eingang in die Praxis der Abfassung von letztwilligen Verfügungen.

B. Die Ermittlung der Abfindungsbeträge

I. Anhaltspunkte für die Bewertung des Unternehmens im Rahmen einer Erbauseinandersetzung in Gesetz und Rechtsprechung

1. Das Fehlen unmittelbarer Anhaltspunkte im Erbrecht

Der Wert des Erbteiles eines jeden Miterben ergibt sich aus dem Wert des gesamten Nachlasses und der jeweiligen Erbquote, d. h. der Anteilsberechtigung des Erben an diesem Nachlaß. Wie der Nachlaß im einzelnen zu bewerten ist, geht aus dem Gesetz nicht hervor. Insbesondere fehlen Hinweise dafür, wie der Wert einer gewerblichen Unternehmung, die den wesentlichen Nachlaßbestandteil darstellt, als Grundlage für die Berechnung der Abfindung weichender Erben zu ermitteln ist.

Dies erklärt sich daraus, daß die Erbengemeinschaft grundsätzlich als Liquidationsgemeinschaft ausgestaltet ist und der Fall, daß ein zum Nachlaß gehörendes Unternehmen von einem oder mehreren Miterben werbend fortgeführt wird, keine besondere Berücksichtigung erfahren hat. Daher kennt das Erbrecht auch keine Bestimmungen hinsichtlich der Abfindung weichender Erben, die, wie § 738 BGB für die bürgerlich-rechtliche Gesellschaft, das Fortbestehen der Gemeinschaft oder des von ihr betriebenen Unternehmens unterstellen. Ist ein der Gemeinschaft zugehörender Gegenstand nicht natural teilbar — und das ist bei der Unternehmung selten der Fall —, so muß er mangels einer abweichenden Vereinbarung liquidiert und der Erlös unter den Erben verteilt werden, eine Lösung, die zweifellos gerecht, im Falle der Auseinandersetzung eines Unternehmernachlasses jedoch völlig unsinnig ist.

Unmittelbare Hinweise über die Art der Bewertung des Nachlasses, insbesondere über die Bewertung einer gewerblichen Unternehmung als Nachlaßbestandteil, können somit dem Gesetz nicht entnommen werden; die Lösung dieser Fragen bleibt vielmehr den Erben selbst überlassen, wenn es der Erblasser an eigenen Bestimmungen fehlen ließ. Es soll aber im folgenden untersucht werden, ob nicht aus erbrechtlichen Einzelbestimmungen Hinweise für die Bewertung einer Unternehmung im Rahmen der Erbauseinandersetzung zu gewinnen sind, oder ob die Rechtsprechung Anhaltspunkte für eine klarere Vorstellung vom Begriff der „gerechten Abfindung“ zu liefern in der Lage ist.

2. Das Ergebnis der Liquidation nach den gesetzlichen Teilungsregeln als ungeeigneter Wertmaßstab

Bei einer Auseinandersetzung nach den gesetzlichen Teilungsregeln würde die Aufhebung der Erbengemeinschaft des Unternehmers durch Verkauf des Nachlasses und Teilung des Erlöses erfolgen. Die Art und Weise der Veräußerung ist dabei jedoch vorgeschrieben: die beweglichen Nachlaßgegenstände müßten nach den Vorschriften des Pfandverkaufs im Wege der öffentlichen Versteigerung, die Grundstücke durch Zwangsversteigerung gemäß § 180 ZVG zum Verkauf gebracht werden.

Der Preis, der sich für das Unternehmen nach Zerschlagung des Betriebsvermögens und Versteigerung des gesamten Inventars erzielen läßt, steht aber in keinem Verhältnis zu dessen wirklichem Wert, selbst wenn eine Ausbietung der Grundstücke mit Anlagen und Zubehör als Gesamtheit stattgefunden haben sollte[1]. Es bleiben dabei nicht nur die im Betriebe der lebenden Unternehmung beruhenden inneren Vermögenswerte vollkommen unberücksichtigt, sondern es wird auch darüber hinaus für das Anlage- und Umlaufvermögen nicht der Preis erzielt, den man normalerweise bei einem freihändigen Verkauf der einzelnen Vermögenswerte erzielen könnte. Der bei einer zwangsweisen Versilberung des Unternehmungsvermögens *erzielbare* Preis kann darum niemals als Wertmaßstab zur Ermittlung eines auch nur annähernd gerechten Übernahmepreises für eine lebende Unternehmung im Rahmen einer Erbauseinandersetzung herangezogen werden.

Die Nachteile einer fingierten Zwangsversteigerung berücksichtigend, wollen *Düringer-Hachenburg*[2] die Aktiva einer zum Nachlaß gehörenden Unternehmung im Rahmen einer Erbauseinandersetzung mit den Höchstsätzen einer öffentlich-rechtlichen Liquidationsbilanz nach § 154 HGB, also ebenfalls ohne Berücksichtigung des in der Fortführung des lebenden Unternehmens liegenden werterhöhenden Umstandes, ansetzen. Den Liquidatoren einer OHG ist der Weg der öffentlichen Versteigerung des Inventars nicht vorgeschrieben, sie

---

[1] §§ 63, 180 ZVG.

[2] a.a.O., Anm. 34 zu § 40 HGB.

können darum durch freihändigen Verkauf höhere Erlöse erzielen. Durch Aufstellung einer Liquidations-Eröffnungsbilanz versuchen sie, sich einen Überblick über das zu liquidierende Vermögen zu verschaffen; entscheidend ist daher der voraussichtliche Verkaufswert. Dieser ist aber abhängig von der Form der Veräußerung, die die Liquidatoren jeweils im Auge haben. Hinsichtlich der erzielbaren Verkaufspreise kann es darum zu erheblichen Meinungsverschiedenheiten zwischen den Erben kommen, wenn diesen die Regelung der Auseinandersetzung selbst überlassen bleibt. Ungeeignet ist dieser Wertmaßstab daher wegen seiner mangelnden Klarheit[3], so daß die Frage, ob er zu einer gerechten Abfindung führt, an dieser Stelle nicht zu untersuchen ist.

3. Die Bestimmung des § 2049 BGB (Bewertung eines Landgutes im Rahmen einer Erbauseinandersetzung) als Anhaltspunkt, nicht als Wertmaßstab

Man kommt den tatsächlichen Verhältnissen näher, wenn man die Werte der Erbauseinandersetzungsbilanz nicht unter Berücksichtigung einer fingierten Veräußerung festsetzt, die eine Zerschlagung der wirtschaftlichen Einheit voraussetzt, sondern den Fortbestand der Unternehmung unter Beibehaltung des Bestandes und der bisherigen Verwendung des Unternehmungsvermögens unterstellt.

Einen Anhaltspunkt bietet in dieser Hinsicht lediglich der § 2049 BGB, der für den Fall der Übernahme eines Landgutes durch einen Miterben bestimmt, daß diesem das Gut bei einer Auseinandersetzung im Zweifel mit dem *„Ertragswert"* anzurechnen sei. Dieser Ertragswert wird ermittelt anhand des Reinertrages, den das Landgut nach seiner bisherigen wirtschaftlichen Bestimmung bei ordnungsmäßiger Bewirtschaftung nachhaltig gewähren kann. Die Bewertungsmethoden bestimmen sich im einzelnen nach Landesrecht[4]. In der Regel wird ein Zinsfuß von 4 vH angesetzt, so daß sich der Ertragswert als das 25fache des Reinertrages ergibt.

So klar und eindeutig diese Wertbestimmung ist, kann sie doch nicht als Wertmaßstab für die Bewertung auch einer gewerblichen Unternehmung dienen. Bei einem Landgut repräsentiert allein schon der Boden einen dauerhaften Wert; die Höhe der jährlichen Erträge ist zwar stark von Witterungseinflüssen abhängig, trotzdem weichen diese im Laufe der Jahre kaum wesentlich voneinander ab. Bei dem Betrieb einer gewerblichen Unternehmung spielt dagegen das Moment der per-

---

[3] Es fehlen gesetzgeberische Grundlagen für die Aufstellung von Liquidationsbilanzen, RGZ 80, 107.

[4] Vgl. Art. 137 EGBGB.

sönlichen Arbeit eine viel größere Rolle; zudem ist die Existenz eines Unternehmens als einer im wesentlichen geistigen Organisation viel stärker von Zufällen abhängig als die einer körperlichen Sache[5]. Die Frage der Kapitalisierung der Reinerträge eines gewerblichen Unternehmens kann daher keine entsprechend einheitliche Beurteilung erfahren. Dies wird vermutlich einer der Gründe dafür gewesen sein, daß das BGB eine ähnliche Norm für die Bewertung einer im Nachlaß befindlichen Unternehmung nicht festgelegt hat.

Die Bestimmung des § 2049 BGB liefert indessen einen wesentlichen Anhaltspunkt für die Auslegung des Begriffes der „gerechten Abfindung". Der mangels besonderer Bestimmungen des Erblassers vorgeschriebene *Ertragswert* weicht regelmäßig von dem *gemeinen Wert* des Landgutes, der sich aus dem unter gewöhnlichen Umständen erzielbaren Kaufpreis ableitet, ab[6]. Diese Abweichung ist darauf zurückzuführen, daß der Nutzen des Landgutes nicht alleine in seinem Ertrage besteht, sondern daß mit seinem Besitz auch andere Vorteile, wie z. B. eine bestimmte soziale Stellung, Selbständigkeit usw. verbunden sind[7], die zwar nicht als „Erträge" bewertet werden können, da der Ertragswert lediglich in Geld meßbare Erträge berücksichtigt, die aber beim Verkauf des Landgutes und daher auch im gemeinen Wert zum Ausdruck kommen. Die Bestimmung des Gesetzgebers, daß dem übernehmenden Erben im Zweifel der Ertragswert als der niedrigste Wert angerechnet werden soll, läßt die Absicht erkennen, diesen Erben nicht mit einem Übernahmepreis zu belasten, der sich nur bei einem *Verkauf* des Landgutes realisieren ließe. Bei der Bewertung soll vielmehr vordringlich die *wirtschaftliche Ertragsfähigkeit* des Nachlaßgegenstandes berücksichtigt und auf diese Weise die Erhaltung des Gutes in der Hand des übernehmenden Erben nach Möglichkeit erleichtert werden[8]. Bei der Auseinandersetzung muß daher der zugeteilte Nachlaßgegenstand — das Landgut oder die gewerbliche Unternehmung — hauptsächlich als *Einkunftsquelle* behandelt werden, deren Nutznießung dem abgefundenen Erben entzogen wird und für deren Verlust er zu entschädigen ist.

---

[5] *Pisko*, a.a.O., S. 75.

[6] *Staudinger*, a.a.O., Anm. 4 zu § 2049 BGB; ähnlich *Soergel-Ehard-Eder*, a.a.O., Anm. 1 zu § 2049 BGB.

[7] *Walb*, Ernst, Betrachtung über Wertarten und stille Reserven im Zusammenhang mit der Frage der Bewertung von Unternehmungen und Unternehmensanteilen sowie der Gesellschafterabfindung, ZfhF 1940, S. 1.

[8] Sinkt der gemeine Wert unter den Ertragswert — dies kann sich als Folge von Kreditnot und Mangel an Barkapital ergeben — so muß darum der niedrigere gemeine Wert der Erbauseinandersetzung zugrundegelegt werden, *von Hausen*, Die Bewertung von Landgütern bei Erbteilungen, DJZ 1926, Sp. 1489.

4. Die Bestimmung des § 2311 BGB (Bewertung des Nachlasses zur Ermittlung eines Pflichtteilsanspruches); Anhaltspunkte für die Bewertung in der Rechtsprechung

Einen weiteren Anhalt für die Bewertung von Nachlaßgegenständen bietet das Erbrecht in den Bestimmungen der §§ 2311 ff. BGB bezüglich der Ermittlung des Wertes eines Pflichtteilsanspruches. Dieser Anspruch kann geltend gemacht werden, wenn Abkömmlinge oder der Ehegatte — wenn keine Abkömmlinge vorhanden sind, auch die Eltern des Erblassers — durch Verfügung von Todes wegen von jeder Erbfolge ausgeschlossen sind und der Erblasser ihnen nicht unter den Voraussetzungen der §§ 2333 bis 2337 BGB wirksam den Pflichtteil entzogen hat. Der Pflichtteil besteht in der Hälfte des Wertes des gesetzlichen Erbteiles; er ist somit ein reiner Geldsummenanspruch und gewährt keinerlei Rechte an einzelnen Nachlaßgegenständen. Seine Höhe ist durch den Bestand und den Wert des Nachlasses zur Zeit des Erbfalles endgültig festgelegt[9]. Die pflichtteilsberechtigten Abkömmlinge sind nicht Mitglieder der Erbengemeinschaft und können sich daher auch nicht mit den Erben auseinandersetzen. Der Gesetzgeber mußte aus diesem Grunde für diesen besonderen Fall Bestimmungen bezüglich der Feststellung des Nachlaßwertes treffen.

Nach § 2311 BGB ist der Wert des Nachlasses zur Zeit des Erbfalles, soweit erforderlich, durch S c h ä t z u n g zu ermitteln, wobei von allgemeinen Schätzungsgrundlagen auszugehen ist[10]. Richtlinien über die Durchführung einer solchen Schätzung fehlen im Gesetz[11]; in der Regel erfolgt die Wertfeststellung aufgrund von Gutachten der vom Gericht bestellten Sachverständigen. In der Rechtsprechung finden sich jedoch klare Hinweise bezüglich der Ermittlung des Wertes einer Unternehmung, wenn diese als Nachlaßbestandteil der Gegenstand von Pflichtteilsansprüchen ist. Unter „Wert" im Sinne des § 2311 BGB ist danach der *gemeine Wert* nach allgemeiner Verkehrsanschauung, einschließlich wertsteigernder Momente allgemeiner und besonderer Art, zu verstehen[12], wozu bei einem Handelsgeschäft auch der Organisations-, Firmen- oder Geschäftswert gehört[13]. Entscheidend ist also der *Wert der wirtschaftlichen Einheit*[14]. Der steuerliche Einheitswert des Betriebsvermögens, der für die Zwecke der Erbschaftsbesteuerung auf den Todesstichtag ermittelt wird, gibt jedoch keinen

---

[9] BGH U. v. 14. 7. 1952 IV ZR 74/52 BGHZ 7, 134.

[10] *Staudinger*, a.a.O., 9. Auflage, München, Berlin und Leipzig 1928, zu §§ 2311—2313 BGB.

[11] BGH U. v. 25. 3. 1954 IV ZR 146/53 BGHZ 13, 45.

[12] BayOLG OLGR 44, 105.

[13] RGZ 106, 132.

[14] RGR-Kommentar zum BGB, a.a.O., zu § 2311; *Soergel-Ehard-Eder*, a.a.O., Anm. 4 zu § 2311 BGB.

hinreichenden Anhalt für die Ermittlung eines Nachlaßwertes, der als Grundlage für die Berechnung von Pflichtteilsansprüchen dienen soll[15], da die steuerliche Bewertung die immateriellen Werte wie Firma und Kundschaft unberücksichtigt läßt[16].

Der Gesichtspunkt, daß bei der Bewertung eines Nachlaßgegenstandes vor allem auf seine Ertragsfähigkeit[17] zu achten ist, findet seine Berücksichtigung nicht nur in den Bestimmungen über die Bewertung eines Landgutes — die im Grunde den übernehmenden Erben schützen wollen —, sondern auch bei der Ermittlung des Pflichtteilsanspruches, der im Gegensatz dazu eine ungerechtfertigte Benachteiligung der übergangenen Erben verhindern will. So sieht die Rechtsprechung[18] den Wert der zum Nachlaß gehörenden Unternehmung mit Recht darin, daß sie die Quelle *künftiger* Einnahmen ist[19]:

> „Der Ertrag des Unternehmens ist . . . nicht bloß der Ertrag des reproduzierbaren Sachkapitals, sondern das Unternehmen als Ganzes hat seine eigene Nutzleistung, deren Wert sich im Gewinn kristallisiert. Das Unternehmen als Quelle künftiger Einnahmen wird somit bewertet. Es ist daher selbstverständlich und bedarf keiner näheren Begründung, daß auch dieser innere Geschäftswert bei der Bewertung des vom Erblasser . . . hinterlassenen Geschäftes berücksichtigt werden muß. Für die Pflichtteilsberechnung eine Ausnahme zu machen, fehlt jeder Grund . . .“[20].

Im Falle der angeführten Entscheidung hatten die beklagten Erben eine Berücksichtigung des Geschäftswertes mit der Begründung verweigert, daß ungewisse und unsichere Rechte bei der Feststellung des Wertes gemäß § 2313 Abs. 2 BGB außer Ansatz bleiben müssen. Der Geschäftswert ist jedoch kein selbständiges Recht, sondern nur ein Teil des Wertes einer einheitlich zu bewertenden Unternehmung, so daß eine unmittelbare Anwendung des § 2313 Abs. 2 BGB nicht in Frage kommt. Darüber hinaus kann der Geschäftswert, wie in der Urteilsbegründung ausgeführt wird, nicht als unsicheres Recht in diesem Sinne angesprochen werden, da er wie jeder andere Gegenstand des Geschäftsvermögens hinreichend sicher festgestellt und da-

---

[15] RG DR 1940, S. 1635.

[16] RFH vom 27. 5. 1930, RStBl. 1930, S. 450.

[17] Die ausdrückliche Bestimmung des § 2312 BGB, daß unter besonderen Voraussetzungen der Ertragswert eines Landgutes der Pflichtteilsberechnung zugrunde zu legen ist, läßt nicht darauf schließen, daß der Ertragswert bei der Bewertung anderer Nachlaßgegenstände nicht berücksichtigt werden soll, BGH U. v. 25. 3. 1954 IV ZR 146/53 BGHZ 13, 45.

[18] OLG Naumburg, DJZ 1936, S. 1179; RG DR 1940, S. 1653.

[19] In die Bewertung nach allgemeinen Maßstäben muß daher auch eine gute Auswirkungsmöglichkeit in der Zukunft einbezogen werden, BayOLG OLGR 44, 105.

[20] DJZ 1936, S. 1179.

her auch bei der Berechnung von Pflichtteilsansprüchen herangezogen werden kann.

Strittig wurde die Frage bisher nur bei der Berechnung von Pflichtteilen im Falle der Beerbung von Einzelunternehmern und Gesellschaftern von Personengesellschaften. War der Erblasser an einer Kapitalgesellschaft beteiligt, so werden dagegen die Kurswerte der Wertpapiere zugrundegelegt[21], die die Schätzung der Unternehmung und ihres Geschäftswertes im Handel widerspiegeln. Auch diese Tatsache spricht dafür, daß bei der Feststellung der Höhe des Pflichtteils der Erben eines Einzelunternehmers auch der Geschäftswert berücksichtigt wird, da nicht einzusehen ist, warum die pflichtteilsberechtigten Erben eines Aktionärs besser gestellt werden sollten.

Ob diese Grundsätze ohne weiteres auf eine Abfindung *gleichberechtigter* Erben übertragen werden können, ist fraglich, da die Voraussetzungen, von denen auszugehen ist, in beiden Fällen verschieden sind. Während bei einer gewöhnlichen Erbauseinandersetzung der Grundsatz der gerechten Abfindung sich nicht nur auf die ausscheidenden, sondern auch auf den übernehmenden Erben erstreckt, da die Erhaltung der Unternehmung zu berücksichtigen ist und somit *betriebswirtschaftliche* Erwägungen anzustellen sind, spielen bei der Ermittlung der Höhe eines Pflichtteilsanspruches nur *rechtliche* Erwägungen eine Rolle. Der Pflichtteilsanspruch ist zwingendes Recht; er erstreckt sich auf alle in den Nachlaß fallenden Werte, zu denen, wie eingangs nachgewiesen, nicht alleine die zum Unternehmen gehörigen Sachen und Rechte, sondern auch die immateriellen, „inneren" Vermögenswerte gehören. Betriebswirtschaftliche Erwägungen treten demgegenüber in den Hintergrund. Sie sind auch zweitrangig, denn da der Pflichtteilsanspruch nur die Hälfte des gesetzlichen Erbteils beträgt, sind die Auswirkungen seiner Auszahlung bei weitem nicht so groß, wie wenn auch die Abfindung des gleichberechtigten Erben nach den gleichen Grundsätzen erfolgen würde.

5. Die Auseinandersetzungsregelung der bürgerlich-rechtlichen Gesellschaft und die Frage ihrer analogen Anwendung auf die Erbauseinandersetzung

Würde man die bei der Ermittlung eines Pflichtteilsanspruches zu berücksichtigenden Grundsätze auch auf die Erbauseinandersetzung unter gleichberechtigten Erben anwenden, so käme dies im wirtschaftlichen Ergebnis einer Auseinandersetzung gleich, wie § 738 BGB sie bei der Abfindung eines Gesellschafters einer BGB-Gesellschaft im Falle fehlender vertraglicher Vereinbarungen vorsieht.

---

[21] *Erman*, a.a.O., Anm. 2 zu § 2311 BGB.

Auch in der Literatur wird aufgrund der äußeren Ähnlichkeit einer das ererbte Unternehmen fortführenden Erbengemeinschaft mit einer OHG gelegentlich[22] die Auffassung vertreten, daß die Abfindungsregeln, die auf das Ausscheiden eines Gesellschafters einer im übrigen fortbestehenden Gesellschaft des bürgerlichen Rechts anzuwenden sind, auch bei der Auseinandersetzung einer Unternehmer-Erbengemeinschaft analog zu berücksichtigen sind, weil es sich in beiden Fällen um eine Gesamthandgemeinschaft handelt.

Bekanntlich hat der ausscheidende Gesellschafter Anspruch auf Befreiung von den gemeinschaftlichen Schulden sowie auf dasjenige, was er erhalten hätte, wenn die Gesellschaft zur Zeit seines Ausscheidens aufgelöst worden wäre[23]. Auch in diesem Falle ist das Gesellschaftsvermögen, soweit erforderlich, im Wege der Schätzung zu ermitteln. Bei einer derartigen Schätzung ist nicht von der Fiktion einer wirklichen Auflösung auszugehen, vielmehr ist das Fortbestehen der Unternehmung zum Ausgangspunkt der Wertermittlung zu machen. Der Wert, der sich „bei einer der Sachlage entsprechenden möglichst vorteilhaften Verwertung des Gesellschaftsvermögens . . . durch Veräußerung im Ganzen ergeben würde“[24], ist daher der Berechnung des Auseinandersetzungsguthabens eines ausscheidenden Gesellschafters zugrunde zu legen. Dieser hat deshalb Anspruch auf einen seinem Gesellschaftsanteil entsprechenden Teil des Geschäftswertes.

Die analoge Anwendung dieser Regelung auf die Auseinandersetzung einer Erbengemeinschaft und die Festsetzung der Abfindungsverpflichtungen des übernehmenden Erben stößt indes auf rechtliche Bedenken. Zwar ist die Erbengemeinschaft in vielen Punkten wie die Gesellschaft des bürgerlichen Rechtes als Gesamthandgemeinschaft organisiert, doch erfolgt die gesamthänderische Bindung der Erben zum Schutz der Nachlaßgläubiger und ist daher nicht mit der Bindung gleichzusetzen, die die Gesellschafter einer Offenen Handelsgesellschaft zur Erreichung eines gemeinsamen Zweckes in ihrem eigenen Interesse eingehen. Das Verhältnis der Erben untereinander, vor allem die Auseinandersetzung der Miterben, regelt sich vielmehr ausdrücklich nach den Bestimmungen der Bruchteilsgemeinschaft, so daß eine Berufung auf die Abfindungsregeln der Gesamthandgemeinschaft, wie jede Analogie, keineswegs zwingend, sondern höchstens aus einer entsprechenden Bestimmung des Erblassers abzuleiten wäre.

Eine diesbezügliche Entscheidung[25] lehnt die analoge Berücksichtigung des Wertes der lebenden Unternehmung im Falle einer Erbauseinandersetzung sogar ausdrücklich mit der Begründung ab, es könne

---

[22] *Reusch*, a.a.O., S. 40; *Hense*, Geschäftsübernahme im Rahmen einer Auseinandersetzung mit Minderjährigen, Der Betrieb, 1951, S. 1003.

[23] Vgl. § 738 BGB.

[24] RGZ 106, 128 ff.

von dem übernehmenden Erben nicht verlangt werden, daß er sich für die Unternehmung bei Abfindung seiner Miterben einen Wert anrechnen lassen müsse, der nur für den Fall der Fortführung des Unternehmens besteht, *da er zur Fortführung des Unternehmens nicht gezwungen sei.* Es könne daher nur der Versilberungswert maßgebend sein, falls den abzufindenden Miterben ein Anteil am Geschäftswert nicht ausdrücklich zugestanden worden sei.

Diese Begründung erscheint allerdings wenig stichhaltig; man könnte sie bei der Abfindung eines ausscheidenden Gesellschafters mit demselben Rechte zur Geltung bringen. Ein äußerer Zwang zur Fortführung besteht auch in diesem Falle nicht, in Frage steht immer nur das Recht zur Fortführung und die Höhe der Entschädigung, die an den ausscheidenden Gesellschafter bzw. Erben als Entgelt dafür zu leisten ist, daß dem verbleibenden Gesellschafter oder Miterben von nun an die Erträge des bisher gemeinschaftlichen Unternehmens allein zufallen. Beachtenswert bleibt der zugrundeliegende Gedankengang dennoch, weil in ihm die Abhängigkeit des Wertes der in den Nachlaß fallenden Unternehmung von der Person des künftigen Inhabers zum Ausdruck kommt.

6. Das landwirtschaftliche Anerbenrecht als Anhaltspunkt für die vordringliche Berücksichtigung der Unternehmenserhaltung

Aus dem bisher Gesagten geht hervor, daß die oben aufgezeigten erb- und handelsrechtlichen Einzelregelungen keinen befriedigenden Bewertungsmaßstab liefern können, da sie entweder die Interessen der übernehmenden Erben — so bei Ansatz der Zerschlagungswerte — oder diejenigen der abzufindenden Miterben — bei uneingeschränkter Zugrundelegung auch der immateriellen Werte — zu stark berücksichtigen. Es hat daher den Anschein, als ob nur ein Kompromiß dieser einander entgegengesetzten Interessen zu einer gerechten Lösung führen könne, bei dem aber, im Interesse aller Erben, der bisher vernachlässigte Grundsatz der Erhaltung der Unternehmung vordringlich zu berücksichtigen ist. Anhaltspunkte für eine solche Lösung bietet die Tradition der landwirtschaftlichen Anerbenrechte, die dem „Hoferben" bei Bemessung der Abfindungsbeträge, die er an die „weichenden" Erben zu zahlen hat, einen bestimmten Prozentsatz des Wertes als gesetzliches und nichtanrechnungspflichtiges „Voraus" zubilligen, so daß der geschlossene Übergang des Hofes und seine Erhaltung als leistungsfähige wirtschaftliche Einheit nicht gefährdet erscheint. So wird beispielsweise in § 12 HO[26] bei der Ermittlung der

---

[25] OLG Hamburg OLGR 21, 310.

[26] Höfeordnung vom 24. 4. 1947 für die Britische Zone, MRABl. Nr. 18, S. 505, die das frühere Reichserbhofrecht ablöste. Gemäß Artikel 64 EGBGB sind die land- und forstwirtschaftlichen Anerbenrechte Landesrecht.

Abfindungsbeträge der steuerliche Einheitswert zugrunde gelegt; hiervon erhält der Hoferbe vorab drei Zehntel des Wertes, während der Rest auf alle Miterben gleichmäßig verteilt wird.

Derartige Sondererbrechte bleiben jedoch auf land- und forstwirtschaftliche Wirtschaftseinheiten beschränkt und sind nicht ohne weiteres auf die Erbfolgeregelung gewerblicher Unternehmungen ausdehnbar. Eine analoge Begünstigung des die Unternehmung fortführenden Erben bedarf darum ausdrücklicher *Teilungsanordnungen* des Erblassers, dem die Testierfreiheit, allerdings nur in eingeschränktem Umfange[27], eine ungleichmäßige Behandlung seiner Erben gestattet.

II. Die Ermittlung eines Übernahmepreises für die Unternehmung aufgrund von Teilungsanordnungen des Erblassers

1. Der Begriff der Teilungsanordnungen

Da das Gesetz keine Richtlinien für die Abfindung ausscheidender Miterben, sondern höchstens Anhaltspunkte für die im Einzelfall zu berücksichtigenden Grundsätze liefert, bleibt die Regelung einer gerechten und zweckmäßigen Auseinandersetzung in vollem Umfange dem Ermessen des Erblassers überlassen. Die Gefahr, daß das Fehlen jeglicher Anhaltspunkte für die Höhe der Abfindungen zu Streitigkeiten zwischen den Erben führt, die der Unternehmung abträglich sind, läßt es dagegen nicht ratsam erscheinen, die Lösung der Bewertungsfragen ihrem freien Ermessen zu überlassen.

Das Instrument, mit dem der Erblasser die Auseinandersetzung im einzelnen regeln kann, sind die Teilungsanordnungen oder besser „Auseinandersetzungsanordnungen"[1]. Sie umfassen in ihrer weiteren Bedeutung alle Anordnungen des Erblassers, die die Fragen der Verwaltung und Auseinandersetzung in Ansehung des Nachlasses regeln, umschließen daher auch die „negativen Teilungsanordnungen", die den Ausschluß der Erbauseinandersetzung auf bestimmte oder unbestimmte Zeit zur Folge haben[2]. Teilungsanordnungen sind in ihrem *engeren* Sinne Bestimmungen materiell-rechtlicher Art bezüglich der Verteilung des Nachlasses. Sie regeln die Auseinandersetzung durch Verteilung der Nachlaßverbindlichkeiten im Innenverhältnis[3] und die Festsetzung der Ausgleichsverpflichtungen, vor allem aber durch Zuweisung

---

[27] Das Pflichtteilsrecht der Erben bleibt von einschränkenden Bestimmungen des Erblassers unberührt.

[1] *Erman*, a.a.O., Anm. 1 zu § 2048 BGB.

[2] Nach Ablauf von 30 Jahren wird diese Anordnung unwirksam, § 2044 Abs. 2 BGB.

[3] RG HRR 1937, 809.

der Unternehmung oder anderer Nachlaßgegenstände an einen oder mehrere Erben.

Gleichzeitig mit der Anordnung, die einem Miterben die Nachfolge an der Unternehmung zuspricht, erfolgt in der Regel die Bestimmung desjenigen Wertes, mit dem die Unternehmung auf den Erbteil des übernehmenden Erben in Anrechnung zu bringen ist. Entweder legt der Erblasser *selbst* einen bestimmten Betrag als Abfindungsgrundlage fest, oder aber er bestimmt die Methoden, nach denen seine *Erben* oder *Dritte*, vor allem der mit der Durchführung der Auseinandersetzung beauftragte Testamentsvollstrecker, den Übernahmepreis für die Unternehmung ermitteln; daneben hat er noch die Möglichkeit, die Bewertung in das *billige Ermessen* eines Dritten zu stellen, § 2048 S. 2 BGB.

In ihren Auswirkungen auf die Auseinandersetzung des Nachlasses ähneln die Anordnungen des Erblassers bezüglich der Ermittlung der Abfindungsansprüche ausscheidender Erben den entsprechenden Bestimmungen eines Gesellschaftsvertrages. Auch dieser bietet dem Gesellschafter, der sich auf die vertraglichen Bestimmungen beruft, einen klagbaren Anspruch auf Durchführung der Auseinandersetzung im Sinne der Vereinbarungen. Im Unterschied zu den letztwillig festgelegten Teilungsanordnungen können gesellschaftsvertragliche Vereinbarungen jedoch stets durch einen einstimmigen Beschluß der Gesellschafter, in vielen Fällen sogar schon durch eine qualifizierte Mehrheit aufgehoben werden, während dies bei den Teilungsanordnungen nur dann möglich ist, wenn die Erben Verfügungsmacht über den Nachlaß besitzen, nicht aber, wenn die Testamentsvollstreckung angeordnet ist.

2. Ermittlung des Übernahmepreises durch die Erben oder durch Dritte aufgrund von Bewertungsrichtlinien des Erblassers

a) Der korrigierte Zukunftsertragswert als Ausgangspunkt für die Ermittlung der Abfindungsbeträge

aa) Ermittlung des Zukunftsertragswertes bei der Erbauseinandersetzung

Die Teilungsanordnungen des Erblassers werden dem Gesichtspunkt, daß der *Ertragsfähigkeit* der Nachlaßgegenstände bei ihrer Bewertung im Rahmen einer Erbauseinandersetzung die entscheidende Bedeutung beizumessen ist, am ehesten gerecht, wenn die kapitalisierten Zukunftserträge der Unternehmung der Berechnung der Abfindungsbeträge zugrunde gelegt werden. Die Bestimmung des Erblassers, daß dem übernehmenden Erben die Unternehmung mit ihrem *Ertragswert* angerechnet werden soll, ist allerdings ohne weitere Hinweise über die Art und Weise seiner Ermittlung nicht klar und eindeutig genug, um

Streitigkeiten der Erben auszuschließen. Sollen die Erben die Bewertung des Nachlasses selbst durchführen, so muß der Erblasser daher die bei der Wertermittlung zu berücksichtigenden Einzelheiten in einer Weise regeln, die keinen Anlaß zu Meinungsverschiedenheiten gibt.

Der Zukunftsertragswert ist gleich der Summe der auf den Bewertungsstichtag abgezinsten, nachhaltig erzielbaren Reinerträge der Unternehmung. Entscheidend ist daher Klarheit hinsichtlich der wertbildenden Faktoren, nämlich

a) der zu kapitalisierenden, nachhaltig erzielbaren Reinerträge der Zukunft,

b) des zugrunde zu legenden Kapitalisierungszinsfußes.

Da die Höhe der zukünftigen *Reinerträge* der Unternehmung sich der genauen Kenntnis entzieht, ist man darauf angewiesen, sie anhand von Daten der Vergangenheit und des sich daraus ergebenden *Trends* der Gewinnentwicklung zu *schätzen*. In Gesellschaftsverträgen von Personengesellschaften wird für den Fall des Ausscheidens eines Gesellschafters oft bestimmt, daß der aus den Gewinnen eines bestimmten Zeitraums der Vergangenheit zu ermittelnde Durchschnitts-Reinertrag zugrunde zu legen ist. Eine solche Handhabung kann auch der Erblasser anordnen; es ist allerdings nicht ratsam, dieser Bestimmung zwingenden Charakter beizulegen, da ihre Durchführung zu nicht vertretbaren Ergebnissen führen würde, wenn der aufgrund der neuesten Entwicklung zu erwartende Zukunftsertrag von dem zu ermittelnden Durchschnittsertrag erheblich abweicht.

Die zugrunde zu legenden Reinerträge der Vergangenheit bedürfen in der Regel einer Korrektur, da sie meist durch Unterbewertung von Bilanzpositionen verzerrt sind. Zur Vermeidung von Meinungsverschiedenheiten über die Höhe der stillen Reserven, die den Reinerträgen der betreffenden Perioden hinzugerechnet werden müssen, empfehlen *Potthoff-Zintzen*[4], die von zeit- und zweckgebundenen Bilanzsonderposten bereinigten Gewinne der steuerlichen Erfolgsbilanz zugrunde zu legen und dabei die Erlöse und Aufwendungen außerordentlicher Natur abzuziehen[5].

Dem übernehmenden Erben dürfen aber bei der Auseinandersetzung nur diejenigen Erträge angerechnet werden, die ihm auch dann zufließen würden, wenn er selbst nicht in der Lage wäre, die Geschäfte der Unternehmung zu führen und darum die Leitung einem fremden Geschäftsführer überlassen müßte. Von dem geschätzten Zukunfts-

---

[4] Erich *Potthoff* — Heinrich *Zintzen*, Die Gesellschaftsverträge der Personalgesellschaften, Köln und Opladen 1953, 2. neu bearbeitete und erweiterte Auflage, S. 206.

[5] Selbstverständlich können auch steuerliche Erfolgsbilanzen stille Reserven enthalten, willkürlichen Unterbewertungen wird jedoch durch die Bewertungsuntergrenze des Teilwertes ein Riegel vorgeschoben.

ertrag muß daher ferner ein kalkulatorisches Gehalt für die eigenen Arbeitsleistungen des künftigen Inhabers abgesetzt werden. Ebenso muß berücksichtigt werden, daß der Tod des bisherigen Alleininhabers u. U. erheblich stärkere Auswirkungen auf die künftige Ertragslage des Unternehmens hat als das Ausscheiden eines Gesellschafters aus einer Personengesellschaft. Es erscheint daher im Falle der Beerbung eines Einzelunternehmers besonders bedenklich, gelegentlich der Bewertung des Unternehmens zum Zwecke der Auseinandersetzung von den Erträgen der Vergangenheit ohne weiteres auch auf die zukünftige Entwicklung zu schließen.

Von außerordentlicher Bedeutung ist auch die Bestimmung des Kapitalisierungszinsfußes[6]. Seine Bestimmung kann der Erblasser sachverständigen Dritten überlassen, doch steht ihm auch die Möglichkeit offen, den Zinsfuß selbst festzulegen bzw. ihn in der Form variabel zu gestalten, daß er ihn in Bezug zu einem anderen Zinssatz, z. B. dem Hypothekenzins, dem Landeszentralbankdiskontsatz u.a.m. setzt[7] und diesen um eine Risikoprämie erhöht, in der die gegenüber anderen Anlagen geringere Mobilisierbarkeit des in der Unternehmung gebundenen Kapitals zum Ausdruck kommt[8].

Dieses bei Unternehmungsbewertungen allgemein übliche Verfahren wird im besonderen Falle der Erbauseinandersetzung verständlicher, wenn man unterstellt, daß die einzelnen Erben ihre Erbteile als Darlehen anzulegen beabsichtigen. Während den ausgeschiedenen Erben sichere Verwendungsmöglichkeiten offenstehen und sie sich infolgedessen mit einer niedrigen Verzinsung begnügen können, bleibt dem übernehmenden Erben nur die stark risikobehaftete Anlage in der Unternehmung des Erblassers übrig. Er wird daher mit Recht eine höhere Verzinsung seines „Darlehens" fordern, zumal er nicht, wie die übrigen Erben, gegenüber dem Unternehmen die rechtliche Stellung eines Darlehensgläubigers besitzt.

Die neuerdings stark diskutierte[9] Frage, ob die Ertragsteuern von den zu kapitalisierenden Erträgen in Abzug zu bringen sind, ist auch

---

[6] Bei einem voraussichtlichen nachhaltigen Jahresgewinn von DM 100 000,— hat z. B. eine Veränderung des Zinsfußes von 8 auf 9 vH eine Wertminderung von DM 140 000,— zur Folge.

[7] *Potthoff-Zintzen*, a.a.O., S. 207.

[8] Das allgemeine Unternehmerwagnis in der Risikoprämie zu erfassen, hält *Diez* (Der Kapitalisierungsfaktor als Bestandteil der Ertragswertrechnung bei der Gesamtbewertung von Unternehmungen und Unternehmungsanteilen, Wpg 1955, S 2) für verfehlt, da dieses bereits bei der Festsetzung des nachhaltig erzielbaren Reinertrages berücksichtigt sei.

[9] *Klinger*, Karl, Die Problematik der Unternehmungs-Ertragswertberechnung unter dem Aspekt der Gewinnbesteuerung, Wpg 1953, S. 1 und 217; *Gelhausen*, Fritz, Unternehmungsbewertung und Gewinnsteuern, Wpg 1953, S. 73; *Anders*, Helmut, Gewinnsteuern bei der Ertragswertrechnung von Unternehmungen, Wpg 1953, S. 151.

im Falle der Auseinandersetzung der Erben eines Einzelunternehmers von einiger Bedeutung. Zwar unterliegen die Einkünfte, die den ausgeschiedenen Erben aus ihren Abfindungskapitalien zufließen, der Einkommensteuer ebenso wie die Gewinne, die der Nachfolger des Unternehmers erzielt. Es scheint darum gleichgültig zu sein, ob man die Brutto-Erträge ohne Berücksichtigung der Ertragsteuern mit dem gewöhnlichen *(Brutto-)*Kapitalisierungszinsfuß kapitalisiert oder ob man der Kapitalisierung der Netto-Erträge — nach Abzug der Ertragsteuern — einen *Netto*-Kapitalisierungszinsfuß zugrunde legt, der die Belastung aller Einkünfte durch Ertragsteuern zum Ausdruck bringt[10]. Doch beinhalten die zu versteuernden, stark wagnisbehafteten Gewinne des Unternehmer-Erben eine Risikoprämie, so daß sie stets höher sein müssen als die sicheren Einkünfte der ausscheidenden Erben aus ihren Abfindungskapitalien. Aufgrund des stark progressiven Verlaufs der Einkommensteuer wird daher der mit einem Netto-Zinsfuß kapitalisierte Netto-Ertrag des Unternehmer-Erben geringer sein als das Netto-Zinseinkommen der abgefundenen Erben nach Abzug der Steuern[11]. *Pohmer*[12] schlägt daher vor, die unterschiedliche steuerliche Belastung der Einkünfte in der Form zu berücksichtigen, daß die auf die Risikoprämie entfallende Einkommensteuer im Kapitalisierungszinsfuß einkalkuliert wird.

Werden die eigene Arbeitsleistung, das erhöhte Risiko und die steuerliche Mehrbelastung des übernehmenden Erben bei der Ermittlung des Übernahmepreises entsprechend berücksichtigt, so ist allem Anschein nach die Grundlage für eine im Sinne der oben aufgestellten Grundsätze „gerechte" Abfindung gegeben.

bb) Korrektur des Ertragswertes anhand des Substanzwertes

Die Bestimmung des Ertragswertes wird jedoch von erheblichen Unsicherheiten beeinträchtigt, da die zugrundeliegenden Faktoren in der Regel nur auf mehr oder weniger vagen Schätzungen beruhen. Üblicherweise wird er aus diesem Grunde dem Substanzwert der Unternehmung als der Summe der Wiederbeschaffungswerte des betriebsnotwendigen und reproduzierbaren Betriebsvermögens unter Berücksichtigung der Restlebensdauer angenähert. Die meisten der in der Praxis gebräuchlichen und in der Literatur bekannten Verfahren zur Ermittlung des Ertragswertes sind nur Varianten eines derartigen Annäherungsverfahrens, das die Kontrolle der geschätzten Zukunftswerte anhand konkreter Gegenwartswerte bezweckt[13].

---

[10] Vgl. BFuP 1953, S. 88, und *Lenel*, Hans Otto, Ertragsteuern und Vermögensabgabe bei der Bewertung von Unternehmungen, Wpg 1953, S. 153 ff.

[11] *Pohmer*, Dieter, Zum Problem des Einflusses der gewinnabhängigen Steuern auf die Unternehmenswertberechnung, Wpg 1955, S. 437.

[12] Wie Fußnote 11.

[13] Vgl. u. a. *Krönke*, H., Reproduktionswert, Ertragswert und Gesamtwert

Darüber hinaus soll die Korrektur des Zukunftsertragswertes die Tatsache berücksichtigen, daß die bei einem Vergleich von Substanz- und Ertragswert sichtbar werdende Kapitalisierungsdifferenz, der Ausdruck einer überdurchschnittlichen Rentabilität des Unternehmens, infolge Konkurrenzgefahr stark risikobehaftet ist und daher nicht in voller Höhe berücksichtigt werden kann. Diese Begründung entbehrt jedoch der Logik, da dieses Risiko zum gewöhnlichen Unternehmungswagnis gehört und bereits bei der Kapitalisierung der Reinerträge in der Risikoprämie berücksichtigt wurde. Theoretisch ist vielmehr allein der Zukunftsertragswert richtig[14]; Korrekturen sind nur deshalb erforderlich, weil seine Ermittlung nicht mit der notwendigen Genauigkeit durchgeführt werden kann.

Neben ausführlichen Bestimmungen über die Ermittlung der zur Korrektur heranzuziehenden Reproduktionswerte muß der Erblasser Klarheit schaffen über die bei der Annäherung anzuwendenden rechnerischen Verfahren. In diesem Zusammenhang soll lediglich auf die von *Käfer*[15] aufgeführten wesentlichen Methoden hingewiesen werden. Er unterscheidet:

1. die Berechnung von Abschreibungen auf den Kapitalisierungsmehrwert[16],
2. höhere Kapitalisierung der über eine normale Substanzverzinsung hinaus erzielten Reingewinne (*Fritz*'sche Methode),
3. Halbierung des Kapitalisierungsmehrwertes, das in der Praxis am häufigsten angewandte Verfahren und
4. Herabsetzung der Anlagenwerte bei Unternehmen mit schlechter Ertragslage in den Fällen, in denen der Ertragswert den Reproduktionswert nicht erreicht.

b) Die Aufteilung des Geschäftswertes und der stillen Reserven unter den Miterben

Der auf die oben dargestellte Weise ermittelte korrigierte Zukunftsertragswert der Unternehmung weicht in der Regel von dem in der letzten Erfolgsbilanz ausgewiesenen Eigenkapital des Erblassers ab. Ist diese Differenz positiv, so umfaßt sie in der Regel neben den stillen Reserven der Unternehmungssubstanz (*substanzorientierte*

---

der Unternehmung, ZfB 1951, S. 140 ff.; *Möhle*, Herbert, Der Einfluß der Abschreibungen auf den Unternehmungswert, ZfB 1950, S. 647. Der Wert mathematischer Verfeinerungen des Annäherungsverfahrens bleibt indes zweifelhaft, wenn man sich der Unbestimmtheit der zugrundeliegenden Faktoren erinnert.

[14] *Mellerowicz*, Konrad, Grundlagen der betriebswirtschaftlichen Wertungslehre, Berlin 1926, S. 157.

[15] *Käfer*, Karl, Die Bewertung der Unternehmung und Staatsverwaltung, Festgabe für Otto *Juzi*, Zürich 1946, S. 80 ff.

[16] *Schmalenbach*, Eugen, Die Beteiligungsfinanzierung, Köln und Opladen 1949, 7. verbesserte Auflage, S. 77.

stille Reserven) auch den Geschäftswert, den wertmäßigen Ausdruck der immateriellen Faktoren, die nachhaltig auf den Reinertrag einwirken und eine überdurchschnittliche Verzinsung des Unternehmungskapitals hervorrufen (*ertragsorientierte* stille Reserven). Die Frage, ob und in welchem Umfang Geschäftswert und stille Reserven bei der Erbauseinandersetzung auf den Erbteil des übernehmenden Erben angerechnet werden und damit auch den abgefundenen Erben zugute kommen sollen, bedarf einer besonders sorgfältigen Prüfung durch den Erblasser.

aa) Einbeziehung des Geschäftswertes und der stillen Reserven in die Auseinandersetzungsgrundlage beim Ausscheiden des Gesellschafters einer Personengesellschaft

Im Falle des Ausscheidens eines Gesellschafters aus einer Offenen Handelsgesellschaft befürworten *Potthoff-Zintzen*[17], daß die in der Auseinandersetzungsbilanz offengelegten stillen Reserven und der Geschäftswert dem Ausscheidenden nach dem Gewinnverteilungsschlüssel zuzurechnen sind. Dieser Ansicht ist beizupflichten, da man berücksichtigen muß, daß

1. die stillen Reserven der Unternehmungssubstanz betriebswirtschaftlichen Gewinn darstellen, der entweder aufgrund freier Entschließung der Gesellschafter (*gewillkürte* stille Reserven) oder aufgrund des Realisationsprinzipes (*gesetzliche* stille Reserven) bisher der Verteilung entzogen wurde,
2. der Geschäftswert regelmäßig den objektiven Niederschlag der Arbeit aller Gesellschafter darstellt, die Tätigkeit der Gesellschafter aber mit dem jeweiligen Anteil am Gewinn abgegolten wird.

Umstritten ist dagegen die Frage, ob der beschränkt haftende Gesellschafter einer Kommanditgesellschaft ebenfalls einen Anspruch auf einen Anteil am Geschäftswert hat. Beruht dieser in überwiegendem Maße auf der Tätigkeit des Komplementärs, so bleibt für einen Anteil des lediglich kapitalmäßig beteiligten Kommanditisten am Geschäftswert kein Raum[18]. Auf der anderen Seite ist der Kommanditist Mitunternehmer und zur gesamten Hand am Geschäftsvermögen beteiligt[19]; zudem beruht der Geschäftswert nicht stets auf der per-

---

[17] a.a.O., S. 229; ebenso RG DR 1941, S. 1301; RGZ 114, 135; *v. Godin*, Reinhard, Über den Auseinandersetzungsanspruch des aus der Offenen Handelsgesellschaft ausscheidenden Gesellschafters, JW 1936, S. 3512.

[18] Mit dieser Begründung sprechen sich u. a. *Beste* (B., Theodor, Die Regelung der Auseinandersetzungsfrage in den Gesellschaftsverträgen der Personengesellschaften, ZfhF 1924, S. 97) und *Schreier* (Sch., Johannes, Der Geschäftswert, Begriff, Wesen, Faktoren, Hamburg 1928, S. 221) gegen eine Beteiligung des Kommanditisten am Geschäftswert aus.

[19] *Düringer-Hachenburg*, a.a.O., Anm. 11 zu § 177 HGB.

sönlichen Arbeit, sondern vielfach auch auf einer riskanten Kapitalleistung des Kommanditisten, so daß auch Stimmen für eine Beteiligung des Kommanditisten am Geschäftswert sprechen[20].

Die Situation ist im Falle einer Erbauseinandersetzung gewöhnlich eine völlig andere. Unterstellt man, daß keiner der Miterben vor dem Erbfall in der Unternehmung tätig war, so haben die Erben weder durch persönliche Arbeit noch durch Übernahme eines Kapitalrisikos zum Entstehen des Geschäftswertes bzw. durch Verzicht auf Gewinnausschüttungen zum Entstehen der stillen Reserven der Unternehmungssubstanz beigetragen. Die Verteilung von Geschäftswert und stillen Reserven kann hier also nicht wie bei einer Personengesellschaft mit der Begründung verlangt werden, daß es sich um Werte handele, die dem Ausscheidenden ohnehin zustehen und ihm nur bisher entzogen waren, die Beurteilung dieser Frage muß im Erbfall vielmehr anderen Gesichtspunkten unterliegen.

bb) Beteiligung der abzufindenden Erben am Geschäftswert unter dem Gesichtspunkt der gerechten Beteiligung aller Erben am Nachlaß

Daß der Geschäftswert ebenso wie das sonstige materielle Unternehmungsvermögen in den Nachlaß fällt, wurde eingangs nachgewiesen und kam bei der Prüfung der Frage, auf welche Weise sich der Pflichtteilsanspruch eines Unternehmer-Erben ermittelt, besonders deutlich zum Ausdruck. Ebenso wurde aber auch festgestellt, daß das Erbrecht über ähnliche Verteilungsmaßstäbe, wie sie in der Rechtsprechung für das Ausscheiden eines Gesellschafters herausgebildet worden sind, nicht verfügt, vielmehr nur die Höhe desjenigen Wertes fixiert wird, der dem pflichtteilsberechtigten Erben im Mindestfall zufallen muß.

Das Ziel war jedoch eine Gestaltung der Auseinandersetzung, die jedem Erben einen gerecht bemessenen Anteil am Nachlaßvermögen sichert. Der Grundsatz einer solchen gerechten Auseinandersetzung ist oben dahingehend erläutert, daß sie den Erben ermöglichen soll, mittels der ihnen ohne eigenes Verdienst zufallenden Nachlaßanteile bei gleicher Arbeitsleistung und gleichem Resiko gleich hohe Einkünfte zu erzielen. Arbeitsleistung und Risiko des übernehmenden Erben waren bereits bei der Ermittlung des Ertragswertes berücksichtigt worden.

Es wird aber zu leicht übersehen, daß der Geschäftswert mit den kapitalisierten Reingewinnen der *Zukunft*, die eine normale Substanzverzinsung[21] übersteigen, gleichzusetzen ist. Inwieweit die Überrendite dem übernehmenden Erben *ohne eigenes Verdienst* zufällt und insofern unter dem Gesichtspunkt der gerechten Abfindung der Aus-

---

[20] *Schwarze*, a.a.O., S. 20.

[21] Unter Berücksichtigung des erhöhten Risikos und eines kalkulatorischen Unternehmerlohnes.

gleichung bedarf, läßt sich nur feststellen, wenn man die Gründe kennt, die zum Entstehen des Geschäftswertes im Einzelfall geführt haben.

Großmann[22] unterscheidet

a) den unternehmungs*inneren* und

b) den unternehmungs*äußeren* Geschäftswert.

Der unternehmungs*innere* Geschäftswert kann nur bei nachhaltiger aktiver Betriebstätigkeit wirksam werden. Er beinhaltet

aa) *personengebundene* Elemente, z. B. technische und kaufmännische Erfahrungen und Fähigkeiten des Unternehmungsinhabers und der im Unternehmen tätigen Personen,

bb) *sachgebundene* Elemente, z. B. eine besonders leistungsfähige Organisation, günstige Kapitalstruktur und -umschlagsgeschwindigkeit.

Der unternehmungs*äußere* Geschäftswert beruht dagegen vor allem auf der Situation des Unternehmens im Markt

aa) in Bezug auf die Beschaffung, z. B. aufgrund der Zugehörigkeit zu Einkaufskartellen,

bb) in Bezug auf die Produktion, z. B. aufgrund besonders entwickelter und patentierter Fertigungsverfahren,

cc) in Bezug auf den Absatz: aufgrund eines bedeutenden Kundenkreises oder einer Marktposition, die dem Unternehmen einen gewissen Monopolspielraum gewährt.

In welchem Umfange stehen diese Geschäftswertfaktoren dem übernehmenden Erben auch nach dem Erbfall zur Verfügung? Zunächst ist es offensichtlich, daß ein großer Teil dieser Faktoren äußerst vergänglich ist. Gewiß sind patentierte Fertigungsverfahren heute von Wert, morgen können sie aber schon durch noch ergiebigere und kostengünstiger arbeitende Verfahren überholt und wertlos geworden sein. Ebenso verhält es sich mit dem Kundenstamm. Wenn auch die Rechtsprechung die Vererblichkeit der „Kundschaft" als immateriellem Vermögenswert bestätigt, so muß man doch auch berücksichtigen, daß „Kundschaft kein Erbgut" im üblichen Sinne ist, ihre Erhaltung vielmehr dauernde Pflege und stets neue Aufwendungen erfordert. Ebenso sind monopolähnliche Marktpositionen schnell durch konkurrierende Produktionszweige beseitigt.

Erweisen sich die sachgebundenen und die unternehmungs*äußeren* Geschäftswertfaktoren auch nach dem Erbfall als nachhaltig, so ist dies häufig nur das Verdienst des übernehmenden Erben, denn er ist es, der durch immer neue Kapital- und Arbeitsaufwendungen dafür sorgt, daß die bisherigen Faktoren erhalten bleiben und durch neue

[22] *Großmann*, H., Neue Forschungsergebnisse zur theoretischen und praktischen Handhabung des Goodwills, ZfB 1932, S. 449; Großmann verwendet die Ausdrücke „betriebsinnerer" und „betriebsäußerer Goodwill".

ersetzt werden. Daß dies in noch stärkerem Maße der Fall ist, wenn der Geschäftswert hauptsächlich personenbezogen ist, bedarf keiner weiteren Begründung[23].

Dies gilt vor allem für Kleinunternehmen, bei denen die Bedeutung des Betriebsvermögens und der sachlichen Organisation für den ideellen Wert des Geschäftes hinter derjenigen der Person des Inhabers zurücktritt, wo die „tatsächlichen Beziehungen" von Vermögenswert also persönlichkeitsbetont und eher dem Inhaber als der Unternehmung als wirtschaftlicher Einheit zuzurechnen sind[24].

Wenn das Unternehmen weiterhin mit einer Überrendite arbeitet, aus der sich ein Geschäftswert ableiten läßt, so ist dies also u. U. zum größten Teil auf die Leistungen des Miterben, der die Nachfolge des Unternehmers angetreten hat, zurückzuführen. Insoweit ist eine Beteiligung der ausscheidenden Erben am Geschäftswert unter dem Gesichtspunkt einer gerechten Abfindung nicht vertretbar, da diese weder am Zustandekommen noch an der Erhaltung des Geschäftswertes Anteil haben. Dem übernehmenden Erben kann aber nicht zugemutet werden, das zukünftige Ergebnis seiner eigenen unternehmerischen Leistung bereits im Augenblick des Übergangs der Unternehmung mit seinen Miterben zu teilen. Dieser Gedanke liegt wohl auch der an anderer Stelle erwähnten Entscheidung zugrunde[25], die sogar soweit geht, die Tatsache der werbenden Fortführung der Unternehmung völlig unberücksichtigt zu lassen, so daß auch die stillen Reserven der Unternehmungssubstanz uneingeschränkt dem übernehmenden Erben zufallen würden[26].

Der Grundsatz der gerechten Beteiligung aller Erben am Nachlaß fordert jedoch eine stärkere Berücksichtigung auch der Interessen der weichenden Erben. Immerhin darf die Tatsache nicht unberücksichtigt bleiben, daß sich die früheren Arbeitsleistungen des verstorbenen Unternehmers zumindest für einige Zeit noch auf die Reinerträge des fortführenden Erben auswirken. Während die übrigen Erben sich ihre Existenz selbst aufbauen müssen, übernimmt der Nachfolger des Unternehmers eine Erwerbsquelle, die bereits gut eingespielt ist. Es läßt sich daher unter dem Gesichtspunkt der gerechten Abfindung

[23] Der Gesichtspunkt, daß der Erwerber einer Unternehmung diese nicht einfach fortsetzt, sondern — wenn auch unter Zuhilfenahme gewisser Rückstände des alten Unternehmers — ein neues Unternehmen begründet, kommt auch in RGZ 115, 172 zum Ausdruck.

[24] *Lukes*, Der Geschäftswert bei Kleinunternehmen. Der Betrieb 1954, S. 1016.

[25] OLGR 21, 310.

[26] Unter erbrechtlichen Gesichtspunkten bestehen gegen diesen Wertansatz keine Bedenken; dem Erben muß nur mindestens dasjenige zufallen, was er auch bei einer Auseinandersetzung nach den gesetzlichen Teilungsregeln erhalten hätte.

vertreten, wenn dem übernehmenden Erben eine zeitlich begrenzte jährliche Überrendite auf den Erbteil angerechnet wird. Dies kann z. B. in der Form erfolgen, daß die voraussichtlichen Netto-Reinerträge der nächsten 3, 5 oder mehr Jahre als gleichbleibende oder in Art einer geometrischen Reihe abfallenden Rente kapitalisiert und dem Wert der übernommenen Unternehmungssubstanz hinzugerechnet werden.

Besteht die Möglichkeit, das Unternehmen zu verpachten, wie dies beispielsweise bei Einzelhandelsgeschäften, Zeitungsunternehmen, Hotels und Lichtspieltheatern der Fall ist, so bietet der erzielbare Pachtzins einen objektiven Maßstab für die Höhe der Einkünfte, die sich der übernehmende Erbe in jedem Falle anrechnen lassen muß. Die Fiktion einer Verpachtung schließt jedes Risiko, jede Tätigkeit und jede unternehmerische Leistung des übernehmenden Erben aus; den ausscheidenden Erben muß aber zumindest der kapitalisierte Pachtzins zufließen, da sie die Möglichheit der Verpachtung auch in dem Falle hätten, daß keiner der Miterben das Unternehmen in eigener Person fortführt[27]. Bieten allein die äußeren Umstände, unter denen die Unternehmung arbeitet, wie der Ruf als alteingesessene Firma, die besonders günstige Geschäftslage usw. die Gewähr dafür, daß der Geschäftswert von der Person des jeweiligen Geschäftsinhabers in nicht allzu starkem Maße abhängig ist, so wird sich dies darin ausdrücken, daß der Pachtzins, der gegebenenfalls von Sachverständigen zu schätzen ist, die normale Kapitalverzinsung erheblich übersteigt. In allen anderen Fällen führt der Versuch einer gerechten Verteilung des Geschäftswertes zu Schwierigkeiten, da eine Zurechnung der Überrendite auf die verursachenden Geschäftswertfaktoren nicht möglich ist. In welchem Umfange der zu errechnende Geschäftswert dem übernehmenden Erben nicht angerechnet werden soll, bleibt dem Ermessen des Erblassers anheimgestellt, der diese Frage aber, um Streitigkeiten zu vermeiden, möglichst eingehend klären sollte[28].

cc) Beteiligung der abzufindenden Erben an Geschäftswert und stillen Reserven unter Berücksichtigung der Forderung der Unternehmenserhaltung

Die Gefahren, die der Unternehmung durch den Entzug flüssiger Mittel gelegentlich der Abfindung weichender Erben erwachsen, sind

[27] Auch bei der Bestimmung des Pflichtteilsanspruchs ist der Wert des Nachlaßgegenstandes anzusetzen, den dieser Gegenstand allgemein *in der Hand jedes Erben* haben würde; vgl. BGH U. v. 29. 3. 54 IV ZK 146/53 BGHZ 13, 45.

[28] *Herold,* Georg, Erbteilungsverträge über gewerbliche Betriebe, Steuer- und Wirtschaftsberater 1951, S. 120; *Leissle,* Fritz, Der betriebliche Geschäftswert und seine Bedeutung in Wirtschafts- und Steuerrecht, StW 1953, Sp. 641 ff.

naturgemäß um so drohender, je höher diese Abfindungen sind. Aus diesem Grunde sieht man in der Praxis sehr häufig davon ab, den Geschäftswert bei der Berechnung der Abfindungsgrundlage einzubeziehen, wenn der Ansatz dieser Werte zu einer Zerschlagung der Unternehmung führen würde. Selbst die stillen Reserven der Unternehmungssubstanz bleiben bei der Ermittlung des Übernahmepreises, der dem fortführenden Erben angerechnet werden soll, oft in mehr oder minder großem Umfange unberücksichtigt[29]. *Walb*[30] weist auf die in gewissen Gegenden übliche Kaufmannssitte hin, wonach bei Erbauseinandersetzungen nicht allein der Geschäftswert, sondern auch bestimmte Anlagen (z. B. Getreidespeicher) an den das Geschäft fortführenden Erben unentgeltlich übergehen, so daß die Unternehmung auch bei Erbübergang ihre stillen Reserven behält.

Einer derartigen Benachteiligung der pflichtteilsberechtigten Erben sind indes Grenzen gesetzt, die der Erblasser nicht verletzten darf: es muß diesen Erben im Mindestfall die Hälfte desjenigen *Wertes* zufallen, den sie als gesetzliche Erben erhalten hätten. Der Geschäftswert und die stillen Reserven dürfen also im Höchstfall nur insoweit außer Ansatz bleiben, als sie zusammen nicht mehr als die Hälfte des Wertes der lebenden Unternehmung betragen, da die Rechtsprechung[31] Geschäftswert und stille Reserven in vollem Umfange in die Berechnungsgrundlage zur Ermittlung eines Pflichtteilsanspruches einbezieht. Wertbestimmungen des Erblassers, nach denen der Pflichtteilsanspruch errechnet werden soll, sind keinesfalls verbindlich[32].

Selbst wenn man dem Grundsatz der Unternehmenserhaltung den uneingeschränkten Vorrang einräumt, ist eine so weitgehende Benachteiligung der abzufindenden Erben jedoch nicht zwingend, da die Gefahren, die der Unternehmung durch die Belastung mit Abfindungszahlungen erwachsen, um so geringer zu veranschlagen sind, je länger der Zeitraum ist, auf den sich die Zahlungen erstrecken. Der Pflichtteilsanspruch dagegen ist sofort fällig.

Dies kann den Erblasser dazu veranlassen, die zu ermittelnde Abfindungssumme nicht auf einen bestimmten Betrag festzulegen, sondern die jeweilige Höhe zu der Zeitspanne in Bezug zu setzen, nach der sie fällig werden soll. Im Grenzfall der sofortigen Abfindung ist demnach, unter Berücksichtigung der Unternehmungserhaltung, die Abfindung gleich dem Pflichtteilsanspruch. Je länger der abzufindende Erbe sein Abfindungsguthaben in der Unternehmung stehen läßt, in um so stärkerem Umfange müßte er an den stillen Reserven und am Geschäftswert beteiligt werden, soweit diese nach den oben angestell-

---

[29] *Hense*, Der Betrieb 1951, S. 1003.

[30] *Walb*, Ernst, Finanzwirtschaftliche Bilanz, Duisburg 1947, S. 93.

[31] OLG DJZ 1936, S. 1179; RG DR 1940, S. 1653.

[32] *Erman*, a.a.O., Anm. 3 zu § 2311 BGB.

ten Überlegungen überhaupt auf den Übernahmepreis angerechnet werden können. Die Entscheidung über die Höhe der Abfindungszahlungen ist bei einer derartigen Regelung somit zum Teil in die Hände der ausscheidenden Erben selbst gelegt.

Das Verhältnis zwischen der Fälligkeit der Zahlungen und dem Anteil an stillen Reserven und Geschäftswert kann natürlich nicht in eine allgemeine Formel gebracht werden. Es ist vielmehr Aufgabe des Erblassers, aufgrund seiner Sachkenntnis und Erfahrung einen Kompromiß der widerstreitenden Gesichtspunkte der gerechten Abfindung und der Unternehmungserhaltung zu finden.

dd) Berücksichtigung der dem Erbfall vorangegangenen Mitarbeit des übernehmenden Erben

Die Voraussetzung, daß keiner der Erben vor dem Erbfall in der Unternehmung tätig war, wird nicht immer gegeben sein. Häufig wird der das Unternehmen nach dem Erbfall fortführende Erbe, falls er in dem entsprechenden Alter steht, bereits mehrere Jahre in verantwortlicher Position zusammen mit dem Erblasser gearbeitet haben und auch schon mit einer entsprechenden Einlage beteiligt sein. Wie die Verteilung von Geschäftswert und stillen Reserven in einem solchen Falle erfolgen könnte, soll an einem Beispiel aufgezeigt werden.

Von den Söhnen B und C des Unternehmers A ist B bereits seit 15 Jahren in der Unternehmung tätig und in Form einer stillen Einlage beteiligt. Zur Zeit des Erbfalles betragen

die Buchwerte des Betriebsvermögens	DM 250 000,—
die stillen Reserven	DM 50 000,—
	DM 300 000,—
und die Passiva	DM 100 000,—
so daß die Unternehmung einen Substanzwert von	DM 200 000,—
und ein buchmäßig ausgewiesenes Eigenkapital von	DM 150 000,—
hat.	

Die stille Einlage des Sohnes B beläuft sich auf DM 30 000,—, das nominelle Eigenkapital des Vaters, das in den Nachlaß fällt, beträgt mithin .... DM 120 000,—

Während das Kapital auf A und B im Verhältnis 4 : 1 verteilt ist, werden die anfallenden Gewinne im Verhältnis 3 : 2 auf Vater und Sohn aufgeteilt.

1. Stille Reserven: Die stillen Reserven von DM 50 000,— sind zunächst nach dem Gewinnverteilungsschlüssel zu 40 % = DM 20 000,— der Einlage des B gutzuschreiben, während dem Anteil des Vaters, der in den Nachlaß fällt, DM 30 000,—
zuzurechnen sind.

2. Geschäftswert: Aufgrund der Ertragsaussichten wird der Geschäftswert mit DM 60 000,— eingeschätzt. Da B

am Zustandekommen dieses Wertes maßgeblich mitgewirkt hat, ist sein Anteil von der Verteilung auszusondern, dieser Anteil beträgt unter Zugrundelegung des Gewinnverteilungsschlüssels DM 24 000,—.		
Da ferner unterstellt wird, daß der Geschäftswert nur zu 40 % als sachbezogen angesehen werden kann[33], können nach den vorangegangenen Überlegungen nur 40 % der restlichen DM 36 000,— =	DM	14 400,—
in die Verteilungsgrundlage einbezogen werden, so daß bei		
einem zu verteilenden Gesamtwert von	DM	164 400,—
der Anteil des C	DM	82 200,—
beträgt.		

Ist eine solche oder eine ähnliche Handhabung in dem zwischen Vater und Sohn vereinbarten Rechtsverhältnis oder in der letztwilligen Verfügung nicht ausdrücklich festgelegt, so könnten sich die abzufindenden Erben dem Anspruch des übernehmenden Erben auf einen über seine Erbquote hinausgehenden Anteil an den stillen Reserven und am Geschäftswert widersetzen. Solche Einwendungen bestehen zu Recht, wenn der Unternehmer nach außen hin kein Gesellschaftsverhältnis mit seinem Nachfolger begründet, sondern die Einlage des Sohnes nur als partiarisches Darlehen oder als stille Einlage behandelt. Der Darlehnsgläubiger und der typische Stille Gesellschafter sind jedoch am Unternehmungsvermögen und somit auch am Geschäftswert und den stillen Reserven grundsätzlich nicht beteiligt. Viele Unternehmer scheuen die Gründung einer OHG oder Kommanditgesellschaft mit einem oder mehreren ihrer Söhne, weil sie gerne nach außen hin als uneingeschränkte Inhaber erscheinen wollen und ihnen die steuerlichen Vorteile der Familiengesellschaft demgegenüber unwesentlich erscheinen. Im Innenverhältnis sind die betreffenden Abkömmlinge jedoch als Gesellschafter anzusehen; es wäre darum unbillig, wollte man sie mit den nichttätigen Erben auf eine Stufe stellen. Will der Erblasser die vorangegangene Mitarbeit seines Nachfolgers bei der Erbauseinandersetzung berücksichtigt wissen, so muß er eine entsprechende Bestimmung in seine letztwillige Verfügung aufnehmen.

---

[33] *Schubert* (Der Gemeine Wert. Grundlage für die Bewertung von Unternehmungen aller Art für Zwecke der Enteignung, Versteuerung, für Verschmelzungen, Erbauseinandersetzungen usw., Berlin, Wien 1925, S. 95) ermittelt das Verhältnis, in welchem der Geschäftswert auf personen- bzw. sachgebundene Faktoren zurückzuführen ist, durch Errechnung eines „Ertragswertes der menschlichen Arbeitskraft", eines sogenannten „Arbeitsertragswertes", den er dem Unternehmungskapital als Bezugsgröße für die Aufteilung von Geschäftswert und stillen Reserven gegenüberstellt. Ausgangspunkt der Berechnung des „Arbeitsertragswertes" sind bei Schubert die von Vater und Sohn bezogenen Geschäftsführergehälter. Da diese aber nicht als Maßstab der Gewinnverursachung gelten können, kann einer derartigen Berechnung keine praktische Bedeutung beigemessen werden.

c) Vereinfachte Verfahren zur Ermittlung eines Übernahmepreises

Der eigentliche Zweck einer Ermittlung des Zukunftsertragswertes ist der Ausweis der im Betriebe der lebenden Unternehmung begründeten immateriellen oder „inneren" Vermögenswerte, des Geschäftswertes. Dessen Einbeziehung in die Berechnungsgrundlage für die Ermittlung der Abfindungsbeträge stößt jedoch, wie oben dargestellt, auf erhebliche Bedenken; seine Berücksichtigung unterliegt zumindest wesentlichen Einschränkungen. Da außerdem die Ermittlung des Zukunftsertragswertes ohne Hinzuziehung sachverständiger Schätzer problematisch ist und sich wegen der erforderlichen Einbeziehung des Substanzwertes zudem als kompliziert erweist, wird der aufgrund von Bewertungsrichtlinien des Erblassers durch die Erben zu ermittelne Ertragswert äußerst selten als Übernahmepreis herangezogen. Die Sorge des Erblassers, daß die Erbauseinandersetzung zu Streitigkeiten zwischen seinen Miterben führt, auf die er selbst nicht mehr einwirken kann, führt vielmehr in der Praxis zu wesentlich einfacheren Berechnungsverfahren, die klare Anhaltspunkte für die Bestimmung des Übernahmepreises liefern und daher Meinungsverschiedenheiten ausschalten.

aa) Der Substanzwert der Unternehmung als Ausgangspunkt für die Bestimmung eines Übernahmepreises

Nach überwiegender Ansicht sind bei der Bewertung der Unternehmungssubstanz die Tages- oder Zeitwerte in die Abfindungsbilanz einzusetzen. Eine testamentarische Anordnung z. B. des Inhaltes, daß die Zeitwerte anzusetzen sind, genügt jedoch allein nicht, es sind vielmehr zusätzliche Angaben erforderlich.

Die Bewertung des Umlaufvermögens wird in der Regel keine allzugroßen Schwierigkeiten bereiten, da vergleichbare Preise herangezogen werden können. Hier genügt u. U. schon eine zusätzliche Angabe darüber, ob der Beschaffungszeitwert oder der Veräußerungszeitwert heranzuziehen ist. Problematischer ist dagegen die Bewertung des Anlagevermögens, vor allem der Betriebsgrundstücke, der Maschinen sowie der Beteiligungen und immateriellen Werte, weil in der Regel geeignete Anhaltspunkte zur Feststellung eines Beschaffungs- oder Veräußerungswertes fehlen. Um Meinungsverschiedenheiten der Erben über derartige strittige Punkte vorzubeugen, kann der Erblasser

a) bei den Betriebsgrundstücken z. B. die Übernahme zum steuerlichen Einheitswert mit oder ohne einen Zuschlag für Unterbewertungen vorschreiben,

b) im übrigen aber die Bewertung dieser Vermögensteile den Erben entziehen und einem oder mehreren Sachverständigen des betreffenden Industrie- oder Handelszweiges, deren Wertbestimmung nach § 2048 BGB für die Erben maßgebend ist, übertragen[34].

Abzuraten ist dagegen auch in diesem Zusammenhang von allzu detaillierten Vorschriften über die Ermittlung der Werte einzelner Betriebsteile, weil diese, je nach der inzwischen eingetretenen Entwicklung, u. U. zu absurden Ergebnissen führen könnten. Dabei ist z. B. an den Fall zu denken, daß der übernehmende Erbe einen unrentabel gewordenen Produktionszweig der Unternehmung einstellt und die erforderlichen Anlagen abstößt, während der Erblasser, als er seine Anordnung bezüglich der Bewertung traf, die Fortführung der Produktion voraussetzte.

bb) Der Einheitswert des Betriebsvermögens nach dem Bewertungsgesetz als Ausgangspunkt für die Bestimmung des Übernahmepreises

Die Schwierigkeiten, die eine betriebswirtschaftliche exakte Bewertung der Unternehmungssubstanz für die Erben mit sich bringt, haben dazu geführt, daß immer häufiger der Einheitswert des Betriebsvermögens, der als Besteuerungsgrundlage für die Objektsteuern, u. a. auch für die Erbschaftsteuer, zu ermitteln ist, als Grundlage für die Bewertung der Unternehmung im Rahmen einer Erbauseinandersetzung herangezogen wird.

Wenn *Kersten-Küntzel*[35] in einem Testamentsmuster den „letzten Steuerwert" als Übernahmepreis vorschlagen, so könnten allerdings Zweifel entstehen, ob damit die Werte der Einkommen- oder die der Vermögensteuerbilanz gemeint sind, die bekanntlich voneinander abweichen.

Wirtschaftsgüter, die zu einem Betriebsvermögen gehören, werden für die Zwecke der Realbesteuerung in der Regel mit dem Teilwert bewertet[36], der ihre Verbundenheit in einem lebenden Unternehmen dadurch berücksichtigt, daß bei der Bewertung die Fortsetzung der Unternehmungstätigkeit unterstellt wird. Die Betriebsgrundstücke bilden eine Ausnahme; sie werden mit ihrem Einheitswert übernommen, für den in den meisten Fällen der *gemeine* Wert maßgebend ist[37]. Dieser wird regelmäßig nach dem *Weil*'schen Verfahren[38] bestimmt, das insofern einen Kompromiß zwischen Kosten- und Ertragswertdenken darstellt, als es z. B. bei schlechter Beschäftigungslage in der Branche Abschläge auf den Substanzwert vorsieht.

---

[34] *Herold*, Erbteilungsverträge über gewerbliche Betriebe, Steuer- und Wirtschaftsberater 1951, S. 120.

[35] Formularbuch und Praxis der freiwilligen Gerichtsbarkeit, Berlin 1948, 5. und 6. Auflage, S. 366.

[36] § 12 BewG.

[37] § 33 BewDV.

[38] RStBl. 1935, S. 350.

Die Berücksichtigung der Fortführung des Unternehmens bedeutet indes nicht, daß bei der Einheitsbewertung der Wert der *Unternehmung als Ganzem* festgestellt werden soll, so daß auch der Geschäftswert zu berücksichtigen wäre[39]. Trotzdem kommt die Bewertung des Betriebsvermögens nach dem Bewertungsgesetz dem Wert des lebenden Unternehmens, unter Ausschluß der „inneren" Vermögenswerte, die einer besonderen Behandlung vorbehalten bleibt, am nächsten. Wenn sich der steuerliche Einheitswert auch keineswegs mit dem betriebswirtschaftlich — theoretisch — exakten Zeitwert der Unternehmung deckt, so stellt er doch eine geeignete Auseinandersetzungsgrundlage dar[40], wenn eine anderweitige gerechte Wertfindung durch die Erben selbst nicht zu erwarten ist. Da für die Erbschaftbesteuerung der Wert des Betriebsvermögens in einer besonderen Todesstichtags-Bilanz ohnehin zu ermitteln ist, sind besondere Wertkorrekturen überflüssig, mit denen man andernfalls den seit dem letzten Feststellungszeitpunkt eingetretenen Änderungen Rechnung tragen müßte. Es genügt daher eine testamentarische Bestimmung des Inhalts, daß der Einheitswert des Betriebsvermögens, der für die Erbschaftsteuer ermittelt wird, auch Ausgangspunkt für die Ermittlung der Abfindungsbeträge sein soll.

Schwierigkeiten können sich lediglich dann ergeben, wenn der Erblasser die Auseinandersetzung für längere Zeit ausgeschlossen hat und die Erben das Unternehmen während dieser Zeit als „erbrechtliche Unternehmergemeinschaft" betreiben. Da die Miterben in diesem Falle „Mitunternehmer" sind, wäre es nicht ungerechtfertigt, ihnen in diesem Falle bei der späteren endgültigen Auseinandersetzung einen Ausgleich für die während der Zeit des gemeinschaftlichen Betriebes gebildeten stillen Reserven zuzubilligen; sie haben sogar einen Anspruch darauf, da ihnen der Anteil am Reinertrag der Erbengemeinschaft in vollem Umfange zusteht. Die Zugrundelegung des auf den Zeitpunkt des Erbfalls ermittelten steuerlichen Einheitswertes kann darum in solchen Fällen zu Ungerechtigkeiten gegenüber den ausscheidenden Miterben führen. Will man aber gelegentlich der später stattfindenden Erbauseinandersetzung die Aufstellung einer besonderen Abfindungsbilanz vermeiden, die auch die zwischenzeitlich

---

[39] Der Gedanke der Gesamtbewertung wurde bereits in der Entscheidung des RFH vom 28. 2. 1930, RStBl. 1930, S. 287, aufgegeben; die Einbeziehung des Geschäftswertes wurde wenig später (RFH v. 27. 5. 1930, RStBl. 1930, S. 450) ausdrücklich abgelehnt.

[40] Neben *Koehler* (Die Auseinandersetzung in der Offenen Handelsgesellschaft, Berlin 1941, S. 40) empfiehlt auch *Hermann* (Rechtliche, betriebswirtschaftliche und steuerliche Fragen bei Abfindung des aus der Offenen Handelsgesellschaft ausscheidenden Gesellschafters, Diss. Nürnberg 1950, S. 52) den steuerlichen Teilwert als geeigneten Maßstab für Auseinandersetzungsbilanzen.

eingetretenen Wertänderungen berücksichtigt, so empfiehlt es sich, unmittelbar nach dem Erbfall die Kapitalkonten der Miterben so festzulegen, als ob die Auseinandersetzung schon in diesem Zeitpunkt stattgefunden hätte. Die Miterben, die zu einem späteren Zeitpunkt abzufinden sind, müssen dann in Bezug auf die Gewinnverteilung, die Geschäftsführung und Vertretung sowie die spätere Auseinandersetzung im Innenverhältnis als stille Gesellschafter behandelt werden. Ein Recht der abzufindenden Erben auf Beteiligung an den inzwischen eingetretenen Wertänderungen wird damit ausgeschlossen; ihr Abfindungskonto richtet sich lediglich nach dem Kapitalkonto, wie es nach dem Erbfall aufgrund der Teilungsanordnungen des Erblassers ermittelt wurde, so daß sich eine gesonderte Erbauseinandersetzungsbilanz erübrigt. Andererseits unterliegen die nichttätigen und daher meist auch von der Geschäftsführung ausgeschlossenen Miterben nicht dem Risiko einer Wertminderung nach dem Erbfall.

cc) Die Berücksichtigung des Geschäftswertes

Der Geschäftswert bleibt bei der Feststellung des Einheitswertes des Betriebsvermögens außer Ansatz. Sollen die ausscheidenden Erben gleichwohl an den „inneren Vermögenswerten" ganz oder teilweise beteiligt werden, so muß der Erblasser in diesem Falle eine gesonderte Feststellung des Wertes vorschreiben, der dem übernehmenden Erben dafür in Anrechnung zu bringen ist. Er kann dabei eine bestimmte Summe festsetzen; ratsamer ist dagegen die Bezugnahme auf eine Größe, die in unmittelbarem Zusammenhang mit der Höhe des Geschäftswertes steht, so z. B. die Durchschnittsgewinne der letzten Kalenderjahre oder die letzten Jahresumsätze.

Beispiel: Bei einem Betriebsvermögen von DM 200 000,— wird ein Umsatz von DM 1 000 000,— erzielt. Die Umsatzrentabilität ist erfahrungsgemäß 6 %.

Der Reingewinn beträgt demnach rund DM 60 000,—. Die nach Abzug von DM 40 000,— für Verzinsung des Eigenkapitals und Unternehmerlohn verbleibende Überrendite von DM 20 000,— ergibt, zu 20 % kapitalisiert, einen Geschäftswert von DM 100 000,—.

In diesem Fall könnte der Erblasser die Anordnung treffen, daß 10 % des aus den Durchschnitten der letzten drei Jahre zu ermittelnden Umsatzes als Geschäftswert anzusetzen sind. Je nach dem Verhältnis, in dem die Kosten vom Beschäftigungsgrad abhängig sind, müßte diese Relation u. U. variabel gestaltet werden; im Falle starker Kostendegression z. B. bei einem Umsatz von

700 000 — 900 000 : 8 % des Umsatzes
900 000 — 1 000 000 : 10 % des Umsatzes
1 000 000 — 1 300 000 : 12 % des Umsatzes usf.

Eine für alle Fälle gültige Norm kann hierbei nicht empfohlen werden, da das Verhältnis von Umsatz zu Geschäftswert nicht nur in jedem Geschäftszweig, sondern auch innerhalb eines bestimmten Geschäftszweiges meist von Unternehmung zu Unternehmung verschieden ist.

Diese Handhabung gewährt dem Erblasser genügenden Spielraum, um seine Absichten hinsichtlich des Umfanges, in dem auch den abzufindenden Erben ein Anteil am Geschäftswert zukommen soll, durchzusetzen. Die getrennte Bewertung von Unternehmungssubstanz und ideellen Werten, die auch als *direkte Bewertungsmethode* bezeichnet wird, erfreut sich wegen ihrer Klarheit und Verständlichkeit vor allem in den angelsächsischen Ländern großer Beliebtheit[41]. Sie ist auch im Rahmen einer Erbauseinandersetzung zu empfehlen, da bei zweckmäßigen Anordnungen des Erblassers hinsichtlich der Bewertung des Betriebsvermögens und des Geschäftes der Verzicht auf die Ermittlung des theoretisch richtigen Wertes durch die gewonnene Sicherheit und Einfachheit des Verfahrens mehr als ausgeglichen wird.

dd) die Buchwerte der Erfolgsbilanz als Werte der Auseinandersetzungsbilanz

Häufig genug finden sich in der Praxis auch Bewertungsvorschriften in Testamenten, nach denen der übernehmende Erbe berechtigt sein soll, das in den Nachlaß fallende Unternehmen zu den Buchwerten der Erfolgsbilanz zu übernehmen[42]. Diese Bestimmungen werden meist nicht allein unter dem Gesichtspunkt einer einfachen Berechnung getroffen, sondern bezwecken daneben auch eine eindeutige Bevorzugung des übernehmenden Erben. Diese Bevorzugung wird auch dadurch nicht wesentlich abgeschwächt, daß in den meisten Fällen die Buchwerte der steuerlichen Erfolgsbilanz vorgeschrieben werden, da auch diese in nicht unerheblichem Maße stille Reserven enthalten können[43].

Zur pauschalen Abgeltung stiller Reserven und ideeller Werte ist in diesem Falle noch eine zusätzliche Abfindung in Form eines Agio auf die Buchwerte üblich. So empfehlen *Kersten-Küntzel*[44] einen Zuschlag, dessen Höhe sich danach richtet, in welchem Umfange die durchschnittlichen Reingewinne der vergangenen fünf Jahre eine bestimmte Mindestverzinsung übersteigen. Das Agio kann aber auch in der Form gewährt werden, daß die ausscheidenden Erben mittels einer Umsatz- bzw. Gewinnbeteiligung oder einer festen Rente noch einige Zeit nach ihrem Ausscheiden an den Erträgen der Unternehmung beteiligt sind.

---

[41] *Neubert*, Helmut, Die Bewertung von Industrieunternehmungen bei Abweichungen zwischen Substanzwert und Ertragswert, Diss. F. U. Berlin 1950, Seite 8.

[42] *Düringer-Hachenburg*, a.a.O., Anm. 34 zu § 40 HGB.

[43] So ist z. B. ein Ausweis nichtrealisierter Gewinne auch nach dem Einkommensteuerrecht unzulässig.

[44] a.a.O., S. 462.

3. Festsetzung eines Übernahmepreises durch den Erblasser

In den Formularbüchern zur Abfassung von letztwilligen Verfügungen und Erbverträgen finden sich nicht selten Testamentsmuster, in denen der Erblasser selbst den Gesamtwert seiner Unternehmung, der dem übernehmenden Erben anzurechnen ist, in einer bestimmten Summe festlegt. Da gewerbliche Unternehmungen in ihrem Vermögensbestand und in ihrem Werte oft starken Schwankungen ausgesetzt sind, ist dieses Verfahren grundsätzlich nicht unbedenklich. Steigt in der Zeitspanne zwischen Testamentserrichtung und Erbfall der Wert der Unternehmung, den der Erblasser seiner Anordnung zugrunde gelegt hat, so werden die ausscheidenden Erben benachteiligt; weist das Unternehmen dagegen eine rückläufige Tendenz auf, so würden die auf dem ursprünglich höheren Wert basierenden Abfindungszahlungen eine ungerechtfertigte Benachteilung des übernehmenden Erben und eine Schädigung der Unternehmung zur Folge haben.

Trotzdem kann diese Handhabung zu befriedigenden Ergebnissen führen, wenn es sich um die Bewertung von kleineren und leicht überschaubaren Unternehmen handelt. Treten in diesen Fällen nach der Testamentserrichtung wesentliche Wertänderungen ein, so hat der Erblasser immer noch die Möglichkeit, den festgelegten Übernahmepreis so zu korrigieren, daß im Zeitpunkt des Erbfalles die aufgrund der Wertfestsetzung zu errechnenden Anteile der ausscheidenden Erben in angemessenem Verhältnis zu dem Anteil des übernehmenden Miterben stehen, andererseits aber die Belastungen der Unternehmung durch die Abfindungszahlungen die Höhe nicht übersteigen, die der Erblasser aufgrund seiner Erfahrungen als zumutbar ansieht.

In der Praxis der Erbfolgeregelung gewerblicher Unternehmungen ist diese Handhabung sehr häufig anzutreffen. Ihr großer Vorteil liegt in der Einfachheit des Verfahrens, das alle Streitpunkte vermeidet und die Lösung aller Bewertungsprobleme in das autoritative Ermessen des Erblassers stellt. Der Nachteil, daß sich diese Ausgangsgrundlage zwischenzeitlich verändern kann, tritt demgegenüber zurück, soweit nicht die Unternehmungserhaltung gefährdet oder der Grundsatz der gerechten Abfindung erheblich verletzt wird.

Eine solche Auseinandersetzungsanordnung, die den Preis für die Unternehmung in einem bestimmten Betrage festsetzt, *kann* eine Begünstigung des Miterben, dem die Unternehmung zugewiesen wurde, und demnach ein *Vorausvermächtnis* enthalten, wenn und insoweit der vom Erblasser festgesetzte Übernahmepreis u n t e r dem wirklichen Wert der Unternehmung liegt[45]. Der begünstigte Erbe erhält

[45] RGZ 108, 84; 170, 163 ff. Ob der Übernahmepreis unter dem „Verkehrswert" liegt und die Anordnung daher einen ähnlichen wirtschaftlichen Erfolg

auf diese Weise *neben* und unabhängig von seiner Beteiligung als Erbe[46] eine vermächtnisähnliche Zuwendung in Höhe der Differenz zwischen dem wahren Wert der Unternehmung und dem Übernahmepreis. Ist im umgekehrten Falle der Übernahmepreis zu hoch angesetzt, so ist der übernehmende Erbe benachteiligt, und die abzufindenden Erben erhalten ein Vorausvermächtnis in Höhe der Wertdifferenz. Die Grenze der Zulässigkeit solcher Teilungsanordnungen ist mit dem Pflichtteilsrecht der benachteiligten Erben gesetzt[47].

Eine beabsichtigte Bevorzugung des übernehmenden Erben im Sinne eines nicht auf den Erbteil anrechnungspflichtigen Vorausvermächtnisses[48] kann aber nicht allein aus der Tatsache geschlossen werden, daß das Unternehmen zur Zeit des Erbfalles wertvoller ist, als es in der Teilungsanordnung zum Ausdruck kommt. Von Bedeutung sind vielmehr lediglich die Vorstellungen, die der Unternehmer im Zeitpunkt der Errichtung seiner letztwilligen Verfügung von dem Werte des Unternehmens für den zur Übernahme ausersehenen Erben hatte[49]. Wenn ein Vorausvermächtnis angenommen werden soll, muß darum der Erblasser, um den übernehmenden Erben zu begünstigen, den Übernahmepreis a b s i c h t l i c h unter dem wahren Wert festgesetzt haben[50]. Rein wirtschaftlich bedingte Wertänderungen, die zwischen Testamentserrichtung und Erbfall eingetreten sind, können jedoch keine Auswirkungen auf den rechtlichen Charakter der Anordnungen des Erblassers haben.

Wie sich die Begünstigung des Unternehmer-Erben durch eine derartige vermächtnisähnliche Teilungsanordnung auswirkt, kann ein Beispiel erläutern:

Während der wirkliche Wert der Unternehmung DM 180 000,— beträgt, ist sie dem Unternehmer-Erben gemäß einer Teilungsanordnung des Erblassers nur mit DM 150 000,— anzurechnen. In den übrigen Nachlaß von DM 90 000,— teilen sich seine Miterben B und C, die an der Unternehmung nicht beteiligt sein sollen.

---

hat, als wenn dem Erben ein Vorausvermächtnis in Höhe der Preisdifferenz hinterlassen worden wäre, ist für die Abgrenzung zwischen Teilungsanordnung und Vorausvermächtnis jedoch nicht allein entscheidend (RG Seuff. Arch. 63, S. 204), sondern nur, ob der Erbe die Begünstigung n e b e n und unabhängig von seiner Beteiligung als Erbe erhalten soll.

[46] HansOLG MDR 1950, S. 420.

[47] Nach § 2306 BGB entfallen die den pflichtteilsberechtigten Erben beschränkenden Teilungsanordnungen, wenn ihm auf Grund dieser Teilungsanordnungen nur die Hälfte oder weniger als die Hälfte seines gesetzlichen Erbteils zugewiesen wird.

[48] Das Vorausvermächtnis wirkt sich wie der nicht anrechnungspflichtige „Voraus“ des landwirtschaftlichen Anerbenrechts aus und erfüllt wie dieser den Zweck, den übernehmenden Erben vor übermäßigen Abfindungszahlungen zu schützen und somit den geschlossenen Übergang der Wirtschaftseinheit zu erleichtern.

[49] RGZ 170, 163 ff.

[50] RFH vom 10. 7. 1928, JW 1928, S. 3071.

Zum Ausgleich zahlt A an B und C

	A	B	C
	150 000,—	45 000,—	45 000,—
je 35 000:	— 70 000,—	+ 35 000,—	+ 35 000,—
so daß alle Erben nominell erhalten. Durch das Vorausvermächtnis von	80 000,—	80 000,—	80 000,—
	30 000,—		
beträgt das Erbteil des A in Wirklichkeit	110 000,—		

4. Bestimmung des Übernahmepreises durch einen Dritten nach dessen freiem Ermessen

Häufig ist in der Praxis auch der Fall anzutreffen, daß der Erblasser die Bewertung des Unternehmens für die Zwecke der Erbauseinandersetzung einem Dritten anvertraut. So ist es z. B. oft Aufgabe des Testamentsvollstreckers, den Übernahmepreis für die Unternehmung aufgrund bestimmter Bewertungsrichtlinien des Erblassers zu ermitteln. Die Erben können in diesem Falle die Wertermittlung weder beeinflussen noch durch Meinungsverschiedenheiten erschweren.

Ebenso häufig wird aber die Wertermittlung auch in das „billige Ermessen" des mit der Bewertung beauftragten Dritten gestellt[51]. Der Dritte — es kann sich auch um mehrere Personen handeln — ist in diesem Falle regelmäßig ein sachverständiger Schiedsgutachter[52], der aufgrund der Anordnung des Erblassers oder eines Antrages der Erben durch die Industrie- und Handelskammer bestellt wird. Doch kann der Erblasser auch den Testamentsvollstrecker und selbst einen Miterben[53] mit der Vornahme der Bewertung nach *billigem Ermessen* beauftragen. Der Erblasser will mit einer solchen Anordnung ausdrücken, daß die Bestimmungen, die der Dritte nach seinem Tode trifft, als seine eigenen zu gelten haben und daß er diese Bestimmungen daher im voraus genehmigt.

Das Ergebnis der Bewertung und seine Brauchbarkeit für den vorliegenden Zweck hängt natürlich von der Sachkunde der beauftragten Persönlichkeit ab. Empfehlenswert ist dieses Verfahren deshalb, weil der bewertende Dritte allen besonderen, den Wert beeinflussenden Umständen zur Zeit des Erbfalles Rechnung tragen kann, die der Erblasser im Zeitpunkt der Testamentserrichtung nicht kennt. Außerdem ist die Gefahr, daß das Bewertungsergebnis Anlaß zu Streitig-

[51] Vgl. § 2048 Satz 2 und 3 BGB. Ob die Bestimmung des Erblassers, daß die Bewertung durch einen Dritten vorgenommen werden soll, selbst eine Teilungsanordnung darstellt, ist umstritten, *Stenger,* Erika, Die Teilungsanordnungen des Erblassers nach geltendem Recht, Diss. Rostock 1932, S. 31.

[52] Vgl. ROHG 16, 427.

[53] RGZ 110, 274. *Soergel-Ehard-Eder,* a.a.O., Anm. 4 zu § 2048 BGB; *Planck,* a.a.O., Anm. 1 zu § 2048 BGB; *Palandt,* a.a.O., Anm. 3 zu § 2048 BGB.

keiten unter den Erben gibt, recht gering. Nur dann, wenn die Wertbestimmung des Dritten als „offenbar unbillig“[54] zu betrachten ist, kann ihre vom Erblasser angeordnete Verbindlichkeit für die Erben unwirksam werden. In einem solchen Falle erfolgt die Bestimmung des Wertes durch ein Urteil des ordentlichen Gerichtes, oder, falls vereinbart, durch Schiedsspruch.

Welcher Methoden sich der Dritte zur Ermittlung des Gesamtwertes bedient, ist ganz in sein billiges Ermessen gestellt. Jeder von ihm festgestellte Wert, der nicht von einem Teil der Erben mit Erfolg als offenbar unbillig angefochten wird, kann daher dem weiteren Auseinandersetzungsverfahren zugrunde gelegt werden.

Ein Sonderfall der Bewertung durch Dritte ist in dem bereits oben erwähnten Falle gegeben, daß der Erblasser der *Mehrheit* der Erben das Recht zugestanden hat, als „Dritte“ im Sinne des § 2048 BGB über die Bewertung des Nachlasses und seiner Bestandteile zu entscheiden. Verfahren die Erben dabei nach den Richtlinien des Erblassers, die in diesem Falle nicht vorgeschrieben, sondern lediglich *empfohlen* sind, so kann eine derartige Wertfindung zu einer vorteilhaften Verbindung der Interessen des Erblassers und der Erben führen.

III. Festsetzung der Abfindungsbeträge

1. Berücksichtigung der Lastenausgleichabgaben bei der Erbauseinandersetzung

Wie schon an anderer Stelle erwähnt wurde, geht auch die Vermögensabgabeschuld des Erblassers auf die gesamtschuldnerisch haftenden Erben über. Zwar kann eine Aufhebung dieser gemeinsamen Haftung durch Aufteilung der Vierteljahresbeträge auf die einzelnen Erben erfolgen[1], in den meisten Fällen wird jedoch der Erbe, der das Unternehmen fortführt, die Vermögensabgabe, die auf das bisher gemeinschaftliche Betriebsvermögen entfällt, als alleiniger Selbstschuldner und unter Freistellung der übrigen Miterben von jeglicher Zah-

---

[54] *Offenbar unbillig* ist eine Wertbestimmung, wenn sich die Unbilligkeit, wenn auch nicht jedermann, so doch unbefangenen sachkundigen Beurteilern ohne weiteres aufdrängt. Flüchtigkeit, Oberflächlichkeit und selbst objektive Unrichtigkeit sind nicht gleichbedeutend mit der offenbaren Unbilligkeit, können diese aber herbeiführen, wenn die Unrichtigkeit wesentliche Bedeutung für das Bewertungsergebnis hat oder wenn sich die Sachwidrigkeiten häufen, RGZ 147, 64; RG JW 36, 502.

[1] Eine solche Aufteilung kann auf Antrag unabhängig von der Erbauseinandersetzung vor oder nach der Nachlaßaufteilung erfolgen; die Aussichten für die Verwirklichung des Abgabeanspruches dürfen jedoch nicht wesentlich verschlechtert werden.

lung und Haftung übernehmen[2]. Er tritt alsdann als Erwerber des Betriebsvermögens an die Stelle der veräußernden Erbengemeinschaft.

Die Übernahme der Abgabeschuld der ausscheidenden Erben muß natürlich bei der Ermittlung der Abfindungsbeträge besonders berücksichtigt werden. Wird der korrigierte *Zukunftsertragswert* zugrunde gelegt, so muß nicht nur die kapitalisierte Abgabeschuld bei der Ermittlung des Substanzwertes abgezogen werden, es müssen vielmehr auch die auf die Abgabeschuld entfallenden Zinsen bei der Schätzung der zu kapitalisierenden Zukunftserträge abgesetzt werden[3]. Ähnliches gilt für den Fall, daß der Einheitswert des Betriebsvermögens als Auseinandersetzungsgrundlage herangezogen wird. Während die *Kreditgewinnabgabe* als auf dem Betriebe ruhende Last bei der Bewertung mit ihrem „jeweiligen Wert" am Feststellungszeitpunkt berücksichtigt wird[4], bleibt die *Vermögensabgabe* als Personensteuer bei der Bewertung des Betriebsvermögens außer Ansatz, §§ 206, 207 LAG, sie muß also eine besondere Berücksichtigung finden.

Einer ausdrücklichen Klärung bedarf die Frage, auf welche Weise die zukünftigen laufenden Vierteljahresbeträge, zu deren Übernahme sich der fortführende Erbe verpflichtet, kapitalisiert und als besonderes Entgelt vom Wert der Abfindungsguthaben abzusetzen sind. Sollen die Auszahlungen der Erbteilungsforderungen innerhalb eines kurzen Zeitraumes erfolgen, so ist es zu vertreten, wenn die Abfindungssummen nur um den *Ablösungswert* der jeweiligen Abgabeschuld gemindert werden, da die ausscheidenden Erben durch die ihnen kurzfristig zufließenden Geldabfindungen in die Lage versetzt wären, ihre Abgabeverpflichtung selbst abzulösen. Ein niedrigerer Kapitalisierungszinsfuß und ein infolgedessen höherer Abzug für die übernommene Verpflichtung erscheint dagegen bei langfristigen Auszahlungsformen am Platze[5].

Einer besonderen testamentarischen Regelung sollte auch die Abwälzung der Lastenausgleich-Abgaben auf Erben oder Dritte, die mit einem *Vermächtnis* bedacht wurden, unterliegen. Hatte der Erblasser das Vermächtnis vor dem 1. Oktober 1952 angeordnet, so sind die Erben im Zweifel berechtigt, das Vermächtnis oder die Auflage um

---

[2] Auch diese Vereinbarung bedarf der Genehmigung des Finanzamtes, § 60 LAG.

[3] Vgl. hierzu im einzelnen *Lenel*, Hans Otto, Ertragsteuern und Vermögensabgabe bei der Bewertung von Unternehmungen, Wpg 1953, S. 153 ff.

[4] *Ellinger-Schug-Ehlers*, Vermögensteuer und Einheitsbewertung, 2., völlig neubearbeitete Auflage, Berlin und Frankfurt 1954, S. 184.

[5] Bei der Berechnung des *Pflichtteils* ist die Lastenausgleichs-Abgabeschuld als Nachlaßverbindlichkeit mit dem für den Erbfall maßgebenden Zeitwert im Sinne des § 77 LAG anzusetzen, BGH U. v. 30. 9. 1954 IV ZR 43/54 LM Nr. 3 zu § 2311 BGB.

denjenigen Anteil des *Zeitwertes*[6] der Vermögensabgabe zu kürzen, der dem Anteil des gemeinen Wertes des Vermächtnisses am gemeinen Wert des Gesamtnachlasses im Zeitpunkt des Erbanfalls entspricht, wenn der Vermächtnisnehmer sich nicht bereit erklärt, einen entsprechenden Anteil an den Vierteljahresbeträgen der Abgabeschuld zu übernehmen.

Für Vermächtnisse, die nach dem 1. Oktober 1952 angeordnet wurden, gelten dagegen die allgemeinen Bestimmungen über die Auslegung von Testamenten[7]. Da anzunehmen ist, daß der Erblasser in Kenntnis des Gesetzes in der Regel die Belastung des Vermögens durch die Vermögensabgabe bei der Festsetzung des Vermächtnisses berücksichtigt hat, tragen die Erben die Vermögensabgabe im Zweifel allein, denn die Forderungen der Vermächtnisnehmer gegen die Erben werden grundsätzlich durch die Belastung des Nachlasses nicht gemindert. Eine abweichende Regelung kann nur aus den Teilungsanordnungen des Erblassers entnommen werden. Im Gegensatz zur sonstigen Regelung der Nachlaßverbindlichkeiten haften aber auch die Vermächtnisnehmer mit ihrem gesamten Erwerb für die Erfüllung der Abgabeschuld neben den Erben, § 71 LAG.

2. Ausgleichung der Vorempfänge

Besteht Klarheit über die Höhe des Übernahmepreises, der dem fortführenden Erben in Anrechnung zu bringen ist, sowie über die Höhe des sonstigen Nachlasses, so errechnen sich die Abfindungsguthaben der ausscheidenden Miterben aus dem Wert des Gesamtnachlasses und ihren jeweiligen Erbquoten. Zunächst ist aber die Ausgleichung derjenigen Zuwendungen durchzuführen, die einzelne zu Erben berufene Abkömmlinge bereits zu Lebzeiten des Erblassers empfangen haben und die als Vorgriff auf die Erbfolge angesehen werden. Von Gesetzes wegen muß diese Ausgleichung dann erfolgen, wenn die Abkömmlinge als gesetzliche Erben berufen oder ihre Erbteile testamentarisch so bestimmt sind, daß sie in demselben Verhältnis zueinander stehen, wie die Erbteile nach der gesetzlichen Erbfolge[8], nicht aber dann, wenn sie verschieden groß sind, weil in diesem Falle angenommen wird, daß der Erblasser die Ausgleichung bereits bei Festsetzung der Erbteile berücksichtigt hat[9]. Der Kreis der ausgleichungspflichtigen Vorempfänge ist in § 2050 Abs. 2 BGB ab-

---

[6] Der *Zeitwert* ist der gem. § 77 LAG mit $5^1/_2$ % kapitalisierte Rentenbarwert aller Vierteljahresbeträge.

[7] *Herold*, Georg, Die Lastenausgleichsabgabe beim Tode des Abgabeschuldners, BlStSA 1952, S. 248 ff.

[8] Vgl. §§ 2050, 2052 BGB; *Palandt*, a.a.O., Anm. 1 zu § 2052 BGB.

[9] *Endemann*, a.a.O., S. 1059.

gegrenzt und umfaßt in der Hauptsache die *Ausstattungen*[10] der Abkömmlinge, Aufwendungen für die Berufsausbildung jedoch nur dann, wenn sie das den Vermögensverhältnissen des Erblassers entsprechende Maß übersteigen.

Diese *gesetzliche* Ausgleichungsregelung kann aber durch Teilungsanordnungen des Erblassers abgeändert werden. Der Erblasser kann somit den Wert der Zuwendungen von sich aus festsetzen, er kann vor allem den Kreis der ausgleichungspflichtigen Zuwendungen erweitern oder einschränken, ja sogar jede Ausgleichung ausschließen. Die Ausgleichung ist im Gesetz als *Wert*ausgleichung geregelt und stellt einen Teil des Auseinandersetzungsverfahrens dar, sie kann daher nicht zu einem früheren Zeitpunkt verlangt werden[11]. Führt die Erbengemeinschaft aus bestimmten Gründen das Unternehmen über einen längeren Zeitraum fort, so können sich aus dieser Tatsache ungerechtfertigte Vorteile für einzelne Erben ergeben, da die Erbquoten die Verteilungsgrundlage für die erzielten Unternehmungsgewinne bilden. Diejenigen Erben, die bereits beträchtliche Vorempfänge erhalten haben, würden in diesem Falle einen gleichgroßen Gewinnanteil wie die übrigen erhalten.

Es kann darum ratsam sein, daß der Erblasser die Ausgleichung bereits bei Festsetzung der Erbteile berücksichtigt und eine weitere Ausgleichung durch Teilungsanordnung ausschließt, was natürlich voraussetzt, daß er einen ungefähren Überblick über den Wert des Nachlasses zur Zeit seines Todes hat.

Die rechnerische Ermittlung der Erbteile unter Berücksichtigung der Vorempfänge soll an einem einfachen Beispiel durchgeführt werden:

1. Der ermittelte Übernahmepreis für die Unternehmung beträgt	DM 300 000,—
2. Daneben gehört zum Nachlaß ein Hausgrundstück im Werte von	DM 80 000,—
3. und Wertpapiere, die nicht zum Betriebsvermögen gehören, zum Kurswert von	DM 40 000,—
Der Nachlaßwert beträgt somit	DM 420 000,—
Von den Erben A, B und C übernimmt A das Unternehmen.	
Der Tochter B, die eine Aussteuer im Werte von	DM 25 000,—
erhalten hat, sollen die Wertpapiere zugeteilt werden. Der Sohn C dagegen soll das Hausgrundstück erhalten; C ist Arzt; die Kosten seines Hochschulstudiums, die ausdrücklich der Ausgleichung unterworfen sein sollen, beliefen sich auf	DM 20 000,—

[10] Vgl. § 1624 BGB. Ausstattungen sind danach Zuwendungen, die ein Kind mit Rücksicht auf seine Verheiratung oder auf die Erlangung einer selbstständigen Lebensstellung zu deren Begründung oder Erhaltung von den Eltern erhalten hat.

[11] *Kaiser*, Walter, Die Ausgleichungspflicht unter den Abkömmlingen, Jur. Diss. München 1949, S. 41.

Zudem hatte ihm der Vater eine Praxis im Werte von	DM 15 000,—
eingerichtet.	
Gemäß § 2055 BGB ist der Wert dieser Zuwendungen in Höhe von	DM 60 000,—
dem Werte des Nachlasses von	DM 420 000,—
hinzuzurechnen; der Gesamtwert des Nachlasses beträgt also	DM 480 000,—
Von dem auf jeden Erben entfallenden Anteil von DM 160 000,— müssen sich B und C ihre Zuwendungen anrechnen lassen, so daß der Erbteil der B (160 000,— ·/· 25 000,—) =	DM 135 000,—
und der des C (160 000,— — 35 000,—) =	DM 125 000,—
beträgt.	
Nun können die von A zu zahlenden Abfindungsbeträge festgesetzt werden:	
1. Der Anteil der B beträgt	DM 135 000,—
die Wertpapiere haben einen Wert von	DM 40 000,—
Sie hat somit gegen A einen Anspruch von	DM 95 000,—
2. C hat einen Erbanspruch von	DM 125 000,—
der durch das Hausgrundstück mit	DM 80 000,—
abgegolten wird, sein Anspruch gegen A beläuft sich daher auf	DM 45 000,—
3. Der Erbteil des A in Höhe von	DM 160 000,—
ergibt zusammen mit den Ansprüchen	
von B:	DM 95 000,—
und C:	DM 45 000,—
den Übernahmepreis der Unternehmung:	DM 300 000,—

Bisher wurde stets unterstellt, daß die Abfindungsbeträge auf *indirektem Wege*, d. h. auf dem Umwege über die Ermittlung des Gesamtwertes des Nachlasses (einschließlich des Übernahmepreises für die Unternehmung) und nach Ausgleichung der Vorempfänge unter den Erben, errechnet werden.

Daneben kann der Erblasser aber die Höhe der Abfindungszahlungen auch selbst auf *direktem Wege* in absoluter Höhe festlegen und hierbei die Vorempfänge unmittelbar berücksichtigen. Dieses Verfahren erübrigt daher jegliche Bewertung von Nachlaßgegenständen und schließt eine Ausgleichung der Erben untereinander aus.

Wird in einem solchen Falle den Abkömmlingen in den Teilungsanordnungen nur eine bestimmte Geldsumme zugesprochen, so sind sie aber u. U. nicht mehr als Erben im erbrechtlichen Sinne anzusprechen, sondern gelten nur noch als Vermächtnisnehmer[12]. Der Verlust der rechtlichen Stellung als Erbe kann jedoch wirtschaftliche Nachteile mit sich bringen, da der Vermächtnisnehmer keine dinglichen Rechte am Nachlaß hat, daher an Wertsteigerungen der Nach-

[12] KG KGJ 35 A 78.

laßgegenstände nicht beteiligt ist und lediglich einen Geldanspruch gegen die Erben hat, der zudem noch den Geldwertschwankungen ausgesetzt ist. Um keine Unklarheit über die Erbenqualität der abzufindenden Abkömmlinge aufkommen zu lassen, kann der Erblasser das direkte Verfahren auch in die Form kleiden, daß er die Auseinandersetzung durch Übertragung der Erbteile auf den übernehmenden Erben vorschreibt und gleichzeitig von sich aus den Preis festsetzt, den dieser dafür an die Miterben zu zahlen hat. Da die veräußernden Miterben nur ihren Erbteil als Ganzes übertragen können, verlieren sie mit dieser Übertragung ihre Erbrechte an allen Nachlaßgegenständen. Aus diesem Grunde müssen diejenigen Nachlaßgegenstände, die nicht zum Unternehmungsvermögen gehören und die daher auch den ausscheidenden Miterben zukommen sollen, aus dem gemeinschaftlichen Nachlaß in der Form ausgesondert werden, daß sie den betreffenden Erben jeweils vermächtnisweise zugewendet werden.

In vielen Fällen liegt es jedoch in der Absicht des Erblassers, daß die abzufindenden Abkömmlinge als Vermächtnisnehmer behandelt werden, da sie durch diese Regelung von der Haftung für die Nachlaßverbindlichkeiten befreit werden und zudem die Erbauseinandersetzung erheblich erleichtert wird. Der Vermächtnisnehmer kann aber durch Schwankungen des Unternehmungswertes oder durch Geldwertverschlechterungen, die zwischen der Testamentserrichtung und dem Erbfall eintreten, stark benachteiligt werden. Hiervor kann ihn der Erblasser durch eine Wertsicherungsklausel schützen. § 3 des Währungsgesetzes, der Wertsicherungsklauseln grundsätzlich ausschließt, findet nur auf Geldschulden Anwendung, die durch ein Schuldverhältnis begründet wurden, nicht aber auf letztwillige Verfügungen. Darum kann der Erblasser den Wert des Vermächtnisses sowohl an den Wert fremder Valuten oder sonstiger vertretbarer Sachen binden als auch die Höhe des Vermächtnisses als Bruchteil des Reinnachlaßwertes zur Zeit des Erbfalles bestimmen[13]. Im letzten Falle wird zwar auch wieder eine vorgängige Bewertung des Nachlasses wie bei den „indirekten" Verfahren erforderlich; diese Handhabung hat aber den Vorzug, daß sie die Durchführung der Auseinandersetzung erheblich erleichtert.

C. Abfindungsformen

1. Kurzfristige Auszahlung der Abfindungsbeträge

Hat der Erblasser in seinem Testament oder haben die Erben in ihrem Erbauseinandersetzungsvertrag keine ausdrückliche Bestim-

[13] *Eppig*, Theo, Wertsicherung. Eine Untersuchung zu § 3 des Währungsgesetzes, NJW 1949, S. 88.

mung über die Fälligkeit der ermittelten Abfindungsbeträge getroffen, so sind diese im Zweifel unmittelbar nach der Auseinandersetzung fällig, § 271 BGB. Der Miterbe, der gemäß den Teilungsanordnungen des Erblassers nur auf eine Geldsumme eingesetzt ist und dessen Erbteilforderung sich in diesem Anspruch gegen seine Miterben erschöpft, kann die Zahlung sogar schon vor Abschluß der völligen Auseinandersetzung beanspruchen, wenn sich aus dem Testament kein Anhalt dafür ergibt, daß die Zahlung hinausgeschoben werden sollte[1].

Eine sofortige oder zumindest kurzfristige Auszahlung der Abfindungsforderungen ist zwar vom Standpunkt beider Parteien grundsätzlich erwünscht. Sie schließt die Auseinandersetzung endgültig ab und läßt keine Fragen mehr offen, die Anlaß zu Streitigkeiten bieten können. Sie wird sich jedoch nur in denjenigen Fällen ermöglichen lassen, in denen der Abfindungsbetrag lediglich einen geringen Prozentsatz des Unternehmungskapitals ausmacht, so, wenn z. B. nur einer von vielen Erben ausscheidet, oder aber, wenn den ausscheidenden Erben aus dem sonstigen Nachlaß Vermögen in einer solchen Höhe natural zugeteilt wird, daß die ausgleichungsbedürftige Wertdifferenz zwischen den jeweiligen Erbteilen nur gering ist. Auch dann, wenn der übernehmende Erbe über genügend eigenes Vermögen verfügt, um die Abfindungszahlungen finanzieren zu können, bereitet eine Sofortauszahlung keine größeren Schwierigkeiten.

Das Zusammenschmelzen der Privatvermögen durch Kriegsfolgen und Währungsreform hat es jedoch mit sich gebracht, daß die Unternehmung im Regelfalle den einzigen wertvollen Bestandteil des Nachlasses darstellt und die Abfindungszahlungen daher im Verhältnis zum Unternehmungsvermögen recht erheblich sind. Eine sofortige oder kurzfristige Auszahlung der Auseinandersetzungsguthaben läßt sich daher in der Regel nur dann durchführen, wenn der übernehmende Erbe in größerem Umfange Fremdkapital aufnimmt. Die Finanzierung der Abfindungen mittels Fremdkapital ist jedoch sehr oft unmöglich, wenn es an den entsprechenden Sicherheiten fehlt. Vom Standpunkt des übernehmenden Erben aus ist sie zudem meist unerwünscht, da die hohe Belastung mit fixen Kapitalkosten die ohnehin schon bestehenden Anfangsschwierigkeiten unnötig verschärft und die gewonnene rechtliche Freiheit gegenüber seinen Miterben in eine lästige wirtschaftliche Unfreiheit verwandelt. Da auch das Fremdkapital zurückgezahlt werden muß, wird das Problem hierdurch nicht gelöst, sondern nur aufgeschoben. Zwar können die Abfindungszahlungen u. U. auch dadurch finanziert werden, daß ein außenstehender Dritter in Beteiligungs- oder Darlehnsform am Unternehmen des übernehmenden Miterben beteiligt wird und seine Kapitalanlage zur

[1] RG „Das Recht" 1923, Nr. 671.

Abfindung der ausscheidenden Miterben verwendet wird. Diese Lösung wird sich jedoch meist nicht mit den Absichten des Erblassers decken, der die Unternehmung der Familie allein erhalten möchte und dem die Einflußnahme familienfremder Dritter daher unerwünscht ist.

2. Langfristige Auszahlungsformen

a) Ratenzahlung

Aus den oben geschilderten Gründen müssen daher Auszahlungsmodalitäten angestrebt werden, die die Auszahlung der Abfindungsguthaben aus den eigenen Mitteln des Unternehmungsvermögens möglich machen. Wenn man auch die Ansicht vertreten kann, daß dem übernehmenden Erben gewisse finanzielle Schwierigkeiten zugemutet werden müssen, wenn er die Unternehmung im Alleineigentum weiterführen will, und wenn man auch die berechtigten Wünsche der ausscheidenden Erben anerkennt, die möglichst bald in den uneingeschränkten Genuß ihres Erbteiles und seiner Erträge kommen möchten, so ist doch allen Auszahlungsregelungen eine objektive Grenze gesetzt, sobald sie die Existenzfähigkeit der Unternehmung gefährden. Dieser Gesichtspunkt ist darum bei allen Abfindungen, die die Auszahlung in Form von *Kaufpreisraten* auf einen längeren Zeitraum verteilen, vordringlich zu berücksichtigen.

Der Schutz des übernehmenden Erben und gleichzeitig der Existenz der Unternehmung gegen zur Unzeit erfolgende Auszahlungsforderungen seiner Miterben kann auf verschiedene Weise gewährleistet werden.

1. Die Raten werden in einer Höhe festgesetzt, die sich nach den erfahrungsgemäß zu erwartenden Gewinnen unter Berücksichtigung der Einkommensteuer des übernehmenden Erben richtet. Unvorhergesehenen Ereignissen (Absatzrückgang, Debitorenausfälle, Steuernachforderungen usw.), die den fortführenden Erben an der Erfüllung seiner Auszahlungsverpflichtungen hindern, kann der Erblasser oder können die Erben bei Abschluß des Erbauseinandersetzungsvertrages dadurch Rechnung tragen, daß für derartige Fälle mittels einer Stillhalteklausel ein Zahlungsaufschub bindend vorgeschrieben wird. Empfehlenswert ist die gleichzeitige Anordnung eines Schiedsgerichtes, das die Bedingungen, die für den Zahlungsaufschub gegeben sein müssen, objektiv prüft.

2. Die Höhe der Raten wird nicht in einem bestimmten Betrag festgesetzt, sondern ergibt sich als Prozentsatz des letzten Jahresgewinnes, den der übernehmende Erbe erzielt hat[2]. Praktisch bietet dieser Weg

---

[2] *Bannenberg*, Josef, Betriebswirtschaftliche Probleme der Erbfolge in gewerblichen Unternehmungen unter besonderer Berücksichtigung der Erbschaftsteuer, Diss. Köln, 1949, S. 92.

jedoch wenig Vorteile, da eine objektive Kontrolle der Berechnungsgrundlage nur durch den Steuerbescheid des Unternehmer-Erben gegeben ist, die bereits mehrfach erwähnten steuerlichen Sonderposten aber den Gewinn verzerren und zudem der Gewinn nichts über die Liquidität aussagt. Eine Entscheidung von Fall zu Fall, wie sie sich aus der ersten Lösung ergibt, ist demgegenüber vorzuziehen.

3. Vorteilhafter als komplizierte Regelungen erscheint jedoch die Festsetzung von Mindest- und Höchstbeträgen der jährlichen Auszahlungen, wodurch dem übernehmenden Erben ein gewisser Spielraum für die Höhe der Auszahlungen, die er als Inhaber der Unternehmung verantworten kann, überlassen bleibt. Der Zeitraum, auf den sich die Auszahlungen insgesamt erstrecken, muß bei dieser Lösung allerdings begrenzt werden.

Auch bei der Abfindung durch Vermächtnis muß die Auszahlungsregelung in eindeutiger Weise geregelt sein. Denn würde das Vermächtnis in der Form ausgesetzt, daß seine Auszahlung ohne Berücksichtigung der wirtschaftlichen Entwicklung erfolgen soll, so könnten die Erben eine Stundung oder Herabsetzung der Vermächtniszahlungen nicht mit der Begründung verlangen, daß aufgrund der schlechten Wirtschaftslage eine Auszahlung in voller Höhe die Existenz des Unternehmens gefährde[3]. Da nur den Erben allein die Vorteile einer günstigen wirtschaftlichen Entwicklung zukommen, müssen sie auch allein die Folgen einer ungünstigen Entwicklung tragen und dürfen diese nicht auf den Vermächtnisnehmer abwälzen, wenn dies nicht aus einer ausdrücklichen Bestimmung des Erblassers hervorgeht oder seinem Willen durch Testamentsauslegung zu entnehmen ist[4].

b) Abfindung in Rentenform

Der vielfach vorhandene Wunsch der ausscheidenden Erben, an Stelle einer einmaligen Abfindung für ihr Erbteil dieses in eine Quelle regelmäßig anfallender Einkünfte umzuwandeln, kommt den Interessen des Übernehmers, der die Liquidität der Unternehmung möglichst wenig belasten will, sehr entgegen. Üblich ist die Abfindung in *Rentenform* vor allem dann, wenn die wirtschaftliche Existenz der bisher vom Erblasser unterhaltenen Erben, der Ehefrau und der unverheirateten Töchter, sichergestellt werden soll. Bei derartigen *Versorgungsrenten* überwiegt der Grundsatz der materiellen Sicherstellung des ausscheidenden Erben meist den Grundsatz der gerechten

---

[3] RG ZAkDR 1938, S. 277.

[4] Das geltende Recht bietet dem Richter keine Möglichkeit, im Interesse der Unternehmungserhaltung eine andere Entscheidung zu treffen, es ist also keine Anwendungsmöglichkeit der „clausula rebus sic stantibus" gegeben. Als einziger Ausweg bietet sich in einem solchen Falle ein Vergleich der Beteiligten.

Abfindung, da der Renten*barwert*, je nach dem Lebensalter, das der oder die Rentenberechtigte erreicht, den Wert der auf dem Erbrecht beruhenden materiellen Beteiligung des betreffenden ausscheidenden Erben übersteigen kann. Die Zuwendung einer Versorgungsrente erfolgt häufig auch außerhalb der unmittelbaren Erbeinsetzung des Berechtigten, und zwar in der Form eines *Rentenvermächtnisses,* mit dem das Erbteil des übernehmenden Erben belastet wird. Testamentarisch wird häufig bestimmt, daß die Rentenansprüche der Witwe im Falle ihrer Wiederverheiratung erlöschen[5].

Im Gegensatz zu diesen meist auf die Lebensdauer abgestellten Versorgungsrenten stehen die zeitlich begrenzten *Veräußerungsrenten,* deren Barwert der errechneten Abfindungsforderung des ausscheidenden Erben entspricht. Wenngleich auch diese Renten vielfach als Zuschuß zur Lebensführung des abgefundenen Erben gedacht sind, so steht bei ihnen doch nicht die Versorgung, sondern das Entgelt für die Aufgabe der Rechte an der Unternehmung im Vordergrund. In vielen Fällen kommt die Abfindung in Rentenform auch neben einer festen Kapitalabfindung zur Anwendung, vor allem bei kapitalschwachen Unternehmungen, die jedoch einen hohen Ertragswert aufweisen. Die Rente errechnet sich hierbei aus der Differenz zwischen der Abfindungssumme, die auf der Grundlage des Gesamtwertes der Unternehmung errechnet wurde, und dem Buchwert des Erbanteils des ausscheidenden Erben an der Unternehmung. Die Rente stellt daher gleichzeitig eine Beteiligung des abgefundenen Erben an den Gewinnen des Unternehmer-Erben als auch ein Entgelt für die stillen Reserven und den Anteil am Geschäftswert dar, die bei der Kapitalabfindung auf der Grundlage der Buchwerte unberücksichtigt blieben. Neben dem Gesichtspunkt der Zahlungserleichterung kann auch in diesen Fällen der Versorgungsgedanke eine entscheidende Rolle spielen. Bekannt ist diese Abfindungsform vor allem in den norddeutschen Hansestädten, wo sie vorwiegend in Gesellschaftsverträgen zugunsten der Witwe eines verstorbenen Gesellschafters vorgesehen wird. Hierauf ist auch ihre Bezeichnung als „Hamburger Abmachungen" zurückzuführen[6].

c) Umsatz- und Gewinnbeteiligung

Die Beteiligung der ausscheidenden Erben am Umsatz oder Gewinn des fortführenden Erben ist als Abfindungsform bei Erbauseinandersetzungen weniger häufig anzutreffen, hat aber besondere Vorteile

---

[5] Vgl. z. B. RFH vom 13. 2. 1934, RStBl. 1934, S. 837.

[6] *Berger,* Kurt, Die einkommensteuerliche Behandlung der an ausgeschiedene Gesellschafter von Personengesellschaften zur Auszahlung kommenden Renten in betriebswirtschaftlicher Beurteilung, Diss. Berlin 1940, S. 5.

aufzuweisen. Es bieten sich hierbei verschiedene Anwendungsmöglichkeiten:

1. Das Abfindungsguthaben wird in voller Höhe in ein Gewinnbeteiligungskonto umgewandelt und durch die jährlich zu zahlenden Gewinnanteile abgeschrieben. Die Gewinnbeteiligung erlischt, wenn das Konto ausgeglichen ist, also um so schneller, je höher der Prozentsatz der Gewinnbeteiligung ist. Der Tatsache, daß in der Gewinnbeteiligung neben der Amortisation des Abfindungsguthabens auch die Verzinsung des jeweiligen Restguthabens enthalten ist, kann dadurch Rechnung getragen werden, daß die Jahreszinsen dem Konto jeweils gutgeschrieben werden, wodurch sich die Laufzeit der Gewinnbeteiligung verlängert. Diese Abfindungsform ähnelt sehr den variablen, gewinnabhängigen Ratenzahlungen.

2. Der Erbteilsanspruch wird in eine lebenslängliche Gewinnbeteiligung umgewandelt[7]. In diesem Falle überwiegt wiederum der Versorgungsgedanke. Der Zweck der materiellen Sicherstellung ausscheidender Erben wird jedoch mit größerer Sicherheit durch die lebenslängliche Versorgungsrente gewährleistet, da diese den Erben der Ungewißheit über die Höhe der Einkünfte enthebt. Eine Kombination der beiden Abfindungsformen ist insofern möglich, als dem Erben eine bestimmte Mindestdividende garantiert wird.

3. Die Umsatz- oder Gewinnbeteiligung erfolgt neben einer festen Abfindung für den Erbanteil an der Unternehmungssubstanz zum Ausgleich für den Geschäftswert und die stillen Reserven, und zwar so lange, bis die auf dem Abfindungskonto nach Auszahlung der festen Kapitalabfindung verbleibende Differenz ausgeglichen ist. Gegenüber dem Ausgleich dieser Differenz mittels einer festen *Rente* belastet diese Abfindungsform den übernehmenden Erben nicht mit fixen Kosten, sondern läßt die ausscheidenden Erben nur dann am Geschäftswert teilhaben, wenn tatsächlich überdurchschnittliche Gewinne erzielt wurden.

4. Unter Berücksichtigung des Gedankens, daß der Geschäftswert nur während einer beschränkten Zeitdauer als objektiver Niederschlag der Tätigkeit des verstorbenen Inhabers anzusehen, später aber auf die den Geschäftswert erneuernde und erhaltende Tätigkeit des Nachfolgers zurückzuführen ist, kann die Umsatz- oder Gewinnbeteiligung auch ohne Rücksicht auf die tatsächlich verteilten Gewinne zeitlich begrenzt werden[8]. Eine solche Lösung erscheint insofern besonders vorteilhaft, als sie die Bewertungsschwierigkeiten vermeidet, allen Erben im Rahmen des Vertretbaren auch eine Beteiligung an den immateriellen Werten sichert und schließlich auch dem Grund-

---

[7] Vgl. FG Düsseldorf, Der Betrieb 1952, S. 647.

[8] Vgl. RFH vom 25. 4. 1930, JW 1930, S. 3024.

satz der Erhaltung der Unternehmung am ehesten Rechnung trägt. Die Beteiligung am Umsatz statt am Gewinn bietet den abgefundenen Erben größere Sicherheit, da sie dem Unternehmer-Erben die Möglichkeit einer Bilanztaktik nimmt, die seine Miterben benachteiligen würde.

d) Reingewinnvermächtnis

Eine Zwischenform zwischen Versorgungsrente und Gewinnbeteiligung stellt das *Reingewinn-Vermächtnis* dar. Auch hier wird das Unternehmen dem Erben übertragen, der jährliche Reinertrag des Unternehmens fließt jedoch ganz oder teilweise aufgrund eines Vermächtnisses des Erblassers während einer bestimmten Zeit einem Dritten zu, der unabhängig davon Miterbe sein kann. Der Vermögensvorteil, den der Erblasser dem Dritten vermächtnisweise verschafft, muß sich entweder zur Zeit des Erbfalles im Nachlaß befinden oder muß mit Mitteln des Nachlasses erworben werden können. Der Reingewinn des Unternehmens beruht nun zwar zum Teil auf dessen objektiver Ertragsfähigkeit, die bei einer evtl. Verpachtung im erzielbaren Pachtzins zum Ausdruck käme, im wesentlichen ist er aber auf die persönliche Arbeit und den Einsatz der persönlichen Haftung des geschäftsführenden Erben zurückzuführen. Die in einem Reingewinnvermächtnis liegende Verfügung des Erblassers über die künftigen und nicht zum Nachlaß gehörenden Ergebnisse der Tätigkeit des Erben muß darum auf den Wert der Unternehmung zur Zeit des Erbfalls beschränkt werden. Ist dieser Wert durch die abgeführten Gewinne ausgeglichen, so kann der Erbe darüber hinausgehende Leistungen unter Berufung auf seine beschränkte Erbenhaftung verweigern[9]. Die Frage, wie der an den Bedachten abzuführende Jahresgewinn zu berechnen ist, erfordert klärende Anordnungen des Erblassers hinsichtlich der Höhe des in Ansatz zu bringenden Gehaltes für den geschäftsführenden Erben, der Höhe der zulässigen Abschreibungen auf das Unternehmungsvermögen und der Rücklagen. Da der Unternehmungsgewinn steuerrechtlich dem Erben als dem Inhaber zugerechnet wird, muß auch die Frage geregelt werden, wie die auf den Gewinn der Unternehmung entfallende Einkommensteuer im Innenverhältnis zwischen Erben und Vermächtnisnehmer zu verrechnen ist. Verluste hat der Vermächtnisnehmer nicht zu tragen; ob der Erbe berechtigt ist, die Gewinne späterer Jahre erst nach Ausgleich der Verluste vorangegangener Jahre auszuzahlen, muß dem Willen des Erblassers entnommen werden. Das Reingewinnvermächt-

[9] Vgl. im einzelnen *v. Godin,* a.a.O., S. 57 ff. Zum Nachlaßwert rechnet in diesem Falle auch der erzielbare jährliche Pachtzins, der dem Erben ohne eigene Tätigkeit und Haftung als Entgelt für die Nutzung des zum Nachlaß gehörenden Unternehmens zufließen würde, wenn er das Unternehmen verpachtet.

nis kann danach als das Vermächtnis einer Jahresrente angesehen werden, deren Höhe vom Gewinn abhängt[9].

Besondere Vorteile bietet diese Abfindungsform nicht; die vielen zu Meinungsverschiedenheiten Anlaß gebenden Punkte lassen sie vielmehr als ungeeignet erscheinen, wenn nicht beabsichtigt ist, das Unternehmen zu verpachten und dem Vermächtnisnehmer die Pachteinnahmen zufließen zu lassen. Dieser Fall kann z. B. eintreten, wenn der Erbe noch nicht alt genug, die Witwe aber nicht in der Lage ist, das Geschäft zu führen. Der Vorteil einer direkten Übertragung auf den minderjährigen Erben liegt darin, daß auf diese Weise ein zweiter erbschaftsteuerpflichtiger Erwerb vermieden wird.

3. Sicherung der gestundeten Auseinandersetzungsforderungen

a) Die Notwendigkeit einer Sicherung bei langfristiger Auszahlung der Abfindungsguthaben

Mit der Auseinandersetzung und Auflösung der Erbengemeinschaft verlieren die „weichenden" Erben ihre auf dem Erbrecht beruhende *dingliche* Berechtigung am Unternehmungsvermögen ebenso wie ihre bisherige Beteiligung an den *Erträgen* der Erbengemeinschaft. Sie tauschen diese Rechte gegen eine reine Geldforderung ein, die sie aber bei langfristiger Auszahlung erst nach längerer Zeit realisieren können. Damit ist ihnen die Möglichkeit genommen, ihr Erbteil ertragbringend und dinglich gesichert anzulegen; bis zur Beendigung der Auszahlungen ist dieses daher den Gefahren einer Geldentwertung oder des Vermögensverfalls des übernehmenden Erben ausgesetzt.

Die langfristige Auszahlung der Abfindungen erfolgt im Interesse der Unternehmungserhaltung unter Hintansetzung des Grundsatzes der gerechten und gleichmäßigen Beteiligung aller Erben am Nachlaß. Um so größerer Wert muß deshalb darauf gelegt werden, diesem Grundsatz dort Genüge zu tun, wo er den Interessen der Unternehmungserhaltung nicht entgegensteht, nämlich durch Gewährleistung der größtmöglichen dinglichen Sicherheit der Ansprüche der weichenden Erben und einer angemessenen Entschädigung für die Stundung ihrer Forderungen. Es muß darum angestrebt werden, die Erbengemeinschaft bis zum Zeitpunkt des endgültigen Abschlusses der Auszahlungen in ein *neues* Rechtsverhältnis umzuwandeln, das

a) die Herstellung des erstrebten endgültigen Rechtszustandes, nämlich das völlige Ausscheiden der dazu bestimmten Erben, nicht erschwert,
b) den abzufindenden Erben im Hinblick auf die Sicherheit und Rendite seines Erbteils nicht schlechter stellt als im Rahmen der Erbengemeinschaft, wo er an den Vermögenswerten und an den Gewinnen der Unternehmung gesamthänderisch beteiligt ist,

c) den fortführenden Erben aber von der Behinderung in der Führung der Geschäfte befreit, die ihm aus der Gesamthandberechtigung aller Erben erwächst, andererseits den weichenden Erben nicht mehr Kontrollrechte und Eingriffsbefugnisse gewährt, als zur Wahrung ihrer vermögensrechtlichen Interessen erforderlich ist.

b) Umwandlung der gestundeten Auseinandersetzungsforderungen in Darlehen zu Lasten des übernehmenden Erben

Werden die ausscheidenden Erben nicht durch eine einmalige Zahlung abgefunden und wird der Auseinandersetzungsanspruch aus Liquiditätsgründen zeitweilig gestundet, so erhebt sich die Frage, ob aus dieser Tatsache die Umwandlung der Auseinandersetzungsforderung in ein Darlehen zu Lasten des übernehmenden Erben zu entnehmen ist. Der Klarheit halber muß herausgestellt werden, daß der Auseinandersetzungsanspruch ein Recht *sui generis* ist und als solcher keineswegs eine Darlehensforderung darstellt. Seine alleinige Grundlage ist und bleibt der Auseinandersetzungsvertrag und dessen Bestimmungen.

Gleichwohl kann der übernehmende Erbe mit den Ausscheidenden vereinbaren[10], daß die Auseinandersetzungsverbindlichkeiten in Zukunft als Darlehen geschuldet werden sollen; eine derartige Umwandlung ist allerdings regelmäßig nicht zu vermuten. Ist jedoch eine solche Abrede ausdrücklich getroffen worden, so wird aus dem Auseinandersetzungsanspruch ein „Vereinbarungsdarlehen", § 607 Abs. 2 BGB. Der Grund für eine solche Vereinbarung ist meistens darin zu erblicken, daß auf diese Weise eine Korrektur der Bestimmungen des Testaments oder des Auseinandersetzungsvertrages bezüglich der Frage der Verzinsung von Abfindungsansprüchen vorgenommen werden soll. Es ist häufig zu beobachten, daß sich die bei der Abfassung von Abfindungsverträgen Beteiligten scheuen, hohe Zinssätze für die Verzinsung der Auseinandersetzungsforderungen festzulegen, vielleicht, weil ein allzu geschäftsmäßiger Anstrich der auf dem verwandtschaftlichen Verhältnis der Erben beruhenden Auseinandersetzung vermieden werden soll. Die spätere Umwandlung des Auseinandersetzungsanspruchs in ein Darlehn verschafft den ausscheidenden Erben die Möglichkeit, unangemessen niedrige Zinssätze zu korrigieren.

Fraglich ist, ob das alte Schuldverhältnis, der Auseinandersetzungsanspruch, mit der Vereinbarung, daß er in Zukunft als Darlehen geschuldet werden soll, endgültig erlischt und der Anspruch des aus-

---

[10] Hierzu ist ein Vertrag zwischen Gläubigern und Schuldnern erforderlich, RGZ 52, 306.

scheidenden Erben somit auf eine völlig neue Grundlage gestellt wird (Novation).

Eine solche Regelung ist jedoch nur dem ausdrücklichen Parteiwillen zu entnehmen[11]. Im Zweifel bleibt das alte, auf dem Erbrecht beruhende Schuldverhältnis daneben bestehen und wird nur bezüglich der Zinsen künftig als Darlehen behandelt. Die Bedeutung dieser Frage ergibt sich im Zusammenhang mit der Umstellung von Auseinandersetzungsforderungen nach der Währungsreform. Die Rechtsprechung vertritt die Ansicht, daß die Abrede der Stundung einer Auseinandersetzungsforderung als Darlehen die Schuld im Zweifel nur umwandelt, aber nicht umschafft, d. h., daß keine Novation vorliegt. Die Erbauseinandersetzungsforderung bleibt daher weiterhin eine im Verhältnis 1 : 1 umzustellende Verbindlichkeit aus der Auseinandersetzung[12].

Als Darlehnsgläubiger nehmen die abgefundenen Erben im Konkurs des übernehmenden Erben jedoch nur die Stellung gewöhnlicher Konkursgläubiger ein. Zur dinglichen Sicherung der gestundeten Forderungen werden darum meist Hypotheken zugunsten der weichenden Erben auf den Nachlaßgrundstücken bestellt oder zumindest vorgemerkt. Daneben können Teile des beweglichen Betriebsvermögens den abgefundenen Erben zur Sicherung übereignet werden, vor allem dann, wenn keine beleihungsfähigen Grundstücke vorhanden sind[13]. Zusätzlich kann sich der übernehmende Erbe für den Fall eintretender Unmöglichkeit, die restlichen Zahlungen zu leisten, der Zwangsvollstreckung in sein gesamtes Vermögen unterwerfen *(Verfallklausel)*, was aber nicht die dingliche Sicherheit erhöht, sondern nur das Verfahren der Beitreibung beschleunigt.

Einen Schutz gegen Geldentwertungen bietet diese Rechtsform jedoch nicht, da Wertsicherungs-Klauseln im Rahmen des unter Lebenden geschlossenen Erbauseinandersetzungsvertrages gemäß § 3 Satz 2 des Währungsgesetzes unzulässig sind.

In der Umwandlung der Abfindungsforderungen in ein Vereinbarungsdarlehen kann darum nicht die wünschenswerte Übergangsform erblickt werden. Die fehlende Beteiligung der weichenden Erben an den Vermögensgegenständen, die im Werte steigen können, wird durch die dingliche Sicherung nur ungenügend ausgeglichen. Die weichenden Erben haben zudem keinen Einblick in die Geschäftsbücher

---

[11] *Erman*, a.a.O., Anm. 6 a zu § 607 BGB.

[12] Vgl. RGZ 120, 342; BGH U. v. 31. 1. 1952, IV ZR 70/51, LM Nr. 3 zu Art. 7 ff. EGBGB, im einzelnen *Randebrock*, Auseinandersetzung zwischen Miterben, Wirtschaftszeitung 42/1948, S. 11.

[13] Vor einer zu weitgehenden Sicherungsübereignung muß jedoch gewarnt werden, da sie auch den Übernehmer des Vermögens verhaftet, § 419 BGB, RGZ 139, 201, bzw. wegen wirtschaftlicher Knebelung und Kredittäuschung u. U. als sittenwidrig und nichtig angesehen werden kann.

und keine Einflußnahme auf die Verwendung ihrer Darlehen. Die Stundung gewährt den ausgeschiedenen Erben kein Recht auf die Einsicht in die Bilanzen der späteren Jahre, wenn ihnen dieses Recht bei der Auseinandersetzung nicht ausdrücklich zugebilligt wurde[14]. Die Lage des übernehmenden Erben ist dagegen günstiger, da er in der Geschäftsführung völlig freie Hand hat. Doch belastet andererseits die feste Verzinsung der Darlehen, wenn sie in angemessener Höhe erfolgt, die Unternehmung mit fixen Kosten; ebenso schränken die den ausscheidenden Erben gewährten hypothekarischen Sicherheiten die Kreditfähigkeit der Unternehmung ein.

c) Beteiligung am Unternehmungsgewinn ohne Beteiligung am Unternehmungsvermögen

aa) Das partiarische Darlehen

Eine Modifikation des reinen Darlehens in Hinsicht auf eine finanzielle Gleichstellung aller Erben ergibt sich durch die Beteiligung der abgefundenen Erben an den Geschäftsgewinnen (partiarisches Darlehen). Die Übernahme des Gewinnrisikos kann eine Härte bedeuten, wenn die abgefundenen Erben auf die Dividende zur Bestreitung ihres Lebensunterhaltes angewiesen sind. Da sie durch Stundung ihrer Forderungen auf eine andere gewinnbringende Anlage verzichtet haben, andererseits dem übernehmenden Erben hierdurch die Aufnahme kostspieliger Kredite erspart wurde, ist darum die Garantie einer bestimmten Mindestdividende gerechtfertigt. Weil die Dividende auf der Grundlage des Reingewinns berechnet wird, hat der partiarische Darlehnsgläubiger ein größeres Interesse an der Einsichtnahme in die Geschäftsbücher als der gewöhnliche Darlehnsgläubiger, dessen Guthaben fest verzinst wird. Die Kontrollrechte, die ihm eingeräumt werden, sind jedoch sehr beschränkt[15]. Der Inhaber ist dem Darlehnsgläubiger gegenüber zur Rechenschaftslegung nicht verpflichtet; das Recht zur Bucheinsicht kann nur aus einer entsprechenden Anwendung des § 810 BGB abgeleitet werden. Wegen der möglichen Übervorteilung der abgefundenen Erben durch bilanztaktische Maßnahmen des fortführenden Erben bleibt auch in diesem Falle nur der Ausweg, die von besonderen steuerlichen Abzugsposten bereinigte Einkommensteuerbilanz der Gewinnverteilung zugrunde zu legen, wenn man ins einzelne gehende Bestimmungen hinsichtlich der Gewinnermittlung des übernehmenden Erben umgehen will.

bb) Die Stille Gesellschaft

Billigt der fortführende Erbe seinen abgefundenen Miterben umfangreiche Kontrollrechte zu, so läßt dies auf den Abschluß einer

---

[14] *Weipert*, a.a.O., Anm. 37 zu § 138 BGB.

[15] Vgl. RGZ 99, 163.

Stillen Gesellschaft schließen. Werden mehrere Erben abgefunden, so schließt jeder von ihnen sich mit dem Inhaber zu einer besonderen Stillen Gesellschaft zusammen; untereinander sind die weichenden Erben aufgrund des Stillen Gesellschaftsverhältnisses jedoch nicht verbunden. Wenn ein Teil der Erben das Unternehmen gemeinschaftlich fortführt, so ist eine stille Beteiligung der abzufindenden Erben nur an der neuen Handelsgesellschaft selbst möglich. An dem Anteil des einzelnen Gesellschafters können sie sich dagegen nur in Form einer *Unterbeteiligung* beteiligen. Letztere Abfindungsform wird vor allem dann vorzuziehen sein, wenn nur einer der übernehmenden Erben Ausgleichsverpflichtungen gegenüber dem oder den abzufindenden Erben hat.

Die Vermögenseinlage des Stillen Gesellschafters besteht in dem Auseinandersetzungsguthaben, das ihm aufgrund des Erbauseinandersetzungsvertrages zusteht. Da der Stille Gesellschafter nur vorübergehend bis zur endgültigen Abfindung beteiligt werden soll, wird das Gesellschaftsverhältnis meist nur auf eine bestimmte Zeit abgeschlossen; die Rückzahlung der Vermögenseinlage kann entsprechend der Vereinbarung in Raten oder durch eine einmalige Abfindung erfolgen. Eine besondere Auseinandersetzungsbilanz ist bei Ausscheiden des Stillen Gesellschafters nicht aufzustellen, da ein solcher im Regelfall[16] keinen Anteil an den Wertsteigerungen des Unternehmungsvermögens hat, sondern nur mit seinem Kapitalkonto abgefunden wird. Aus diesem Grunde empfiehlt sich auch in diesem Falle eine zusätzliche dingliche Sicherung der umgewandelten Abfindungsguthaben zum Schutz gegen den Vermögensverfall des Geschäftsinhabers. Im Hinblick auf den Schutz vor einem Verfall der Währung wird der Erbe durch Umwandlung seines Erbanspruchs in eine stille Beteiligung nicht schlechter gestellt, da die Rechtsprechung zum Umstellungsgesetz[17] nicht das Vorliegen eines gemeinschaftlichen Vermögens — das ja bei einer Stillen Gesellschaft regelmäßig nicht mehr gegeben wäre — als Voraussetzung für die gesonderte Behandlung des Gesellschafteranspruchs im Falle der Währungsumstellung fordert, sondern auf die engen persönlichen Beziehungen zwischen den Gesellschaftern abstellt, die demnach auch bei allen Formen der Stillen Gesellschaft die Anwendung des Umstellungsvorrechtes rechtfertigen[17].

d) Beteiligung an Teilen des Unternehmungsvermögens o h n e Beteiligung am Unternehmungsgewinn durch Betriebsaufspaltung

Dem berechtigten Interesse der ausscheidenden Erben, die bis zum Abschluß der Abfindungszahlungen die größtmögliche Sicherung ihrer

[16] Sogen. „typische" Stille Gesellschaft.

[17] Vgl. u. a. BGH vom 11. 7. 1951 zu §§ 18 Abs. 1 Z. 3, 21 UmStG, Der Betrieb 1951, S. 659. (Wesentlich: Urteilsgründe.)

restlichen Abfindungsforderungen anstreben, wird am besten dadurch Rechnung getragen, daß diese an den zum Unternehmen gehörenden Grundstücken — falls solche vorhanden sind — weiterhin beteiligt bleiben.

In diesem Falle werden die Grundstücke rechtlich vom Unternehmungsvermögen getrennt und scheiden sowohl aus der Bilanz des übernehmenden Erben als auch bei der Bewertung gelegentlich der Ermittlung der Abfindungsguthaben aus. Die Erbengemeinschaft überträgt nur das bewegliche Unternehmungsvermögen auf den übernehmenden Erben; die Grundstücke dagegen bleiben weiterhin im Eigentum der Erbengemeinschaft, an der auch der übernehmende Erbe berechtigt bleibt (Teilauseinandersetzung), oder gehen auf eine unter den Erben gebildete Gemeinschaft zu Bruchteilen über[18].

Die Miterben-Grundstücksgemeinschaft (*Besitz*gemeinschaft) verpachtet die Grundstücke an den als Einzelunternehmer fortführenden Unternehmer-Erben oder aber an die aus den fortführenden Erben bestehende *Betriebs*gesellschaft. Es handelt sich somit um einen Fall der *Betriebsaufspaltung*, der aber nicht auf steuerliche, sondern nur auf familien- und erbrechtliche Überlegungen zurückzuführen ist. Trotzdem bietet diese Lösung auch steuerliche Vorteile, da die Pachtsumme, die der übernehmende Erbe an die Erbengemeinschaft zahlen muß, als Betriebsausgabe abzugsfähig ist. Die steuerliche Rechtsfähigkeit der Erbengemeinschaft bleibt in diesem Falle weiter bestehen, da sie gemeinschaftliche Einkünfte aus Verpachtung hat; u. U. kann jedoch die Verpachtung der Betriebsgebäude steuerlich als Gewerbebetrieb angesehen und einer entsprechenden Besteuerung unterworfen werden[19].

Der übernehmende Erbe als Pächter der Grundstücke wird sich zweckmäßigerweise gegen willkürliche Maßnahmen seiner Miterben oder deren Nachfolger sichern, indem er sein Recht, von den Grundstücken zum Betrieb der Unternehmung gegen ein bestimmtes Entgelt Gebrauch machen zu dürfen, als persönlich beschränkte Dienstbarkeit im Grundbuch eintragen läßt, § 1090 BGB[20]. Weiterhin sollte er sich gegen ein zur Unzeit erfolgendes Auseinandersetzungsbegehren eines seiner Miterben[21] dadurch schützen, daß bei Abschluß

---

[18] Zu der Frage, ob eine Veräußerung der Unternehmung ohne die dazugehörigen Grundstücke in jedem Falle rechtlich zulässig ist, vgl. *Reusch*, a.a.O., S. 63. Gegen die Zulässigkeit des getrennten *rechtlichen* Schicksales der Teile des Unternehmungsvermögens bestehen jedoch zumindest dann keine Bedenken, wenn, wie im vorliegenden Falle, die wirtschaftliche Einheit der Wirtschaftsgüter gewahrt bleibt.

[19] *Zitzlaff*, Franz, Steuerliche Fragen zur Betriebsaufspaltung, StW 1949, Sp. 857.

[20] *Reusch*, a.a.O., S. 65.

[21] § 2042 BGB.

des Pachtvertrages der Ausschluß der Auseinandersetzung vereinbart und das Kündigungsrecht auf einen „wichtigen“ Grund beschränkt wird.

Der unbestreitbare Vorteil dieser Regelung beruht darin, daß, falls der Nachlaß wertvolle Grundstücke enthält, die vordringlichen Auszahlungsverpflichtungen des übernehmenden Erben wesentlich geringer als bei der sonst üblichen Übernahme des gesamten Unternehmungsvermögens sind. Der Unternehmer-Erbe hat aber trotzdem freie Hand in bezug auf die Maßnahmen des gewöhnlichen Geschäftsverkehrs, da die Unternehmung im Handelsregister nur auf seinen Namen eingetragen ist. Dies führt zu einer wesentlichen Erleichterung des Erbübergangs[22]. Die nicht an der Unternehmung selbst beteiligten Erben sind gegen einen Währungsverfall gesichert, auf der anderen Seite ist die Verzinsung ihrer Abfindungsforderungen durch eine angemessene Pacht gewährleistet. Bei einer zu gelegener Zeit stattfindenden Übertragung auch der Grundstücke in das Alleineigentum des übernehmenden Erben kann der Tageswert als Kaufpreis zugrundegelegt werden, so daß den ausscheidenden Erben auch die auf der allgemeinen wirtschaftlichen Entwicklung beruhenden Wertsteigerungen zugute kommen, die seit dem Erbfall eingetreten sind.

Nachteilig bemerkbar macht sich hingegen die Einschränkung der Kreditfähigkeit des fortführenden Erben, die sich aus der Betriebsaufspaltung ergibt. Sind die Grundstücke im Eigentum der Erbengemeinschaft geblieben, so kann er seinen eigenen *Anteil* an den Grundstücken überhaupt nicht[23], die *gesamten* Grundstücke aber nur mit Zustimmung aller Erben hypothekarisch belasten. Eine Hypothek auf den Anteil des fortführenden Erben kann nur dann bestellt werden, wenn die erbrechtliche Gesamthandgemeinschaft an den Grundstücken in eine Bruchteilsgemeinschaft umgewandelt wird. Diese Rechtsform ist aber auch aus anderen Gründen als Übergangslösung weniger geeignet. Sie fördert das Eindringen dritter Personen in das auf rein familiären Bindungen beruhende Gemeinschaftseigentum, da die Miterben ihre Anteile an den Grundstücken, die nun nicht mehr gesamthänderisch gebunden sind, veräußern können. Zwar sind die übrigen Miterben zum Vorkauf berechtigt, wenn einer von ihnen seinen Anteil am Nachlaß auf einen Dritten überträgt, § 2034 BGB; dieses Recht ist jedoch auf das Bestehen der Erbengemeinschaft beschränkt, die aber mit der Umwandlung in Bruchteilseigentum endgültig beendet ist. Zudem würde die spätere, abschließende Übertragung in das Allein-

---

[22] *Köllmann*, L., Zur Frage der Doppelgesellschaften, BFuP 1951, S. 557 ff.

[23] Vgl. §§ 1114, 2033 Abs. 2 BGB, sowie *Palandt*, a.a.O., Anm. 4 letzter Satz zu § 2033 BGB; *Soergel-Ehard-Eder*, a.a.O., Anm. 7 zu § 2033 BGB.

eigentum des Unternehmer-Erben nicht mehr die steuerlichen Vorteile der Grunderwerbsteuerbefreiung genießen[24].

Ferner bedürfen alle Maßnahmen, die Wesen und Wert der gemeinschaftlichen Grundstücke verändern, z. B. Neubauten, in jedem Falle der Zustimmung aller Erben[25]. Die Werterhöhungen, die die Grundstücke aufgrund solcher Neubauten erfahren, kommen aber auch denjenigen Erben zugute, die sich an den hierfür notwendigen Kapitalaufwendungen nicht beteiligt haben; ein Abzug dieses Wertzuwachses vom Tageswert gelegentlich der endgültigen Veräußerung an den Unternehmer würde aber auf Schwierigkeiten in der Ermittlung stoßen. Diese Schwierigkeiten könnten nur teilweise dadurch umgangen werden, daß sich die Erben im Pachtvertrag zur Bewilligung der Eintragung von Hypotheken und Baugenehmigungen verpflichten.

Auf diese an sich vorteilhafte Regelung muß daher bei allen Unternehmungen verzichtet werden, die sich in der Aufwärtsentwicklung befinden und bei denen infolgedessen das Auftauchen derartiger Fragen zu befürchten ist. Anderenfalls erhält die — als zur Geschäftsführung ungeeignet erkannte — Rechtsform der Erbengemeinschaft weiterhin einen unerwünscht starken Einfluß auf die Geschäftspolitik des Unternehmer-Erben und kann diese entscheidend behindern, wenn sich allzu bedächtige oder uneinsichtige Miterben einer Zustimmung zu geplanten Erweiterungen versagen.

e) Beteiligung am Unternehmungsvermögen und am Unternehmungsgewinn

Eine Verbindung der bisher erwähnten Abfindungs- und Sicherungsformen im Hinblick auf eine gleichzeitige Beteiligung der abzufindenden Erben am Gewinn und an Teilen des Unternehmungsvermögens ist zwar in der Form denkbar, daß neben der Beibehaltung der Grundstücke in Erbengemeinschaft auch die Abfindungsansprüche der Erben, die sich aus der Übertragung des beweglichen Unternehmungsvermögens ergeben, ganz oder teilweise als gewinnberechtigte Darlehen oder stille Beteiligungen behandelt werden. Alle anderen Formen der Beteiligung am Unternehmungsgewinn und -vermögen, die das Handelsrecht bietet, sind jedoch für eine nur als vorübergehend gedachte Beteiligung der ausscheidenden Erben weniger geeignet, da hier die Herstellung des endgültigen Zustandes — das völlige Ausscheiden der Abzufindenden — durch eine erneut erforderliche Vermögensauseinandersetzung erschwert wird. Die Formen der sogenannten „atypischen" Stillen Gesellschaft[26], der OHG und der

---

[24] Vgl. S. 178.

[25] Die Fragen der Verwaltung sind bei der Erbengemeinschaft und bei der Bruchteilsgemeinschaft in gleicher Weise geregelt.

[26] Der „atypische" Stille Gesellschafter ist im Falle der Auseinandersetzung

Kommanditgesellschaft sollten darum Auseinandersetzungsregelungen vorbehalten bleiben, die von vorne herein auf eine gemeinschaftliche Fortführung durch alle oder zumindest mehrere Erben hinzielen.

f) Sicherung der Versorgungsrenten

aa) Dingliche Sicherung

Die oben aufgezeigten Möglichkeiten zur Sicherung der gestundeten Auseinandersetzungsforderungen beziehen sich auf die Fälle, in denen bestimmte, in ihrer Höhe bei der Auseinandersetzung festgelegte Abfindungsbeträge zur Auszahlung gelangen und zeitweilig gestundet werden. Sie sind jedoch weniger geeignet zur Sicherung der Auszahlung von *Versorgungsrenten*. Die oft völlige wirtschaftliche Abhängigkeit der Rentenberechtigten von den Rentenzahlungen läßt eine Art der Sicherung wünschenswert erscheinen, die den Berechtigten von der Person des jeweiligen Eigentümers und des Schicksals der Unternehmung möglichst unabhängig macht.

Ein solcher Weg bietet sich durch die Belastung der Betriebsgrundstücke — falls solche vorhanden sind — mit einer *Rentenschuld* zugunsten des Rentenberechtigten[27], die diesem das Recht auf regelmäßig wiederkehrende Geldleistungen sichert. Dem Eigentümer steht indessen das Recht zu, die Rentenschuld zu kündigen und durch eine einmalige Abfindung abzulösen. Zum Schutz des Rentenberechtigten, der auf die regelmäßigen Zahlungen angewiesen ist, empfiehlt sich daher, die gesetzlich höchstzulässige Beschränkung dieses Kündigungsrechtes auf 30 Jahre hinaus anzuordnen oder zu vereinbaren; ein völliger Ausschluß dieses Kündigungsrechtes ist jedoch nicht möglich.

bb) Wertsicherung

Ein Schutz der gestundeten Auseinandersetzungsforderungen gegen Geldentwertungen durch Verknüpfung mit dem Werte fremder Währungen, Gold, Waren oder Dienstleistungen (Wertsicherungsklauseln) ist aufgrund des § 3 Satz 2 des Währungsgesetzes unzulässig, sobald diese Forderungen auf einem echten Schuldverhältnis, nämlich dem Erbauseinandersetzungsvertrag der Miterben, beruhen.

Die genannte Bestimmung bezieht sich jedoch nur auf *schuldrechtlich* begründete Geldschulden. Unbeachtlich ist sie darum bei der Errichtung letztwilliger Verfügungen, da diese niemals selbst ein Schuldverhältnis begründen können[28]. Der Erblasser kann darum

---

ebenso wie der persönlich haftende Gesellschafter einer OHG an den stillen Reserven des Anlagevermögens und am Geschäftswert beteiligt.

[27] Vgl. §§ 1199 ff. BGB.

[28] Es handelt sich dabei um eine sogen. „Spannungsklausel", die nach einem Urteil des BGH (BGH U. v. 24. 11. 1951 II ZR 51/51 LM Nr. 2 zu § 133 [R] BGB; Der Betriebs-Berater 1952, S. 88 ff.) zulässig ist; vgl. auch *Eppig*, Theo,

ohne Bedenken in Bezug auf die rechtliche Zulässigkeit die Anordnung eines Rentenvermächtnisses zugunsten seine Ehefrau oder eines Abkömmlings der Höhe nach z. B. mit den Einkünften einer bestimmten Beamten-Besoldungsgruppe in Verbindung setzen. Auf diese Weise kann erreicht werden, daß die Rente, auf lange Sicht gesehen, immer eine bestimmte Kaufkraft verkörpert.

4. Der Nießbrauch an der Unternehmung als Abfindungsform

Eine besondere Form der Beteiligung bestimmter Erben, die sich von den übrigen Abfindungsformen wesentlich abhebt, besteht darin, daß z. B. der Ehefrau des Unternehmers der Nießbrauch an dem Unternehmen auf Lebenszeit oder aber auf eine bestimmte Dauer vermächtnisweise übertragen wird. Diese Regelung wird vor allem dann vorgezogen, wenn die Sicherstellung der Ehefrau im Vordergrund aller Überlegungen des Erblassers steht.

Der Nießbrauch an einer Unternehmung[29] besteht nach überwiegender Ansicht „in dem schuldrechtlichen Gebrauchmachendürfen von der Erwerbsgelegenheit eines anderen“[30], in dem Falle des Erbübergangs also von dem Unternehmen, das auf die E r b e n übergegangen ist. Der *Gebrauch* liegt in der Ausnützung der in dem Unternehmen begründeten Möglichkeiten, durch den Umsatz der von ihr produzierten Güter und Dienstleistungen und die Benutzung der zu diesem Zwecke erforderlichen Anlagegüter einen E r t r a g zu erzielen.

Es handelt sich daher, ähnlich wie bei der Verpachtung eines Unternehmens, um eine Trennung der Unternehmungs*substanz* — die den Erben verbleibt, wenn sie auch zeitweilig auf ihr Verfügungsrecht verzichten müssen — und des *Ertrages*, der dem Nießbraucher zufließt. Schwierigkeiten bereitet die Abgrenzung des Umfanges der Nutzungen, die der Nießbraucher aus dem Unternehmen zu ziehen berechtigt ist. Der Nutzungsbegriff des Nießbrauchs weicht nämlich insofern von dem kaufmännischen Gewinnbegriff ab, als der Nießbraucher nur verpflichtet ist, den *wirtschaftlichen Bestand* des Unternehmens, nicht aber das *Vermögen* des Nießbrauchbestellers, der Erben, zu erhalten. Daraus folgt, daß der Nießbraucher nur Ersatz für Abgänge, Verschleiß und echte Betriebsverluste zu leisten hat, daß aber wirtschaftliche Werteinbußen, die den Gebrauchswert der An-

---

Wertsicherung. Eine Untersuchung zu § 3 des Währungsgesetzes, NJW 1949, S. 531 ff.

[29] §§ 1085, 1089 BGB. Grundsätzlich ist der Nießbrauch an einem Handelsgeschäft möglich (*RGR-Kommentar*, a.a.O., Anm. 3 zu 1085 BGB), kann aber nicht durch einheitlichen Rechtsakt bestellt werden. Die mit dem Nießbrauch beschwerten Erben müssen dem Vermächtnisnehmer vielmehr den Nießbrauch an den einzelnen Gegenständen des Unternehmungsvermögens bestellen (vgl. §§ 873, 1031 f., 1067, 1069 und 1081 BGB); siehe auch *Palandt*, a.a.O., Anm. 4 zu § 1085 BGB.

[30] *v. Godin*, a.a.O., S. 14.

lagen nicht mindern, zu Lasten der Erben gehen[31]. Die Fragen, die sich daraus gelegentlich der Abrechnung des Nießbrauchers mit dem Eigentümer nach Beendigung des Nießbrauchs bezüglich der erzielten Wertsteigerungen bzw. Wertminderungen ergeben, müssen darum bereits in allen Einzelheiten durch unmißverständliche Anordnungen des Erblassers geregelt sein, wenn Streitigkeiten vermieden werden sollen. Gleiches gilt für die steuerliche Behandlung des Verhältnisses zwischen Nießbraucher und Erben-Eigentümer, deren Schwierigkeiten *Becker*[32] mit denen der Quadratur des Kreises vergleicht.

Der Nießbraucher ist, ähnlich wie der Pächter, Unternehmer im handelsrechtlichen wie im steuerrechtlichen Sinne; als solcher muß er sich auch im Handelsregister eintragen lassen[33]. Die darauf resultierende Haftung des Nießbrauchers auch mit seinem sonstigen Vermögen ist zwar eine Besonderheit des Nießbrauchs an einem Unternehmen, sie ist jedoch mit den allgemeinen Rechtsgrundsätzen des Nießbrauchs nicht unvereinbar. Die Besonderheit des Nießbrauchs als Abfindungsform gegenüber den anderen Abfindungsformen beruht darin, daß der Nießbraucher, obwohl nur an den Erträgen und nicht an der Substanz des Unternehmens dinglich berechtigt, trotzdem entscheidenden Einfluß auf die Verwaltung des Unternehmens hat.

Die Bestellung des Nießbrauchs zugunsten der Ehefrau ist vor allem unter dem Gesichtspunkt der Erbschaftsteuerersparnis äußerst vorteilhaft. Die Ehefrau muß den Wert des gemäß §§ 15, 16 BewG kapitalisierten Nießbrauchs[34] als steuerpflichtigen Erwerb versteuern, jedoch nur insoweit, als ihr Erwerb DM 250 000,— überschreitet[35]; daneben kann sie wahlweise die Steuer auch vom Jahreswert des Nießbrauchs jährlich im voraus entrichten[36]. Die Erben, denen die Nutzung ihres Erbes durch die Nießbrauchstellung entzogen ist, können ihrerseits einen Antrag auf Aussetzung der Besteuerung stellen[37], oder aber ihren Erwerb, der sich aus dem Erbanfall abzüglich des kapitali-

---

[31] *v. Godin*, a.a.O., S. 33.

[32] *Becker*, Enno, Zur Behandlung von Nutznießung, Nießbrauch und Vorerbschaft, StW 1938, S. 293.

[33] *Baumbach*, a.a.O., Anm. 4 zu § 22 HGB. Der Übergang der Geschäftsverbindlichkeiten des Erblassers richtet sich nach den Vorschriften des Erwerbs unter Lebenden (§ 25 HGB), da die Übertragung der Unternehmung bzw. des Nießbrauches in Erfüllung des Vermächtnisses unter Lebenden stattfindet, *Würdinger*, a.a.O., Anm. 5 zu § 25 HGB.

[34] Jahreswert des Nießbrauchs ist nicht der Betrag, den der Nießbraucher nach seinen persönlichen Leistungen erzielen kann, sondern der Betrag, der durchschnittlich bei gemeingewöhnlicher Bewirtschaftung voraussichtlich erzielt wird; bei einem gewerblichen Unternehmen ist dies die Pachtsumme, die bei einer Verpachtung der Unternehmung im ganzen gewährt würde, RFH v. 18. 5. 1926, Slg. Bd. 19, 235.

[35] Vgl. § 17 a ErbStG.

[36] § 33 ErbStG.

[37] § 34 ErbStG.

sierten Wertes des Nießbrauchs ergibt, sofort versteuern[38]. Durch geschickte Regelungen kann auf diese Weise eine äußerst niedrige Gesamtsteuerbelastung, bei kleineren Betrieben u. U. völlige Steuerfreiheit erreicht werden; zumindest aber kann mittels einer Besteuerung vom Jahreswert des Nießbrauchs die Gefährdung der Liquidität durch eine einmalige hohe Erbschaftsteuerzahlung vermieden werden.

Darüber hinaus erweist sich die Nießbrauchbestellung vor allem in den Fällen, in denen die Erben minderjährig oder aus sonstigen Gründen zur Leitung des Unternehmens noch nicht geeignet sind, auch unter anderen Gesichtspunkten als vorteilhaft. Sie gewährleistet die wirtschaftliche Sicherheit der Ehefrau in einem Maße, wie sie anderenfalls nur durch ihre Erbeinsetzung als Universalerbin erreicht werden könnte. Zur gleichen Zeit liegt auch die Verwaltung des Nachlasses lediglich in ihren Händen; ihre Stellung ähnelt somit derjenigen eines Testamentsvollstreckers, der als treuhänderischer Inhaber des Unternehmens fungiert und das Geschäft in eigenem Namen und unter eigener Haftung führt. Den Erben als den rechtlichen Eigentümern ist die Verwaltung des Nachlasses entzogen, ohne daß jedoch ihr Erbrecht geschmälert wird. Daß die Ehefrau als Inhaberin eingetragen ist, besagt indessen nicht, daß sie, genau wie der verstorbene Unternehmer, die Unternehmung in allen Einzelheiten selbst weiterführt. Sie wird vielmehr regelmäßig dem Erben, der zur späteren Übernahme der Unternehmung bestimmt ist, rechtzeitig die verantwortliche Stellung in der Unternehmung einräumen, so daß der endgültige Übergang in die Hände der nächsten Generation keine Reibungen mehr mit sich bringt. Nicht immer wird es jedoch in der Absicht des Erblassers liegen, der Ehefrau die Verwaltung des Nachlasses, insbesondere der Unternehmung, in so weitem Maße zu übertragen.

Häufig wird der Ehefrau der Nießbrauch vielmehr lediglich mit der Absicht übertragen, sie wirtschaftlich sicher zu stellen. In diesem Falle empfiehlt es sich, die Leitung des Unternehmens einem Testamentsvollstrecker zu übertragen[39].

Der Nießbrauch zugunsten der Ehefrau kann zwar auf Lebenszeit bestellt sein; vielfach trifft man jedoch Anordnungen, die ihn zeitlich begrenzen, und zwar entweder bis zu ihrer Wiederverheiratung oder bis zu dem Zeitpunkt, an dem die Erben das Unternehmen in ihrer eigenen Verantwortung führen können. In letzterem Falle muß der Erbanspruch der Ehefrau für die weitere Zukunft zumindest durch

---

[38] Vgl. hierzu *Kapp*, a.a.O., Anm. 13 zu § 34 ErbStG.

[39] Die Testamentsvollstreckung kann auch für den Vermächtnisnehmer angeordnet werden, selbst wenn sich das Vermächtnis als uneingeschränkter Nießbrauch am Nachlaß darstellt, BGH U. v. 29. 4. 1954 IV ZR 152/53 BGHZ 13, 203.

eine Rente abgegolten werden. Die Beendigung des Nießbrauchs ruft keinen weiteren steuerpflichtigen Schenkungs- bzw. Erbfall hervor.

Der Nießbrauch wird der Ehefrau nicht nur vermächtnisweise von Todes wegen übertragen, sondern kann auch unter den Miterben zur Abgeltung des Erbanspruchs der Ehefrau im Rahmen eines Erbauseinandersetzungsvertrages frei vereinbart werden[40]. Da der Nießbrauch unvererblich ist[41], können die Erben der Ehefrau des verstorbenen Unternehmers, die hinsichtlich ihres Erbanspruchs beim Tode des Unternehmers bereits abgefunden wurde, keine weiteren Ansprüche mehr an das Unternehmen stellen.

Die unbeschränkte persönliche Haftung der Ehefrau für die Geschäftsverbindlichkeiten, die sich aus ihrer Unternehmereigenschaft ergibt, führt häufig dazu, daß der Erblasser Anordnungen trifft, die eine solche Haftung ausschließen sollen. Ein Rechtsverhältnis, nach dem der Nießbraucher das Unternehmen lediglich als Bevollmächtigter der Erben in deren Namen, aber ohne eigene Haftung führt, oder kraft dessen die Erben selbst das Unternehmen führen und nur die Reinerträge dem Nießbraucher zufließen, ist zwar aufgrund einer letztwilligen Verfügung denkbar[42], kann aber nicht mehr als *Nießbrauch* im eigentlichen Sinne, sondern höchstens als *Reingewinnvermächtnis* angesprochen werden. Derartige Abweichungen stellen indessen in der Praxis der Erbübergänge die Regel dar, zumal die Komplikationen bei der Rechnungslegung zwischen Nießbraucher und Erben-Eigentümer einfachere Lösungen erfordern, die den Nießbrauch, genauer ausgedrückt, das nießbrauchähnliche Rechtsverhältnis, erst zu einer praktisch geeigneten Abfindungsform machen.

5. Die Abfindungsregelung unter Berücksichtigung des Pflichtteilsrechtes der abzufindenden Erben

Bereits bei der Untersuchung der Fragen, die sich anläßlich der Bewertung des Nachlasses und der Unternehmung als Bestandteil des Nachlasses im besonderen ergaben, wurde darauf hingewiesen, daß den Absichten des Erblassers, die Erhaltung der Unternehmung und deren Fortführung durch den übernehmenden Erben durch Festsetzung eines den wahren Verhältnissen nicht entsprechenden Übernahmepreises zu erleichtern, durch das Pflichtteilsrecht der pflichtteilsberechtigten Erben eine objektive Grenze gesetzt ist. Ähnliche Schwierigkeiten können sich auch durch die Anordnung von Abfindungsformen ergeben, die zwar vom Standpunkt der Unternehmung

---

[40] Vgl. RFH vom 17. 3. 1931, RStBl. 1931, S. 311 und RFH vom 9. 7. 1931, StW 1932, Nr. 27.

[41] Der Nießbrauch ist ein höchstpersönliches Recht, daher weder vererblich noch übertragbar, *Erman*, a.a.O. Vorbem. zu § 1030 BGB.

[42] *v. Godin*, a.a.O., S. 17 f.

gerechtfertigt sind, für die zum Ausscheiden bestimmten Erben aber oft zu unbilligen Härten führen.

Will der Erblasser die nach seiner Ansicht erforderlichen Abfindungsregelungen gesichert wissen, so muß er sie mittels der bereits mehrfach erwähnten erbrechtlichen Zwangsmaßnahmen der Teilungsanordnungen, Auflagen, der bedingten Erbeinsetzung und der Testamentsvollstreckung unabdingbar gestalten. Daneben erwies sich in vielen Fällen auch das Vermächtnis als geeignetes Mittel zur Vermeidung von Schwierigkeiten bei Erbauseinandersetzungen.

Allen diesen Beschränkungen des Erbrechtes der weichenden Erben zugunsten der Erhaltung der Unternehmung kommt jedoch nur eine eingeschränkte Bedeutung zu, da sie den pflichtteilsberechtigten Erben[43] berechtigen, die solchermaßen belastete Erbschaft bzw. das Vermächtnis auszuschlagen und an dessen Stelle den Pflichtteil zu fordern, §§ 2306, 2307 BGB.

Dieser Pflichtteilsanspruch, der ein reiner Geldanspruch ist, entsteht mit dem Erbfall[44] und ist daher sofort fällig, wenn es dem fortführenden Erben nicht gelingt, eine Stundung des Anspruchs zu erwirken[45/46]. Völlig unbeachtlich werden jedoch die seitens des Erblassers angeordneten Auszahlungsregelungen — diese gegenstandslos zu machen, ist ja gerade der Sinn der Pflichtteilsforderung —, so daß dem übernehmenden Erben, je nach der Höhe des Anspruchs, jene Schwierigkeiten in verstärktem Maße erwachsen können, die der Erblasser durch seine Abfindungsregelung vermeiden wollte. Auch Wertbestimmungen des Erblassers zur Ermittlung der *Höhe* des Pflichtteilsanspruchs sind unmaßgeblich; es können darum auch noch kostspielige Prozesse bezüglich des Wertes des Nachlasses entstehen[47].

Obwohl es einem fortschrittlichen wirtschaftlichen Denken entspricht, daß der Erblasser den Erbübergang der Unternehmung mit allen denkbaren Sicherungsmaßnahmen ausstattet, so sind solche Maßnahmen doch nur bedingt wirksam, weil der Erblasser das Pflichtteilsrecht der Erben in keinem Falle ausschalten kann[48]. Eine Regelung der Erbfolge und der Erbauseinandersetzung ist darum nur dann

---

[43] Pflichtteilsberechtigt sind die Abkömmlinge, die Eltern und der Ehegatte des Erblassers, § 2303 BGB.

[44] § 2317 Abs. 1 BGB.

[45] Ein Rechtsanspruch auf Stundung besteht in keinem Fall, RG ZAkDR 1938, S. 277.

[46] Der Pflichtteilsanspruch verjährt innerhalb von drei Jahren von dem Zeitpunkt ab, in dem der Erbe von der ihn beeinträchtigenden Verfügung Kenntnis erlangt hat, § 2332 BGB.

[47] *Vogt*, F. J., Zukunftssicherung von Betrieb und Familie, NB 1953, S. 1.

[48] Die Gestaltungsmöglichkeiten des ehelichen Güterrechtes sollen hier außer Betracht bleiben, da die allgemeine Gütergemeinschaft aus haftungsrechtlichen Gründen im allgemeinen für Einzelunternehmen wenig geeignet erscheint.

sinnvoll, wenn der Erbe einen wirtschaftlichen Anreiz erhält, den Erbteil auch unter der Belastung durch die Anordnungen und Auflagen des Erblassers anzunehmen. Das sogenannte „Berliner Testament“, das den Ehegatten zum Alleinerben einsetzt und die Abkömmlinge erst mit dem Tode des letztversterbenden Elternteils in den Genuß ihres Erbteiles kommen läßt, ist unter diesen Gesichtspunkten nur so lange zweckmäßig, als die Kinder minderjährig sind; in allen anderen Fällen ist es ein ungeeignetes Instrument zur Erbfolgeregelung in gewerblichen Unternehmungen, da es das Erbrecht der Abkömmlinge unbillig beschränkt[49]. Ähnliches gilt für die Abfindung durch Bestellung eines uneingeschränkten Nießbrauchs zugunsten der Ehefrau.

Je geringer der Wert des Erbteils ist, den sich die ausscheidenden Erben aufgrund der Bewertungsanordnungen des Erblassers errechnen, um so drückender empfinden sie verständlicherweise die Auszahlungsbeschränkungen, und um so eher werden sie auf das Erbe zugunsten des sofort greifbaren und dem Wert nach nicht wesentlich niedrigeren Pflichtteils verzichten, vor allem dann, wenn sie zudem noch eine geeignete Sicherung und angemessene Verzinsung der Restguthaben vermissen. Daraus folgt, daß die Frage der Höhe der Abfindung, ihrer Fälligkeit, der zu gewährenden Sicherheiten und auch der Verzinsung der Abfindungsforderungen nur unter einem einheitlichen Gesichtspunkt gelöst werden können, wenn es zu einem alle Teile zufriedenstellenden Ausgleich der Interessen der Unternehmung und ihres neuen Inhabers auf der einen Seite, der weichenden Erben auf der anderen Seite, kommen soll. Letztere werden um so eher bereit sein, die Verteilung der Abfindungszahlungen auf einen längeren Zeitraum in Kauf zu nehmen, je mehr sich das ihnen zukommende Erbteil ihren eigenen Wertvorstellungen nähert.

Nichts jedoch kann sich verhängnisvoller auswirken, als wenn der Erblasser in gutem Glauben an das familiäre Verbundenheitsgefühl seiner Abkömmlinge die Möglichkeit derartiger materieller Erwägungen außer Berücksichtigung läßt. Hiergegen spricht die Erfahrungstatsache, daß sich eine Erbteilung unter Geschwistern selten ohne ernste Zerwürfnisse abwickelt.

---

[49] Das Geltendmachen von Pflichtteilsansprüchen wird bei dieser Testamentsform häufig dadurch unter Strafe gestellt, daß derjenige Erbe, der den Pflichtteil verlangt, auch beim Tode des letztversterbenden Ehegatten nur den Pflichtteil erhält.

Abschnitt 3

Die Auseinandersetzung der Erbengemeinschaft durch Umwandlung oder Einbringung in eine Handelsgesellschaft

1. Gründe für die Aufrechterhaltung des Gemeinschaftsverhältnisses

Die Abfindung derjenigen Erben, die nicht selbst in der Unternehmung mitarbeiten wollen oder können, wurde in den Zeiten einer ruhigen wirtschaftlichen Entwicklung, wie sie bis zu Beginn des ersten Weltkrieges bestand, von diesen noch fast als Selbstverständlichkeit betrachtet und um der festen Rente willen, die aus einer anderweitigen Anlage des Auseinandersetzungsguthabens erzielt werden konnte, sogar begrüßt. Die Erfahrungen zweier Geldentwertungen haben jedoch dazu geführt, daß heute die nichttätigen Erben die Aufforderung zum Ausscheiden aus der Gemeinschaft am ererbten Unternehmen als „eine beinahe unmoralische Zumutung“[1] betrachten, da sie ihr nun nicht mehr in der Unternehmung arbeitendes Erbteil in erhöhtem Maße den Gefahren einer Geldentwertung ausgesetzt sehen.

Andererseits ist eine Auszahlung der Erbteilsforderungen, falls nicht besonders günstige Umstände vorliegen, vor allem bei kapitalschwachen Unternehmungen nur langfristig und darum gerechterweise nur in Form einer, wenn auch zeitlich begrenzten, Beteiligung der nichttätigen Erben am Gewinn oder am Vermögen der Unternehmung durchführbar, wenn gleichzeitig das Unternehmen lebensfähig bleiben soll. Da die abzufindenden Erben als „gezwungene Darlehensgläubiger“ ihre Erbteilsforderungen noch längere Zeit in der Unternehmung stehen lassen müssen, besteht das Gemeinschaftsverhältnis im wirtschaftlichen Sinne auch n a c h der rechtlichen Auseinandersetzung fort. Es erscheint daher häufig als zweckmäßige Regelung, wenn sich die erbrechtliche Gesamthandgemeinschaft durch Umwandlung in eine den Anforderungen des Handelsverkehrs gemäßere Gesellschaftsform des Handelsrechtes auseinandersetzt. Diese Lösung liegt nicht nur im Interesse des fortführenden Erben, dem hierdurch der Entzug von Unternehmungskapital für Abfindungszwecke erspart bleibt, sondern auch in dem der übrigen Erben, deren Erbteil bei einer solchen Regelung nicht nur höher ausfallen, sondern

---

[1] Denkschrift der Akademie für Deutsches Recht, a.a.O., S. 101.

auch einen ungleich höheren Ertrag abwerben wird als im Falle der Auseinandersetzung durch Abfindung.

2. Umwandlung der Erbengemeinschaft kraft stillschweigend abgeschlossenen Gesellschaftsvertrages

Die Erbengemeinschaft ist ein Gesamthandverhältnis auf gesetzlicher, nicht aber auf vertraglicher Grundlage. Sie selbst kann daher keine Gesellschaft sein — weil das Entstehen einer Gesellschaft stets einen vertraglichen Zusammenschluß voraussetzt — und sich auch nicht ohne besonderen Entschluß der Erben in eine Gesellschaft umwandeln[2]. Eine Umwandlung der Erbengemeinschaft an einer Unternehmung in eine Gesellschaft des Handelsrecht erfordert vielmehr stets, daß sich die Erben aufgrund einer freien Vereinbarung untereinander vertraglich zu einer solchen Gesellschaft zusammenschließen[3]. Wann die Miterben die erbrechtliche Bindung in eine solche des Gesellschaftsrechtes umwandeln wollen, bleibt indessen ihrem Ermessen überlassen[4]. Wenn somit auch der Fortführung durch die Erbengemeinschaft keine zeitlichen Grenzen gesetzt sind[5], so kann doch der Abschluß eines Gesellschaftsvertrages als stillschweigend erfolgt unterstellt werden, wenn dies aus Art, Umfang und Dauer der Fortführung zu entnehmen ist[6]. Durch *stillschweigenden* Vertragsabschluß kann sich die Erbengemeinschaft jedoch stets nur in eine Offene Handelsgesellschaft umwandeln, da die Erben durch ihr gemeinschaftliches Auftreten im Handelsverkehr und in Ermangelung von Eintragungen im Handelsregister, nach denen die Haftung eines Teiles der Erben beschränkt ist, den Eindruck erwecken, daß sie alle persönlich und unbeschränkt haften wollen. Hierin äußert sich die subsidiäre Natur der Offenen Handelsgesellschaft. Alle Handelsgesellschaften, die nicht einer anderen Rechtsform zuzurechnen sind, sind Offene Handelsgesellschaften, sobald die Voraussetzungen zum Entstehen einer solchen überhaupt gegeben sind[7]. Hierzu gehört vor allem der wirksame Vertragsabschluß, der ausdrücklich erklärt oder als stillschweigend erfolgt unterstellt werden kannn.

Die Tatsache der Fortführung des Unternehmens über die Überlegungsfrist des § 27 Abs. 2 HGB genügt an sich noch nicht, um einen solchen stillschweigenden Vertragsabschluß anzunehmen, obgleich dies

---

[2] *Goldschmit*, Friedrich, Die Beerbung des Einzelkaufmanns durch mehrere Erben, JW 1931, S. 3057.

[3] BGH U. v. 17. 1. 1951 II ZR 16/50 BGHZ 1, 65; KGJ 22 A 280.

[4] *Bunge*, Erbengemeinschaft und Handelsgeschäft, ZAkDR 1940, S. 190.

[5] KG JFG 19, 84; BayOLG JW 1931, 3129.

[6] *Staub-Bondi*, a.a.O., Anm. 25 zu § 27 HGB.

[7] BGH U. v. 17. 6. 1953 V ZR 205/52 BGHZ 10, 91; Der Betriebs-Berater 1953, S. 634.

in der Regel zutreffen sollte[8]; auch die Annahme einer neuen Firma oder eines Firmenzusatzes liefert keinen zwingenden Anhalt hierfür[9]. Es ist vielmehr erforderlich, daß die Unternehmung für dauernd gemeinschaftlich fortgeführt wird[10] und daß die Erben das Unternehmen als Quelle ihrer Erwerbseinkünfte ansehen, daß sie also nicht mehr die durch den Erbfall in Fluß gebrachte Abwicklung anstreben, sondern den gegebenen Zustand bewußt beibehalten[11]. Dieser Wille der Erben, die Unternehmung nicht mehr als eine Abwicklungsgemeinschaft, sondern als eine dauernde Erwerbsgemeinschaft fortführen zu wollen, muß aus ihrem Verhalten deutlich erkennbar sein.

Ein stillschweigender Vertragsabschluß kann jedoch nur zwischen verfügungsfähigen Personen angenommen werden[12]. Wenn der Vormund nach dem Tode des Unternehmers die Unternehmung für die minderjährigen Erben weiterführt, so begründet dies darum nicht eine OHG zwischen den Eigentümern. Ebenso schließen die Formvorschriften, die bei der Übertragung von Grundstücken zu beachten sind, die Annahme eines stillschweigenden Vertragsabschlusses in allen Fällen aus, in denen die Unternehmung über Grundstücke verfügt[13].

Die Konstruktion, daß sich der Wille der Erben zur Erbengemeinschaft im Laufe der Zeit stillschweigend in einen Willen zur Vergesellschaftung wandelt, liefert keinen Anhaltspunkt für den haftungsrechtlich bedeutsamen Zeitpunkt der Umwandlung[14]. Darum stützt sich die Rechtsprechung vorzugsweise auf äußere Merkmale, aus denen die rechtliche Umgestaltung zu entnehmen ist. Für die Bildung einer Gesellschaft spricht z. B. der Umstand, daß die Unternehmung fortgeführt wird, ohne daß die Verbundenheit der Inhaber in Erbengemeinschaft aus der Eintragung im Handelsregister hervorgeht[15]. Auch die Annahme einer neuen Firma kann u. U. als Zeichen für den Abschluß eines Gesellschaftsvertrages gewertet werden[16]. Da die Erbengemeinschaft grundsätzlich keinen Miterben zum Prokuristen bestellen kann, liefert die Eintragung der Prokura eines Miterben u. U. einen Hinweis dafür, daß sich die Erben zu einer Handels-

---

[8] JFG 7, 160; KG OLGR 4, 454.

[9] BGH U. v. 17. 1. 1951 II ZR 16/50 BGHZ 1, 65.

[10] RG LZ 1922, S. 685; OLG HRR 1937, Nr. 1593.

[11] *Bunge*, Erbengemeinschaft und Handelsgeschäft, a.a.O.; ROHG 11, 101.

[12] Ein solcher Vertrag bedarf vielmehr wegen §§ 1643, 1822, Z. 3 BGB der Genehmigung des Vormundschaftsgerichtes.

[13] Bezüglich der Übertragung von Grundstücken von einer Gesamthandgemeinschaft auf eine andere vgl. S. 170.

[14] *Lion* (a.a.O.) nimmt daher bei ungenütztem Verstreichen der Dreimonatsfrist eine rückwirkende Umwandlung der Erbengemeinschaft in eine OHG auf den Zeitpunkt des Erbfalls an. Diese Ansicht wird jedoch praktisch seit jeher abgelehnt, vgl. BayOLG HRR 1930, S. 1484.

[15] RG LZ 1912, 157; BayOLG JW 1931, 3129.

[16] *Staub-Bondi*, a.a.O., Anm. 25 zu § 27 HGB.

gesellschaft zusammengeschlossen haben[17]. *Würdinger* nimmt den Abschluß eines Gesellschaftsvertrages an, wenn nach Ablauf der Frist des § 27 HGB der übrige Nachlaß geteilt ist, das Unternehmen dagegen gemeinschaftlich fortgeführt wird[18]. Doch kann auch in einem solchen Falle das Unternehmen weiterhin in Erbengemeinschaft fortgeführt werden, wenn die Erben sich dahingehend geeinigt haben oder der Erblasser durch letztwillige Anordnung die Auseinandersetzung in Ansehung dieses Nachlaßgegenstandes ausgeschlossen hat[19]. Auch das Ausscheiden einzelner Erben aus der Erbengemeinschaft durch Übertragung ihrer Erbteile besagt nichts darüber, ob die verbleibenden Erben die Unternehmung in Form einer Offenen Handelsgesellschaft fortführen wollen[20]. Im übrigen muß betont werden, daß nur die Unternehmung als Bestandteil des Nachlasses von einer derartigen Umwandlung in eine Handelsgesellschaft betroffen werden kann. Der übrige Nachlaß bleibt bis zur ausdrücklichen Auseinandersetzung nach wie vor Gesamthandvermögen der Erbengemeinschaft.

3. Umwandlung der Erbengemeinschaft aufgrund freier Vereinbarung oder letztwilliger Anordnung

Ist eine dauernde gemeinschaftliche Fortführung der Unternehmung durch alle Erben tatsächlich beabsichtigt, so ist im Interesse der Klarheit des Handelsverkehrs, aber auch im Interesse der Erben eine ausdrückliche Regelung der Rechtsbeziehungen unter den Erben einer stillschweigenden Umwandlung, die nur Anlaß zu rechtlichen Unklarheiten bietet, vorzuziehen. Dies ergibt sich schon daraus, daß eine stillschweigende Umwandlung stets eine OHG und infolgedessen die unbeschränkte Haftung aller Erben begründet. Interne Vereinbarungen der Erben, nach denen einzelne Miterben von der unbeschränkten Haftung ausgenommen werden sollen, werden Dritten gegenüber nur dann wirksam, wenn die Erben sich ausdrücklich der entsprechenden Rechtsformen des Handelsrechts (Stille Gesellschaft, Kommanditgesellschaft) bedienen.

Hat sich die Mehrheit der Erben im Erbauseinandersetzungsvertrag für die Fortführung in Form einer Offenen Handelsgesellschaft ausgesprochen, so können doch die in der Abstimmung unterlegenen Erben ebensowenig wie die Erben eines Gesellschafters der OHG zum Abschluß eines Gesellschaftsvertrages und dadurch zur Übernahme der unbeschränkten persönlichen Haftung gezwungen werden[21]. Das Recht der Gesellschafter-Erben, entweder die Stellung eines Kom-

---

[17] KG DJ 1939, S. 400.

[18] a.a.O., Anm. 16 zu § 27 HGB.

[19] RGR-Kommentar zum BGB, Anm. 2 zu § 2059 BGB; *Weipert*, a.a.O., Anm. 65 zu § 105 HGB.

[20] KG DNotZ 1939, S. 272.

manditisten, oder aber, bei Ablehnung dieses Ansinnens durch die überlebenden Gesellschafter, ihre Abfindung in Höhe des Auseinandersetzungsguthabens des verstorbenen Unternehmers verlangen zu können[22], steht den Erben eines Einzelunternehmers allerdings nicht zu. Die Bestimmung des § 139 HGB findet nur Anwendung auf bereits bestehende, nicht aber auf neu zu gründende Gesellschaften. Der Grund für eine derartige unterschiedliche Behandlung ist offensichtlich. Denn während der Gesellschafter-Erbe ohne den Schutz des § 139 HGB nur die Wahl zwischen Übernahme der unbeschränkten persönlichen Haftung oder dem völligen Verzicht auf eine materielle Abfindung hätte, so daß er die Erbschaft also nur in ihrer gesellschaftsrechtlichen Bindung anzunehmen oder gänzlich darauf zu verzichten gezwungen wäre, können die Erben eines Einzelunternehmers — wenn die Form der Auseinandersetzung durch freie Vereinbarung geregelt wird — durch Verweigerung ihrer Zustimmung zum Erbauseinandersetzungsvertrag eine anderweitige und ihren Interessen besser entsprechende Regelung erzwingen. Liegt in dem Beschluß der Erbenmehrheit über die Art der Fortführung eine Teilungsanordnung eines Dritten im Sinne des § 2048 BGB[23], die auch für die in der Minderheit gebliebenen Erben bindend ist, so bleibt letzteren doch stets die Möglichkeit, die Erbschaft auszuschlagen und ihren Pflichtteil zu verlangen. In Höhe des Pflichtteils ist eine materielle Beteiligung der Erben stets gesichert; wollen die überstimmten Erben mehr, so müssen sie sich mit den Beschränkungen ihres Erbrechts, die der Erblasser im Interesse der Unternehmungserhaltung und der Erben selbst anordnen zu müssen glaubte, abfinden.

Eine zwingende Notwendigkeit für eine analoge Anwendung des § 139 HGB besteht somit nicht; eine solche Regelung könnte zudem auch in dem Fall Anlaß zu Bedenken geben, daß alle Erben lediglich unter beschränkter Haftung fortzuführen gewillt wären, da eine Fortführung ohne persönliche Haftung mindestens eines Erben nur in den besonderen Rechtsformen einer GmbH oder einer Aktiengesellschaft denkbar ist.

Auch der *Erblasser* kann den Erben im Rahmen seiner Teilungsanordnungen vorschreiben, daß sie die Unternehmung in der Rechtsform einer bestimmten Personengesellschaft oder in Form einer von ihnen zu errichtenden juristischen Person fortführen sollen. Selbst in dem Falle, daß diese Anordnung unabdingbar gestaltet ist, kommt die Gesellschaft unter den Erben doch nicht aufgrund des Testamentes mit dem Todesfall[24], sondern erst mit dem Vertragsabschluß der Erben

---

[21] *Weipert*, a.a.O., Anm. 66 zu § 105 HGB.
[22] Vgl. § 139 HGB.
[23] Vgl. RG DJZ 1925, Sp. 1265.
[24] KG RJA 17, 89; *Weipert*, a.a.O., Anm. 66 zu § 105 HGB; *Schlegelberger*,

zum Entstehen. Die Ansicht, eine Handelsgesellschaft könne durch letztwillige Verfügung **unmittelbar** begründet werden[25], muß schon deswegen abgelehnt werden, weil dies den Erben gegen seinen Willen in die unbeschränkte Haftung für die Geschäftsverbindlichkeiten des Erblassers verstricken und ihm den erb- und handelsrechtlichen Schutz der Haftungsbeschränkung entziehen würde. Zwar kann der Erblasser den Zusammenschluß seiner Erben zu einer OHG zum Gegenstand einer Auflage oder Bedingung machen, der sich die Erben nur durch Ausschlagung der Erbschaft entziehen könnten. Zweckmäßigerweise wird aber auch der Einzelunternehmer seinen nicht zur Geschäftsführung bestimmten Erben das Recht der Gesellschafter-Erben zubilligen, unter Auszahlung einer bestimmten Abfindung für die erbrechtliche Berechtigung an der Unternehmung aus der Erbengemeinschaft auszuscheiden, wenn ihnen die Erbenmehrheit die Kommanditistenstellung in der neu gegründeten Handelsgesellschaft versagt.

Aufgrund der Überlegung, daß sich die Erben jeglichem auf erbrechtlichen Bestimmungen fußendem *Zwang* zur Einhaltung bestimmter Zahlungsfristen — wenn eine Abfindung vorgesehen ist — oder zum Abschluß eines Gesellschaftsvertrages durch Verzicht auf die derart belastete Erbschaft entziehen und dafür den unbelasteten Pflichtteil fordern können, wird der Erblasser auf **zwingende** Vorschriften besser verzichten. Näher liegt vielmehr eine Regelung, die den Erben die Befolgung seiner Absichten wirtschaftlich reizvoll macht. So kann der Erblasser z. B. grundsätzlich die Abfindung der nichttätigen Erben vorsehen, denjenigen Erben aber, die auf die Auszahlung ihrer Abfindung verzichten, das Recht zugestehen, mit dem oder den fortführenden Erben eine Gesellschaft des Handelsrechts einzugehen. Der Vorteil dieser Lösung liegt darin, daß den Erben die Entscheidung über die Verwendung ihres Erbteiles selbst überlassen bleibt, so daß sie nicht unter dem Eindruck stehen, als würden sie durch die Anordnung des Erblassers zwangsläufig in eine für sie u. U. nachteilige Haftung verstrickt, der sie sich deshalb durch Ausschlagung der risikobehafteten Erbschaft zu entziehen versuchen. Es liegt natürlich in der Hand des Erblassers, die Höhe der Abfindung im Vergleich mit der zur Wahl stehenden Beteiligung so wenig reizvoll zu gestalten, daß die freie Entscheidung der Erben bei vernünftiger Überlegung zugunsten der Beteiligung ausfallen wird.

Führen die Erben das Unternehmen in Form einer Offenen Handelsgesellschaft fort, so wird regelmäßig das Verhältnis, in dem das Kapitalkonto des Erblassers in Konten der neuen Gesellschafter um-

---

a.a.O., Anm. 57 zu § 105 HGB; BGH U. v. 17. 12. 1952 V BLW 91/52 BGHZ 8, 213 (= Der Betriebs-Berater 1953, S. 97.)

[25] So OLGR 44, 195.

in denen nur deshalb auf die Abfindung nichttätiger Erben verzichtet gewandelt wird, auf dem Verhältnis der erbrechtlichen Beteiligung beruhen. Der Gesellschaftsanteil des einzelnen Erben-Gesellschafters entspricht also seiner *Erbquote,* wenn sich nicht aufgrund erbrechtlicher Ausgleichungsverpflichtungen, die gelegentlich der Auseinandersetzung zu berücksichtigen sind, ein anderes Verhältnis ergibt. Im Verhältnis ihrer Erbquoten sind die Miterben-Gesellschafter dementsprechend auch am Gewinn, am Verlust und am Liquidationserlös beteiligt.

Anders wird es sich freilich verhalten, wenn ein Erbe nur als Kommanditist oder als Stiller Gesellschafter beteiligt zu werden wünscht. Da dieser Erbe nicht in der Lage ist, durch persönliche Mitarbeit im Unternehmen oder durch volle Übernahme des unternehmerischen Risikos zur Erhaltung der personen- und sachbezogenen Geschäftswertfaktoren beizutragen, wäre es gegenüber den übrigen Erben ungerecht, ihn an dem durch den Erbgang auf alle Erben übergegangenen Geschäftswert der Unternehmung in vollem Umfange teilhaben zu lassen. Weil nun aber bei Umwandlung der Erbengemeinschaft in eine Handelsgesellschaft eine Auflösung der erfolgs- und substanzorientierten stillen Reserven nicht erforderlich wird, kann der Erblasser dieser Überlegung nur dadurch Rechnung tragen, daß er den Kapitalanteil des Erben-Kommanditisten — als Quote vom Gesamtkapital — entsprechend niedriger bemißt, als sich dieser anderenfalls aus seiner Erbquote ergeben hätte. Das gleiche gilt selbstverständlich auch für die Beteiligung des Kommanditisten oder Stillen Gesellschafters an Gewinn und Verlust[26].

Die Rechtsform, unter welcher die Erben das Unternehmen nach dem Erbfall gemeinschaftlich fortführen, kann also durch letztwillige Anordnung des Erblassers bestimmt, aber auch den Erben selbst zur Wahl gestellt bleiben. Es würde in diesem Zusammenhang zu weit führen, auf die allgemeinen Bestimmungsgründe einzugehen, die bei den Überlegungen hinsichtlich der Rechtsform einer neu zu gründenden Unternehmergemeinschaft heranzuziehen sind. Im besonderen Falle einer Erbauseinandersetzung ist indessen zusätzlich auf die Gründe Rücksicht zu nehmen, die zu der Umwandlung in eine Handelsgesellschaft und nicht zu einer anders gearteten Form der Auseinandersetzung geführt haben.

Nur dann, wenn die gemeinschaftliche Fortführung durch *alle* Erben deshalb vorgezogen wurde, weil die Mitwirkung sämtlicher Erben an der Geschäftsführung nicht nur den Interessen der Erben selbst am besten entspricht, sondern auch für die Unternehmung vorteilhaft ist, kann die Rechtsform einer OHG angeraten werden. In den Fällen,

[26] *Schneider-Zartmann,* a.a.O., S. 61.

wird, weil eine Auszahlung der Erbteilsforderungen nicht ohne Gefährdung der Unternehmung durchgeführt werden kann, diese aber in Wirklichkeit nur durch e i n e n Erben fortgeführt wird, ist dagegen die Haftung der von der Geschäftsführung ausgeschlossenen Erben billigerweise auch durch Umwandlung ihres Erbteiles in eine Kommanditeinlage oder in eine Stille Beteiligung umzuwandeln. Der übernehmende Erbe wird andererseits durch diese Regelung, die durch entsprechende Bestimmungen des Gesellschaftsvertrages noch ergänzt werden kann, in die Lage versetzt, die Geschäfte der Unternehmung im wesentlichen ohne Beeinflussung durch seine Miterben führen zu können.

Auch die Errichtung einer Kapitalgesellschaft führt zu demselben Ergebnis, wenn die Geschäftsführung ausdrücklich nur durch einen bestimmten Erben ausgeübt werden soll oder wenn dieser aufgrund seiner Kapitalanteile die absolute Stimmenmehrheit in der Gesellschafterversammlung erhält.

Sind die Erben im Zeitpunkt der Erbfolgeregelung oder im voraussichtlichen Zeitpunkt des Erbfalles noch minderjährig, so wird dem Erblasser die Wahl des geeigneten Nachfolgers meist unmöglich sein. Vielfach wird deshalb dem Testamentsvollstrecker die Aufgabe übertragen, denjenigen Erben, der zu einem bestimmten Zeitpunkt die Nachfolge in der Unternehmungsführung antreten soll, von sich aus zu bestimmen. Auch die Regelung der Kapitalverhältnisse kann mit dieser Entscheidung verbunden sein, sobald der Erblasser nur einen Teil des Nachlasses auf die Erbengemeinschaft selbst überträgt, einen bestimmten Prozentsatz des Nachlaßwertes aber mit einem *Verschaffungsvermächtnis* bindet, das nach den Bestimmungen des Testamentsvollstreckers dem ausgewählten Unternehmer-Erben zusätzlich zu seinem Erbteil übertragen werden soll[27]. Der prozentuale Anteil, den das Verschaffungsvermächtnis am Gesamtnachlaß einnimmt, muß dabei derart bemessen sein, daß der zur Unternehmungsführung ausersehene Erbe dadurch in die Lage versetzt wird, aufgrund seiner absoluten Stimmenmehrheit in der Gesellschafterversammlung die von ihm als zweckmäßig erkannten Maßnahmen der Geschäftsführung auch gegen den Widerstand der Miterben durchzusetzen[28].

---

[27] Vgl. § 2151 BGB. Von einer solchen Lösung berichtet *Böttcher* (Neue Erfahrungen und Erkenntnisse zum Wirtschafts- und Steuerrecht der Familienunternehmen, Steuerberater-Jahrbuch 1952, S. 76).

[28] Das gleiche gilt für den Fall, daß bei einer Personengesellschaft das Stimmrecht auf die kapitalmäßige Beteiligung der Gesellschafter abgestellt ist.

4. Einbringung der zum Nachlaß gehörenden Unternehmung in eine bestehende Personen- oder Kapitalgesellschaft

Nicht immer findet sich ein Erbe, der willens und in der Lage ist, das Unternehmen des Erblassers fortzuführen. Auch die Witwe selbst wird häufig nur ungern die aus der Fortführung resultierende persönliche Haftung übernehmen. Eine Veräußerung des Unternehmens im ganzen wird jedoch häufig daran scheitern, daß es an entsprechend kaufkräftigen Interessenten fehlt. Außerdem haben die Erben ein starkes Bedürfnis, ihre Erbteile nicht nur ertragbringend, sondern auch gegen Geldwerteinbußen möglichst gesichert anzulegen. Neben einer Umwandlung ihrer Erbengemeinschaft in eine GmbH — die durch einen außenstehenden Geschäftsführer geleitet wird — bietet sich den Erben in solchen Fällen häufig die Möglichkeit, die Unternehmung in eine bestehende Gesellschaft einzubringen oder durch Zusammenschluß mit einem anderen Einzelunternehmen eine neue Gesellschaft zu gründen.

Die Erben können innerhalb dieser Gesellschaft, in die sie das bestehende Unternehmen mit seinen materiellen und immateriellen Werten einbringen, die Stellung eines Kommanditisten einnehmen[29], so daß sie auf diese Weise ohne eigene unternehmerische Arbeitsleistung und Haftung den größtmöglichen wirtschaftlichen Nutzen aus ihrem Erbe ziehen.

---

[29] Daß eine Kommanditgesellschaft zulässig ist, deren einziger Komplementär eine GmbH und deren Kommanditist die Erbengemeinschaft eines Einzelunternehmers ist, wurde bereits in RGZ 105, 101 anerkannt.

Vierter Teil

Der Übergang der Unternehmung nach der Erbauseinandersetzung

1. Die Übertragung der Unternehmung auf den neuen Inhaber

a) Die Übertragung des Betriebsvermögens bei Ausscheiden eines Teiles der Erben

Sieht man von dem Fall ab, daß die abzufindenden Erben ihre Erbteile als Ganzes auf den zum Nachfolger des verstorbenen Unternehmens bestimmten Miterben übertragen[1] und diesem auf diese Weise die Alleinberechtigung an der Unternehmung verschaffen, so kann das Eigentum an den Gegenständen des Unternehmungsvermögens bei der Erbauseinandersetzung unter Lebenden nur im Wege der *Einzel*rechtsnachfolge, nicht aber durch *Gesamt*rechtsnachfolge auf den übernehmenden Erben übergehen[2]. Bei der Auseinandersetzung durch Abfindung eines Teiles der Miterben finden die bürgerlichrechtlichen Vorschriften über den Kauf entsprechende Anwendung, da die Übertragung eines erbrechtlichen Anteilsrechtes als ein auf Veräußerung gegen Entgelt gerichtetes Geschäft anzusehen ist. Hat der Erblasser beispielsweise drei Erben hinterlassen, so überträgt die aus den Erben A, B und C bestehende Erben*gemeinschaft* das Eigentum an den einzelnen Gegenständen des Unternehmungsvermögens auf den Miterben A, und zwar nach den Vorschriften, wie sie auch für die Übertragung des jeweiligen Gegenstandes an außenstehende Dritte gelten: die Forderungen werden zediert, das bewegliche Vermögen geht durch Einigung und Übergabe, die Grundstücke aber gehen durch Auflassung und Eintragung im Grundbuch auf den übernehmenden Erben über. Wollen die Miterben A und B jedoch das Unternehmen nach Abfindung des C gemeinschaftlich fortführen, so müssen sie sich nach erfolgter Auseinandersetzung für eine der im Handelsrecht dargebotenen Rechtsformen entscheiden[3]. Eine Fortführung in der Rechtsform der Erbengemeinschaft nach persönlich beschränkter Teilauseinandersetzung ist nur dann denkbar, wenn der

---

[1] Vgl. § 2032 BGB.

[2] Die Unternehmung ist zwar eine wirtschaftliche Einheit, sie wird jedoch im geltenden Recht nicht als Rechtseinheit anerkannt, die einer geschlossenen Verfügung unterliegt.

[3] *Schlegelberger*, a.a.O., Anm. 7 zu § 22 HGB.

Miterbe C unter Übertragung seines g a n z e n Erbteils aus der Erbengemeinschaft ausscheidet, indem er dieses einem Miterben in vollem Umfang oder aber allen verbleibenden Miterben zu Bruchteilen[4] überträgt. Sie verbietet sich jedoch bei allen anderen Formen der Auseinandersetzung. Denn bliebe C noch an einem Teil des sonstigen Nachlasses als Miterbe beteiligt, so ließe dies eine zweite Erbengemeinschaft mit verschiedenem Mitgliederbestand entstehen, was in Bezug auf die Haftung für die Nachlaßverbindlichkeiten zu rechtlich unhaltbaren Zuständen führen würde. Da die Erbengemeinschaft kein vertraglicher Zusammenschluß, sondern ein gesetzlicher Tatbestand ist, kann sie einer derartigen Verfügung der Beteiligten nicht unterliegen.

b) Die Übertragung des Betriebsvermögens bei Umwandlung in eine Gesellschaft des Handelsrechts

Wird die Erbengemeinschaft in Ansehung des zum Nachlaß gehörenden Unternehmens durch Umwandlung in eine Handelsgesellschaft beendet, so geht das gesamte Betriebsvermögen von der bereits bestehenden Gesamthandgemeinschaft in das Gesamthandeigentum der unter den Erben begründeten Gesellschaft über. Obwohl es sich in beiden Fällen um den gleichen Personenkreis handelt, erfordert doch die Überführung der Grundstücke, wie jeder Eigentumswechsel, Auflassung und Eintragung im Grundbuch[5]. Eine „Umwandlung" der Erbengemeinschaft in der Form, daß sich die neugegründete Offene Handelsgesellschaft oder Kommanditgesellschaft als Fortsetzung der damit aus dem Rechtsverkehr ausscheidenden Erbengemeinschaft darstellt, wodurch sich also die Auflassung erübrigen würde, ist rechtlich nicht möglich. Beide Gesamthandgemeinschaften sind keineswegs identisch, was schon darin zum Ausdruck kommt, daß die Erbengemeinschaft auch nach erfolgter „Umwandlung" in Ansehung des ü b r i g e n Nachlasses weiterbestehen kann (Teilauseinandersetzung). Der Gläubigerbestand der beiden Sondervermögen, in deren Eigentum sich die Grundstücke jeweils befinden, kann also durchaus verschieden sein[6].

Auch wenn der ganze Nachlaß durch Übertragung der Erbteile geschlossen auf die neue Gesellschaft übergeht, so folgt daraus lediglich das Erlöschen der Erbengemeinschaft durch den Wegfall ihrer Voraussetzungen, nicht aber wird die Gesamthandgemeinschaft in der neu gegründeten Gesellschaft fortgesetzt[7]. Trotzdem erfordert der

---

[4] KGJ 46 A 181.

[5] RGZ 117, 257; KGJ 51 A 181; KG DR 1940, S. 977; abweichend *v. Gierke* (a.a.0., S. 63), der im Falle der Vermögens- und Personenidentität *Gesamtrechtsnachfolge* annimmt.

[6] *Weipert*, a.a.O., Anm. 42 zu § 105 HGB.

[7] KG DR 1940, S. 977.

Übergang der Grundstücke in diesem Falle keine Auflassung, sondern lediglich Berichtigung des Grundbuches[8].

c) Die Gewährleistungspflicht der abgefundenen Erben

Die Behandlung der Erbauseinandersetzung nach Kaufrecht hat zur Folge, daß die ausscheidenden Erben für die dem übernehmenden Erben zugeteilten Nachlaßgegenstände im Verhältnis ihres jeweiligen Anteils wie Verkäufer für Mängel im Recht oder Sachmängel Gewähr leisten müssen[9].

Der neue Unternehmer hat also u. U. Ansprüche gegen die abgefundenen Miterben auf Minderung des Kaufpreises oder auf Schadensersatz, wenn dem übertragenen Unternehmungsvermögen eine zugesicherte Eigenschaft fehlt, §§ 462, 463 BGB. Diese Vorschrift findet nicht allein Anwendung auf die Veräußerung der einzelnen Nachlaßgegenstände, sondern auch auf die Übertragung von Sachinbegriffen, wie z. B. der Unternehmung als Ganzem[10]. Als „zugesicherte Eigenschaft" kommt bei der Übertragung von Unternehmungen namentlich das Zusichern eines bestimmten *Reinertrages* in Betracht[11].

Für die auseinandersetzenden Erben ergibt sich daraus eine eigenartige Situation, falls bei der Berechnung der Abfindungsansprüche ein bestimmter, zu kapitalisierender Reinertrag zugrunde gelegt wurde, dieser Reinertrag aber von dem übernehmenden Erben nicht erwirtschaftet werden kann. Eine nachträgliche Herabsetzung der Abfindungsbeträge kommt jedoch nur dann in Betracht, wenn der Grund für die geringere Rentabilität bereits bei der Übergabe vorhanden war und nicht etwa in der Person des Erben liegt. Zudem muß berücksichtigt werden, daß die Gewährleistungsansprüche innerhalb von sechs bzw. zwölf Monaten (bei Grundstücken) verjähren[12], gewisse Mängel in so kurzer Zeit aber noch gar nicht zur sichtbaren Auswirkung kommen können. Schwerwiedende Benachteiligungen des übernehmenden Erben, z. B. durch Gesetzesänderungen, werden zweckmäßigerweise durch eine entsprechende Klausel im Erbauseinandersetzungsvertrag berücksichtigt, die die Verjährung der Gewährleistungsansprüche für bestimmte Fälle vertraglich ausschließt.

Zu dem im Erbwege übergegangenen Unternehmen gehört ein im Jahre 1938 „arisierter" Betrieb; die Rückerstattungsforderung des Veräußerers wird jedoch erst nach der erfolgten Erbauseinandersetzung geltend gemacht. Die sich aus der Restitutionsforderung ergebende Belastung muß von allen, auch von den bereits abgefundenen Erben, mitgetragen werden, da diese

---

[8] KG KGJ 26 A 113; KG DR 1944, S. 454.

[9] §§ 2042 Abs. 2, 757, 493, 437, 440, 459 ff. BGB.

[10] RG HRR 1938, S. 1276; RGZ 67, 86.

[11] *Müller-Erzbach*, Rudolf, Deutsches Handelsrecht, 2. und 3. Auflage, Tübingen 1928, S. 79.

[12] § 477 BGB.

verpflichtet waren, dem fortführenden Erben die Unternehmung frei von Rechten, die ein Dritter gegen ihn geltend machen könnte, zu übertragen, § 434 BGB.

Eine mögliche Gewährleistungspflicht der ausscheidenden Erben kann jedoch dadurch ausgeschlossen werden, daß sie ihren Erbteil dem fortführenden Erben im Ganzen übertragen. In diesem Falle wird die Erbschaft so verkauft, wie sie bei Vertragsabschluß steht oder liegt[13]. Die übertragenden Erben haften darum nicht für Sachmängel, und ihre Gewährleistung für Rechtsmängel ist auf solche erbrechtlicher Natur beschränkt, § 2376 BGB.

2. Die Haftung der Erben für die Nachlaßverbindlichkeiten nach erfolgter Erbauseinandersetzung

a) Die Haftung der Erben nach der Auseinandersetzung durch Abfindung einzelner Miterben

Wird das Unternehmen im Rahmen der Erbauseinandersetzung nur einem oder mehreren unter den Miterben zugeteilt, so erwerben diese Erben durch Rechtsgeschäft unter *Lebenden;* in Bezug auf die Haftung für die Geschäftsverbindlichkeiten des Erblassers ist dieser Erwerb demnach unmittelbar nach § 25 HGB zu beurteilen[1]. Eine *Veräußerung* der ganzen Unternehmung kann darin insofern erblickt werden, als die Gesamtheit der Erben die ihr zur gesamten Hand gehörige Unternehmung auf den fortführenden Miterben überträgt. Zur Fortführung der bisherigen Firma durch den übernehmenden Erben ist daher auch die Zustimmung aller Erben erforderlich; selbst der Miterbe, der sämtliche Erbteile erworben hat und dadurch Herr des ganzen Nachlasses geworden ist, bedarf dieser Zustimmung, da es ohne Bedeutung ist, ob das Unternehmen gelegentlich der Erbteilung an einen oder mehrere Erben oder an einen Dritten übertragen wird[2].

Der übernehmende Erbe haftet für die Geschäftsverbindlichkeiten des verstorbenen Einzelunternehmers sowie für diejenigen des vorübergehenden Inhabers, der Erbengemeinschaft. Er kann aber, da es sich um einen Erwerb unter Lebenden handelt, in seiner Eigenschaft als *Geschäftsinhaber* die Haftung für diese Verbindlichkeiten durch entsprechende Vereinbarungen und Bekanntmachung ausschließen, § 25 HGB. Bei Annahme einer neuen Firma haftet er handelsrechtlich ohnehin nur dann, wenn ein besonderer Verpflichtungsgrund vor-

---

[13] *Erman*, a.a.O., Vorbem. 2 b aa 1 zu § 2371 ff. BGB; ähnlich auch *Soergel-Ehard-Eder*, a.a.O., Anm. 1, letzter Satz zu § 2376 BGB; *Planck*, a.a.O., Vorbem. 3 b zu §§ 2371 ff. BGB.

[1] *Würdinger*, a.a.O., Anm. 22 zu § 27 HGB; KG RJA 17, 99; RGZ 154, 337.

[2] Die Übertragung der Erbteile erübrigt die Einwilligung der Veräußerer nicht, KG KGJ 29 A 83.

liegt. Würde die Auseinandersetzung nach den gesetzlichen Regeln erfolgen, so wäre die Frage, inwieweit die abgefundenen Erben nach ihrem Ausscheiden haften, überflüssig, da das BGB die Begleichung sämtlicher Nachlaßverbindlichkeiten vor der Verteilung des Nachlasses vorschreibt. Im Falle der Beerbung eines Einzelkaufmanns durch eine Erbenmehrheit erweist sich diese Vorschrift jedoch als undurchführbar. Der Betrieb eines Unternehmens fordert Tag für Tag das Eingehen laufender neuer und zum Teil langfristiger Verbindlichkeiten. In vielen Fällen ist die Verbindlichkeit auch nur dem Rechtsgrund, nicht aber ihrer Höhe nach bekannt, so z. B. die laufenden Steuerverbindlichkeiten oder aber die Garantieverpflichtungen des Unternehmers aus seinen Lieferungen. Die Forderung nach Tilgung der Nachlaßverbindlichkeiten würde darum darauf hinauslaufen, daß sich das Unternehmen von jeglichem Fremdkapital befreien müßte, und daß für die der Höhe nach unbestimmten Verbindlichkeiten Rückstellungen zu bilden wären, die von der Verteilung auszuschließen sind. Das ist aber undurchführbar, solange der Betrieb des Unternehmens in bisherigem Umfange aufrechterhalten werden soll. Die Auseinandersetzung wird daher meist abweichend und in der Art geregelt, daß die Geschäftsverbindlichkeiten zu Lasten des übernehmenden Erben gehen und diese Tatsache bei der Festsetzung der Abfindungsbeträge entsprechende Berücksichtigung findet.

Durch die Übertragung der Unternehmung auf den übernehmenden Erben werden die abgefundenen Erben jedoch nicht mit Wirkung gegenüber Dritten von ihrer Haftung für die Geschäftsverbindlichkeiten des Erblassers und die bis zu ihrem Ausscheiden aus der Erbengemeinschaft eingegangenen Verbindlichkeiten befreit. Für diese Schulden haften sie vielmehr

a) *handelsrechtlich* gemäß § 27 HGB unbeschränkt aufgrund der Fortführung der Unternehmung über die Frist des § 27 Abs. 2 hinaus, und zwar selbst dann, wenn das Ausscheiden der Erben innerhalb dieser Frist erfolgt, da der Austritt und die Veräußerung des Unternehmens an den übernehmenden Erben nicht mit der in § 27 HGB geforderten Einstellung des Geschäftsbetriebes gleichgestellt werden kann[3/4]. Hat die Erbengemeinschaft nach dem Erbfall die unbeschränkte handelsrechtliche Haftung für die Schulden des Erblassers ausgeschlossen, so wird dieser Ausschluß nunmehr unbeachtlich, denn

[3] *Würdinger*, Anm. 19 zu § 27 HGB. Nur von den nach dem Austritt eingegangenen Verbindlichkeiten werden die ausscheidenden Erben befreit.

[4] Die ausscheidenden Erben haben vielmehr gerade ein Interesse an der Fortführung der Unternehmung, da sich diese auf die Höhe ihres Erbteiles entscheidend auswirkt. Mit der Übertragung der Unternehmung auf einen Miterben bestätigen sie die Fortführung, *Reusch*, a.a.O., S. 52; a. M. OLGR 21, 310, wonach der übernehmende Erbe nicht zur Fortführung gezwungen ist.

b) daneben haften nach der Auseinandersetzung alle Erben, somit auch der übernehmende Erbe, unbeschadet der diesem zustehenden Möglichkeit des Haftungsausschlusses gemäß § 25 HGB, in ihrer *Erben-Eigenschaft* unbeschränkt und als Gesamtschuldner, da sie durch die Nachlaßteilung den Schutz der Haftungsbeschränkung auf ihren jeweiligen Anteil am Nachlaß verloren haben, § 2059 BGB.

Will der Erblasser die nicht zur Fortführung der Unternehmung ausersehenen Erben von j e d e r Möglichkeit eines Regresses für Nachlaßverbindlichkeiten befreien, so steht ihm nur der Weg offen, diese Abkömmlinge lediglich als Vermächtnisnehmer mit einem Vermächtnis in Höhe eines bestimmten Prozentsatzes des Nachlaßwertes zu bedenken. Eine Haftung dieser Abkömmlinge wird dadurch ausgeschlossen, da sie nicht E r b e n werden und daher weder der erbrechtlichen noch der handelsrechtlichen Erbenhaftung unterliegen. Der übernehmende Erbe hat die Nachlaßverbindlichkeiten in diesem Falle allein und in vollem Umfange zu tragen[5].

Sollen jedoch a l l e Abkömmlinge als gleichberechtigte Erben eingesetzt werden, so ist zwar eine testamentarische Anordnung denkbar, nach der die übernehmenden Miterben die Geschäftsverbindlichkeiten des Erblassers allein zu tragen haben. Diese Anordnung kann indessen die ausscheidenden Erben nicht schützen, da sie nur im Innenverhältnis, nicht aber gegenüber den Gläubigern wirksam ist. Auch durch die Übertragung der Erbteile auf den übernehmenden Erben läßt sich eine Haftung der ausscheidenden Erben grundsätzlich nicht umgehen. Zwar haftet der Erwerber der Erbteile n e b e n dem Veräußerer zusätzlich für die Nachlaßverbindlichkeiten[6], um eine Schädigung der Nachlaßgläubiger durch eine mögliche Verschiebung des Kaufpreises zu verhindern; in erster Linie bleibt jedoch der veräußernde Erbe weiterhin verhaftet[7]. Eine Befreiung aus dieser Haftung kann nur dadurch erfolgen, daß der Gläubiger mit der alleinigen Schuldübernahme durch den Anteilserwerber einverstanden ist, § 414 BGB.

Es kann jedoch auch in der Absicht des Erblassers liegen, seinen Nachfolger und nicht etwa die ausscheidenden Erben weitgehend von der Haftung für die früheren Verbindlichkeiten zu befreien. Wendet er deshalb dem Nachfolger, statt ihn als Erben einzusetzen, die Unternehmung in Form eines Vermächtnisses mit der Auflage zu, den übrigen Abkömmlingen bestimmte Summen als „Gleichstellungs-

---

[5] Besonderheiten ergeben sich aus der Haftung der Vermächtnisnehmer für die Vermögensabgabeschuld des Erblassers, vgl. § 71 LAG.

[6] Es handelt sich dabei um einen Fall der gesetzlichen kumulativen Schuldübernahme, *Erman*, a.a.O., Anm. 1 zu § 2382 BGB.

[7] Die Ansicht von *Reusch* (a.a.O., S. 23), daß der seinen Erbteil veräußernde Erbe aus der Schuldenhaftung entlassen wird, ist also irrig.

gelder" zu zahlen, so ist der Übergang der Haftung entsprechend der Vorschrift des § 25 HGB zu beurteilen. Denn obgleich das Vermächtnis in Bezug auf den Vermächtnisanspruch einen Erwerb von Todes wegen begründet, so ist es doch in Bezug auf die Übertragung der Unternehmung zum Zwecke der Erfüllung des Vermächtnisses ein Erwerb unter Lebenden[8]. Der fortführende Abkömmling haftet in diesem Falle weder als Erbe noch aufgrund der Fortführung der Unternehmung, falls er die Haftung für die früheren Verbindlichkeiten gemäß § 25 HGB ausgeschlossen hat. Dieser Haftungsausschluß setzt eine Vereinbarung mit den Erben voraus, doch genügt nach Ansicht *Würdinger's*[9] auch eine entsprechende Bestimmung des Erblassers. Dieses Verfahren ist nicht ganz unbedenklich, da u. U. das einzige wertvolle Haftungsobjekt dem Zugriff der Nachlaßgläubiger entzogen werden könnte; wird im Streitfall das Vermächtnis wegen seines Umfanges als Erbeinsetzung ausgelegt, so haftet der übernehmende Abkömmling dennoch wie ein Erbe.

Grundsätzlich verbleibt in einem solchen Falle aber die Haftung für die früheren Geschäftsverbindlichkeiten bei den eigentlichen Erben. Doch kann zu ihren Gunsten in der Übertragung der Unternehmung auf den Vermächtnisnehmer innerhalb der Dreimonatsfrist die „Einstellung" des Betriebes gesehen werden, so daß ihre unbeschränkte handelsrechtliche Haftung entsprechend § 27 HGB entfällt. Der Erblasser kann den Vermächtnisnehmer jedoch verpflichten, zusammen mit den Aktiva der Unternehmung auch die Verbindlichkeiten zu übernehmen und somit die Erben im Innenverhältnis von diesen Schulden befreien[10]; ein solcher gleichzeitiger Übergang der Geschäftsverbindlichkeiten ist sogar im Zweifel anzunehmen.

b) Die Haftung der Erben nach der Auseinandersetzung durch Umwandlung in eine Handelsgesellschaft

Die durch den Fortbetrieb der ererbten Unternehmung unter den Erben gebildete Handelsgesellschaft haftet aufgrund der Geschäftsführung nur dann für die Geschäftsverbindlichkeiten des früheren Inhabers, wenn hierfür ein besonderer Grund vorliegt, insbesondere, wenn bei Fortführung der bisherigen Firma die Übernahme der Haftung nicht ausdrücklich ausgeschlossen wurde. Ist dies jedoch nicht der Fall, so werden die Geschäftsverbindlichkeiten des Erblassers zu Schulden der neuen Gesellschaft, für welche die Gesellschafter un-

---

[8] *Würdinger*, a.a.O., Anm. 5 zu § 25 HGB.

[9] a.a.O., Anm. 23 zu § 27 HGB.

[10] *Düringer-Hachenburg*, a.a.O., Anm. 14 zu § 27 HGB. Diese Anordnung des Erblassers stellt jedoch keinen Verpflichtungsgrund im Sinne des § 25 HGB dar, die den fortführenden Abkömmling Dritten gegenüber zur Übernahme der Verbindlichkeiten verpflichten könnte, sondern ist nur im Innenverhältnis wirksam.

beschränkt und gesamtschuldnerisch haften[11]. An dieser Haftung ändert sich auch dadurch nichts, daß einzelne Miterben vor Ablauf der Frist des § 27 Abs. 2 HGB ihren Erbteil in eine Kommanditbeteiligung umwandeln, wenn sie vorher das Unternehmen in Erbengemeinschaft fortgeführt haben, da dies nicht mit der geforderten Einstellung des Geschäftsbetriebes gleichgesetzt werden kann[12]. Die mit der Kommanditbeteiligung verbundene Haftungsbeschränkung bezieht sich vielmehr lediglich auf die nach der Umwandlung eingegangenen Verbindlichkeiten[13].

Unabhängig von den handelsrechtlichen Möglichkeiten der Haftungsbeschränkung besteht auch im Falle der Umwandlung die unbeschränkte erbrechtliche Haftung für die Nachlaßverbindlichkeiten aufgrund der Erbenqualität fort. Da in der Regel in der Vermögensauseinandersetzung über das bedeutendste Nachlaßobjekt eine Teilung des Nachlasses im Sinne des § 2060 BGB erblickt werden kann, entfällt auch die Beschränkbarkeit der Haftung auf den Miterben-Anteil; die Erben haften deshalb von jetzt an unbeschränkt als Gesamtschuldner. Diese Haftung trifft jedoch nicht die neugegründete Gesellschaft, die als solche ja nicht Erbin ist, sondern stets nur die einzelnen Gesellschafter in ihrer Eigenschaft als Miterben[14]. Die Gläubiger des Erblassers sowohl als auch die Gläubiger der durch die einstweilige Fortführung begründeten Verbindlichkeiten sind daher in ihrem Zugriff auf die Vermögenswerte der einzelnen Miterben, wozu auch deren Anteile an der Gesellschaft gehören, beschränkt.

3. Die Besteuerung der Erbauseinandersetzung

a) Die Übertragung der Unternehmung auf einen Miterben bzw. auf die Miterben-OHG als steuerbarer Umsatz

Die Veräußerung der Unternehmung im ganzen unterliegt grundsätzlich der Umsatzsteuer. Während aber das Handelsrecht die Übertragung der Unternehmung durch die Erbengemeinschaft auf einen Miterben stets als einen Erwerb unter Lebenden ansieht[1], vertritt das Steuerrecht insofern eine abweichende Auffassung, als zugunsten des oder der veräußernden Erben eine Veräußerung an einen Miterben, die im Rahmen einer Erbauseinandersetzung innerhalb von zwei Jahren nach dem Erbfall stattfindet, ebenso wie die Umwandlung in eine unter den Erben errichtete Gesellschaft noch als rein

---

[11] § 128 HGB.

[12] a. M. *Düringer-Hachenburg*, a.a.O., Anm. 9 zu § 27 HGB, die die Haftung für diese Verbindlichkeiten auf die Kommanditeinlage beschränken wollen.

[13] *Würdinger*, a.a.O., Anm. 19 zu § 27 HGB.

[14] *Pisko*, a.a.O., S. 106.

[1] RGZ 154, 337.

erbrechtlicher Vorgang beurteilt[2] und darum in § 85 Abs. 2 UStDB von der Umsatzsteuer befreit wird. Im Gegensatz zur steuerbefreiten Unternehmungsübertragung zu Lebzeiten des Erblassers ist es dabei ohne Bedeutung, in welchem Verwandtschaftsgrad die Erben zum Erblasser stehen. Wirkt jedoch auf einer der beiden Vertragsseiten ein *Nicht*erbe mit, so wird die Übertragung des Unternehmens weder ganz noch teilweise als Veräußerungsgeschäft zwischen Miterben im Sinne der obigen Befreiungsvorschrift angesehen[3].

Auch eine zu einem späteren Zeitpunkt erfolgende Auseinandersetzung genießt diese Vergünstigung nicht mehr und wird als *gewerbliche* Geschäftsveräußerung der Erbengemeinschaft behandelt. Der steuerpflichtige Leistungsaustausch besteht in der Übertragung der einzelnen Besitzposten auf den übernehmenden Erben; Besteuerungsgrundlage sind die Abfindungen, die den ausscheidenden Erben zufließen, zuzüglich der Geschäftsverbindlichkeiten, die der übernehmende Erbe im Innenverhältnis übernimmt. Da aber die Befreiungsvorschriften des UStG unberührt bleiben, wird der Kaufpreis für die Grundstücke von der Besteuerung ausgenommen, obwohl andererseits auch Grunderwerbsteuerfreiheit gegeben ist. Der einheitliche Steuersatz beträgt 1 vH, § 85 Abs. 4 UStDB.

Nicht zweifelsfrei ist die Frage, ob die sich unmittelbar an den Erbfall anschließende Veräußerung des ererbten Unternehmens an einen nicht der Erbengemeinschaft angehörenden dritter Erwerber, für den die Erben das Unternehmen nur vorübergehend treuhänderisch weiterführen, ebenfalls von der Umsatzsteuer zu befreien ist. Der RFH[4] bejaht diese Frage mit der Begründung, daß die Erben zu diesem Zeitpunkt nicht als steuerpflichtige Unternehmer anzusehen sind, falls sie nicht durch eigene unternehmerische Tätigkeit die Voraussetzungen verwirklichen, an die das Umsatzsteuerrecht die Unternehmereigenschaft knüpft. Nach Ansicht von *Conze*[5] müssen die Erben jedoch genau so behandelt werden, als ob der Erblasser die Unternehmung selbst veräußert hätte, da sich seine steuerliche Unternehmereigenschaft in den Erben fortsetzt.

---

[2] Während die Partenkirchener VO (§ 3 Abs. 2) den Erwerb durch Erbauseinandersetzung zwar grundsätzlich als steuer b a r ansieht, ihn aber zeitweilig von der USt freistellt, hatte die frühere Rechtsprechung des RFH (U. v. 3. 5. 1935, RStBl. 1935, S. 863) im Gegensatz zur handelsrechtlichen Betrachtungsweise einen Erwerb *von Todes wegen* und darum wegen fehlenden Leistungsaustausches auch bei einer zu einem späteren Zeitpunkt stattfindenden Erbauseinandersetzung Steuerfreiheit angenommen.

[3] RFH vom 29. 8. 1944, RStBl. 1944, S. 701.

[4] U. v. 30. 4. 1936, StW 1936, Nr. 306.

[5] *Conze*, Das Umsatzsteuergesetz 1934 und die Gründung, Auflösung und sonstige gesellschaftliche Vorgänge bei der Offenen Handelsgesellschaft und ähnlichen Gesellschaften, StW 1939, Sp. 359 ff.

b) Erbauseinandersetzung und Grunderwerbsteuer

Nicht nur der Übergang der Nachlaßgrundstücke auf die Erbengemeinschaft im Zeitpunkt des Erbfalls, sondern auch der Erwerb eines Grundstückes zum Zwecke der Nachlaßteilung ist von der Grunderwerbsteuer befreit[6], ohne daß jedoch diese Befreiung, ähnlich wie bei der Umsatzsteuer, einer zeitlichen Begrenzung unterliegt. Diese Steuerbegünstigung dient dem Zweck, die Auseinandersetzung der Erbengemeinschaft zu erleichtern[7] und die Erben davon abzuhalten, aus steuerlichen Gründen den unerwünschten Interimszustand länger als notwendig aufrecht zu erhalten. Deshalb begründen auch weder die Übertragung eines einzelnen Erbteils noch die Übertragung aller Erbteile auf einen Miterben eine Steuerpflicht — obwohl im letzten Fall eine an sich steuerpflichtige Anteilsvereinigung gemäß § 1 Ziff. 3 des Gesetzes vorliegt —, da mit Recht eine Erbauseinandersetzung im weiteren Sinne angenommen wird[8].

Dem Zweck der Steuervergünstigung entspricht es auch, daß zwar der Erwerb eines Erbteiles durch einen Nichterben nicht steuerpflichtig ist und auch die Anwendung der Befreiungsvorschrift weder ausschließt noch einschränkt[9]; der fremde Erbteilserwerber wird jedoch nicht von der Grunderwerbsteuer für den Erwerb der gelegentlich der Erbauseinandersetzung zugeteilten Nachlaßgrundstücke befreit[10], da er nicht wie die Erben kraft Gesetzes, sondern aus freiem Willensentschluß erworben hat, die Steuervergünstigung darum dem Sinn der Befreiungsvorschrift nicht entsprechen würde.

Ist die Auseinandersetzung durch Umwandlung in Bruchteils- oder Alleineigentum vollzogen, so genießt eine spätere abweichende Regelung jedoch nicht mehr die steuerliche Begünstigung als erbrechtlicher Vorgang, selbst wenn die erste Regelung ausdrücklich nur als vorläufige gedacht war[11]. Konsequenzen ergeben sich hieraus für die an anderer Stelle berührte Frage der Sicherstellung von Auseinandersetzungsforderungen ausscheidender Erben. Aufgrund der hohen Grunderwerbsteuer — mit Zuschlägen beträgt der heutige Satz 7 vH des Kaufpreises — empfiehlt sich in einem solchen Falle anstelle der Überführung der Betriebsgrundstücke in Bruchteilseigentum ihre Bei-

---

[6] § 3 Ziff. III GrErwStG.

[7] *Neumann*, Siegfried, Erbengemeinschaft und Grunderwerbsteuer, DStZ 1951, S. 138; RFH vom 30. 9. 1930, JW 1931, S. 379.

[8] BFH vom 13. 7. 1955, BStBl. III 1955, S. 269; RFH vom 17. 4. 1923, Slg. Bd. 12, 71; FG Stuttgart, Der Betriebs-Berater 1951, S. 386.

[9] Hierdurch ändert sich nichts an der Rechtsnatur der Gemeinschaft, sie wird dadurch nicht zu einer Gesellschaft bürgerlichen Rechts, vgl. BFH v. 13. 7. 1955, BStBl. III 1955, S. 269; RFH v. 18. 5. 1934, RStBl. 1934, S. 957.

[10] Der Betriebs-Berater 1950, S. 284.

[11] RFH vom 1. 4. 1933, RStBl. 1935, S. 682; RFH vom 26. 8. 1943, Slg. Bd. 54, S. 548; BFH vom 28. 4. 1954, Der Betrieb 1954, S. 446.

behaltung im Gesamthandeigentum der Erbengemeinschaft, wenn dies auch u. U. die Geschäftsführung des übernehmenden Erben erschwert.

Die Befreiungsvorschrift kommt **nicht** zur Anwendung, wenn die Nachlaßgrundstücke zum Zwecke der Auseinandersetzung auf eine unter den Erben gebildete OHG oder KommG übertragen werden, da diese als selbständige Rechtsträger anerkannt sind[12]. Die Steuer wird jedoch insoweit nicht erhoben, als der Anteil der Gesellschafter an der OHG bzw. KommG ihrem Anteil an der Erbengemeinschaft entspricht, §§ 5, 6 GrErwStG.

c) Erbauseinandersetzung und Kapitalverkehrsteuer

Geschäfte, durch die beim Ausscheiden eines Gesellschafters aus einer Personenvereinigung diesem Gesellschafter Wertpapiere aus dem Gesellschaftsvermögen zugewiesen werden, unterliegen der Börsenumsatzsteuer, § 18 Abs. 2, Z. 2 KVStG. Unter Personenvereinigungen werden jedoch nur solche verstanden, die auf freiwilligem Zusammenschluß beruhen; diese Vorschrift ist daher auf die Erbengemeinschaft nicht anwendbar[13].

Der Erwerb von Nachlaßgegenständen durch einen Miterben gelegentlich der Erbauseinandersetzung beruht jedoch auf einem entgeltlichen Vertrag; die Zuteilung von Wertpapieren unterliegt daher als steuerpflichtiges Anschaffungsgeschäft[14] grundsätzlich der Börsenumsatzsteuer. Eine analoge Anwendung der Befreiungsvorschriften der Grunderwerbsteuer ist ohne ausdrückliche Gesetzesvorschrift nicht möglich. Doch bleibt zu prüfen, ob der Erwerb gelegentlich der Erbauseinandersetzung in jedem Falle auch als Anschaffungsgeschäft angesehen werden kann. Dies ist z. B. nicht der Fall, wenn die Zuweisung nicht auf einer freien Willensentschließung der Erben, sondern auf einer Teilungsanordnung des Erblassers beruht oder im Verhältnis der Erbteile erfolgt. In diesem Falle ist eine Steuerpflicht nicht gegeben[15]. Erfolgt die Zuteilung jedoch abweichend von den ausdrücklichen Teilungsanordnungen des Erblassers oder den im Zweifelsfalle heranzuziehenden gesetzlichen Vorschriften, so gilt der Erwerb der Wertpapiere in vollem Umfange als börsenumsatzsteuerpflichtiges Anschaffungsgeschäft. Wenn auch die Steuer im Höchstfalle[16] 0,75 vH von dem vereinbarten Preis der Wertpapiere beträgt, so ist es doch ratsam, daß der Erblasser die Zuweisung der Wertpapiere durch entsprechende

---

[12] RFH vom 30. 7. 1929, Slg. Bd. 25, S. 291; BFH vom 19. 2. 1953, BStBl. 1953 III, S. 95. Auch diese Urteile lassen erkennen, daß Erbengemeinschaft und fortführende OHG keineswegs identisch sind, da sonst ein steuerpflichtiger Eigentümerwechsel nicht angenommen würde.

[13] BFH vom 20. 11. 1952, StW 1953, Nr. 73.

[14] § 18 Abs. 1 KVStG.

[15] RFH vom 10. 7. 1928, JW 1928, S. 3071.

[16] Im Falle des Erwerbs von GmbH-Anteilen, § 22 Abs. 1 KVStG.

Teilungsanordnungen ausdrücklich regelt und auf diese Weise eine Steuerpflicht ausgeschlossen wird.

d) Auswirkungen der Auseinandersetzung auf die Erbschaftsteuer

Der steuerpflichtige Erbanfall des einzelnen Erben richtet sich, wie schon an anderer Stelle erwähnt, nach seinem erbrechtlichen Anteil am Gesamtwert des Nachlasses, wie er sich aus den Teilungsanordnungen des Erblassers oder aufgrund der gesetzlichen Erbfolge ergibt. Die Höhe der Abfindungen, die dem Erben gelegentlich der Auseinandersetzung tatsächlich zufließen, ist jedoch ohne Einfluß auf die Veranlagung zur Erbschaftsteuer.

Nehmen die Erben eine Nachlaßteilung vor, die im Ergebnis von den Anordnungen des Erblassers oder von den gesetzlichen Erbquoten abweicht, so ist dies darum grundsätzlich ohne Bedeutung für ihre Veranlagung zur Erbschaftsteuer. Doch kann in zweifelhaften Fällen auch ein solcher ernstgemeinter Vergleich der Erben der Besteuerung zugrunde gelegt werden[17], allerdings wohl nur dann, wenn die Erbschaftsteuer noch nicht endgültig veranlagt wurde.

Andererseits kann aber aus der Tatsache, daß ein Miterbe durch eine solche abweichende Regelung über den ihm testamentarisch zugewendeten Anteil am Gesamtnachlaß hinaus auf Kosten der übrigen Erben bereichert wird, eine außerhalb des Erbfalles liegende freigebige und daher schenkungsteuerpflichtige Zuwendung entnommen werden[18]; unbeachtlich ist in diesem Zusammenhang, daß diese in die Form eines „lästigen" Erbauseinandersetzungsvertrages gekleidet ist.

4. Die handelsrechtliche Eröffnungsbilanz des fortführenden Erben

Jeder Kaufmann hat zu Beginn seines Handelsgewerbes seine Vermögenslage in Form einer Bilanz darzustellen, § 39 HGB. Diese Bestimmung bezieht sich nicht allein auf die Errichtung eines neuen Handelsgewerbes, vielmehr obliegt die Verpflichtung zur Aufstellung einer Eröffnungsbilanz auch demjenigen, der ein bereits bestehendes Unternehmen durch Erbgang erwirbt[1], da das Unternehmen durch den Eigentumswechsel eine neue vermögensrechtliche Grundlage erhält[2].

Bei der Aufstellung dieser handelsrechtlichen Eröffnungsbilanz ist der Rechtsnachfolger — der allein fortführende Erbe oder die Erben-Gesellschaft — nicht an die bisherigen Buchwerte des Erblassers gebunden, so daß der Grundsatz der Bilanzidentität hier nicht zur Anwendung gelangt. Maßgebend sind allein die Bewertungsvorschriften des § 40 HGB unter Berücksichtigung der Grundsätze ordnungs-

[17] RFH vom 27. 7. 1938, RStBl. 1938, S. 929.

[18] RFH vom 23. 6. 1931, RStBl. 1931, S. 560; RFH vom 26. 11. 1936, RStBl. 1937, S. 6.

[1] RGSt 28, 429; *Schlegelberger,* a.a.O., Anm. 6 zu § 39 HGB.

[2] Würdinger, a.a.O., Anm. 4 zu § 39 HGB.

mäßiger Buchführung und Bilanzierung. Unter diesem Gesichtspunkt hält die Rechtsprechung auch bei Erbauseinandersetzungen die Aktivierung eines Geschäftswertes durch den übernehmenden Erben für zulässig, wenn die Abfindung eines ausscheidenden Erben seinen ihm aufgrund der Erbquote buchmäßig zustehenden Kapitalanteil übersteigt[3]. Der entgeltliche Erwerb ist das entscheidende Merkmal für die Aktivierungsfähigkeit des Geschäftswertes; das Entgelt beruht im Falle der Erbauseinandersetzung in der Abfindung, die dem ausscheidenden Erben für die Aufgabe seiner Gesamthandberechtigung am Unternehmungsvermögen gewährt wird.

Zur Errichtung einer besonderen, rein handelsrechtlichen Bilanz kommt es jedoch in der Praxis nur in sehr seltenen Fällen, vor allem dann nicht, wenn das Unternehmen durch einen Erben als Einzelunternehmen weitergeführt wird. Die aufgrund der §§ 160 AO, 5 ff. EStG unter Berücksichtigung der steuerlichen Gewinnermittlungs- und Bilanzierungsvorschriften aufzustellende Bilanz entspricht ebenfalls den Grundsätzen der ordnungsmäßigen Bilanzierung, sie erfüllt darum nicht allein die öffentlich-rechtliche Bilanzierungspflicht, sondern wird vielfach selbst in den Fällen, in denen die Bilanzaufstellung auf einer privatrechtlichen Vereinbarung beruht, als Grundlage herangezogen.

5. Die steuerrechtliche Eröffnungsbilanz des fortführenden Erben nach vollzogener Erbauseinandersetzung

a) Unentgeltliche Betriebsübernahme bei Umwandlung der Erbengemeinschaft in eine Personengesellschaft

Durch die Umwandlung der Erbengemeinschaft in eine Personengesellschaft ändert sich für die beteiligten Erben nichts hinsichtlich der steuerlichen Beurteilung. Solange die Erben im Verhältnis ihrer Erbquote auch an der Personengesellschaft beteiligt werden, ist auch keine besondere einheitliche Gewinnfeststellung auf den Auseinandersetzungszeitpunkt erforderlich.

Wenn auch die Auseinandersetzung unter Lebenden stattfindet, so handelt es sich bei der Umwandlung doch nur um die Übertragung der unentgeltlich und von Todes wegen erworbenen Erbteile auf die neue Gesellschaft; der Erwerb der Gesellschaftsanteile gilt darum als unentgeltlicher Erwerb im Sinne des § 5 EStDV. Die Erben-Gesellschafter werden als unmittelbare Rechtsnachfolger des verstorbenen Unternehmers behandelt und sind infolgedessen an dessen Buchwerte gebunden. An dem Kapitalkonto des Erblassers hat sich nichts geändert, da die Gesamthandgemeinschaft, die an die Stelle des Erblassers getreten ist, nur eine andere Rechtsform angenommen hat.

---

[3] *Schreier*, Johannes, Der Geschäftswert. Begriff, Wesen, Faktoren, Hamburg 1928, S. 53.

Auch der Erwerb der Unternehmung durch den Vermächtnisnehmer gilt als unentgeltlicher Erwerb und bindet diesen an die Buchwerte des Erblassers[1].

b) Abfindung in Vermächtnisform: unentgeltlicher Erwerb unter privaten Auflagen

Die Auseinandersetzung unterliegt auch dann keiner anderen einkommensteuerrechtlichen Beurteilung, wenn die Unternehmung nur durch einen Alleinerben fortgeführt wird, während die übrigen Abkömmlinge, einschließlich der Witwe des Erblassers, nicht als Erben eingesetzt, sondern mit einem Vermächtnis abgefunden werden[2]. Obwohl diese Vermächtnisse den Wert des Erwerbes durch den übernehmenden Erben mindern, so wird der Erwerb dadurch doch nicht zu einem ganz oder teilweise entgeltlichen[3]. Es handelt sich vielmehr nach wie vor um einen unentgeltlichen, auf dem Erbfall beruhenden Erwerb, denn der Erbe ist der alleinige Rechtsnachfolger des Unternehmers geworden; die Vermächtnisse sind lediglich private Auflagen ohne betrieblichen Charakter und können darum in der Eröffnungsbilanz nicht in Erscheinung treten[4].

Auch dann, wenn das Vermächtnis in Form einer *Versorgungsrente* ausgezahlt wird, kommt nach ständiger Rechtsprechung[5] eine Passivierung der Rentenschuld in der Eröffnungsbilanz des übernehmenden Erben nicht in Frage, da bei der Gewährung der Rente der Versorgungsgedanke, mithin die außerbetriebliche, private Sphäre überwiegt. Die Leistungen des Erben werden nicht als Entgelt für die Überlassung der uneingeschränkten Nutzung der Unternehmung, sondern als steuerlich unbeachtlicher *familien-* oder *erbrechtlicher* Vorgang angesehen. Dieser berührt unter einkommensteuerrechtlichen Gesichtspunkten nicht das Betriebsvermögen, sondern nur das Privatvermögen der Erben. Auch in diesem Falle sind daher die Buchwerte des Rechtsvorgängers fortzuführen. Im Gegensatz zur Landwirtschaft, wo die Altenteilslasten als Betriebsausgaben abgesetzt werden können[6], sind darum auch die durch das Vermächtnis oder die Auflagen begründeten Leistungen des Erben nur als Sonderausgaben ab-

[1] Herrmann-Heuer, a.a.O., Anm. 42 zu § 6 EStG.

[2] Eine Erbauseinandersetzung liegt in diesem Falle zwar überhaupt nicht vor, doch werden die steuerrechtlichen Auswirkungen der Abfindung in Vermächtnisform zweckmäßigerweise in diesen Zusammenhang einbezogen.

[3] Vgl. *Becker*, Enno, Rundschau zur Steuerrechtsprechung, StW 1929, Sp. 929.

[4] RFH vom 12. 9. 1934, StW 1934, Nr. 744.

[5] Vgl. RFH vom 8. 11. 1933, RStBl. 1934, S. 295; RFH vom 24. 7. 1929, RStBl. 1929, S. 545; RFH vom 27. 11. 1929, RStBl. 1930, S. 40; RFH vom 21. 6. 1933, RStBl. 1933, S. 654; die Frage, ob das neue Rentenurteil (BFH vom 18. 9. 1952, BStBl. 1952 III, S. 290) zu einer anderen Beurteilung führt, wird von *Theis* (Betrieb 1953, S. 89) verneint.

[6] RFH vom 12. 9. 1934, StW 1934, Nr. 744.

zugsfähig, da es sich um wiederkehrende Lasten handelt, die auf einem besonderen, jedoch außerbetrieblichen Verpflichtungsgrunde beruhen.

Kritisch ist zu dieser Betrachtungsweise durch die Rechtsprechung zu bemerken, daß sie den wirtschaftlichen Tatbestand nicht genügend würdigt. Der Erblasser, der bei der Regelung seiner Erbfolge einen Teil seiner Abkömmlinge von jeder Erbfolge ausschließt und stattdessen mit Vermächtnissen bedenkt, läßt sich dabei von der Absicht leiten, dem Erben die Übernahme der Unternehmung zu erleichtern. Auf diese Weise bleibt der Nachlaß geschlossen in einer Hand und muß nicht erst, wie bei der Erbauseinandersetzung, durch komplizierte Übertragungsakte wieder in einer Hand vereinigt werden. Gleichzeitig werden die Forderungen der nichtbeteiligten Abkömmlinge auf materielle Sicherstellung und gerechte Beteiligung am Nachlaß in weitgehendem Maße erfüllt. Im wirtschaftlichen Ergebnis zeigt sich daher kein wesentlicher Unterschied zu der Abfindung der Erben im Rahmen einer Erbauseinandersetzung.

c) Erbauseinandersetzung durch Abfindung eines Teiles der Erben: teils entgeltlicher, teils unentgeltlicher Erwerb

Einer anderen steuerrechtlichen Beurteilung unterliegt die Nachlaßteilung, wenn alle Abkömmlinge, auch die Ehefrau, als gleichberechtigte Erben des Gesamtnachlasses die Unternehmung zur gesamten Hand erwerben. Wird diese anschließend einem der Erben bei der Erbauseinandersetzung übertragen, so handelt es sich, worauf schon an anderer Stelle hingewiesen wurde, um einen Erwerb unter Lebenden. Die Zahlungen, die der Übernehmer den ausscheidenden Erben aufgrund der Teilungsanordnungen oder des Erbauseinandersetzungsvertrages aus dem Betriebsvermögen zu leisten hat, stellen den Kaufpreis für die Überlassung der zum Gesamtnachlaß gehörenden Wirtschaftsgüter des Unternehmungsvermögens dar[7]. Insofern handelt es sich um einen entgeltlichen Erwerb des fortführenden Erben.

Dabei muß jedoch berücksichtigt werden, daß der Übernehmer in seiner Eigenschaft als Miterbe bereits als Gesamthandeigentümer an den erworbenen Wirtschaftsgütern berechtigt ist. Wird dem Erben A das Unternehmen seitens der aus A, B und C bestehenden Miterbengemeinschaft übertragen, so erwirbt er lediglich zwei Drittel der Werte *entgeltlich* aufgrund der Abfindung als Sonderrechtsnachfolger der Miterben, während er das restliche Drittel *unentgeltlich* in seiner Eigenschaft als Erbe und als Gesamtrechtsnachfolger des Erblassers von Todes wegen erwirbt. Der Erwerb durch Erbteilung unterliegt

[7] RFH vom 8. 11. 1933, RStBl. 1934, S. 295.

daher in bezug auf die Eröffnungsbilanz des übernehmenden Erben einer besonderen Beurteilung. Es liegt weder ein völlig entgeltlicher, noch ein ganz unentgeltlicher, sondern ein *teils* entgeltlicher, *teils* unentgeltlicher Erwerb vor.

Die Eröffnungsbilanz vereinigt infolgedessen zwei Probleme in sich, da für die Bewertung der übernommenen Wirtschaftsgüter die Wertansätze des § 6 Z. 6 EStG und die des § 5 EStDV gleichzeitig zur Anwendung kommen. Sie kann insofern als „gemischte Übernahmebilanz" angesprochen werden[8].

Die Verfahrensweise, die bei der Aufstellung der Eröffnungsbilanz einzuschlagen ist, wird verständlicher, wenn man sich vergegenwärtigt, daß die Bilanz einer Mitunternehmergemeinschaft im Steuerrecht nicht als einheitliches Ganzes, sondern als die Zusammenfassung der Bilanzen der einzelnen Mitunternehmer behandelt wird[9]. Überträgt man diese Vorstellung auf die Erbengemeinschaft, dann stellt sich die Erbauseinandersetzung bilanzmäßig so dar, als würden die abzufindenden Miterben ihre ererbten „Betriebe" dem fortführenden Erben übertragen und dieser die verschiedenen „Teil"-Betriebe[10] wieder zu einem einheitlichen Ganzen verbinden. Dies soll an einem Beispiel erläutert werden:

Die auf den Todestag abgestellte Schlußbilanz des Erblassers stellt sich — vereinfacht — folgendermaßen dar:

Liquide Mittel	360 000	600 000	Eigenkapital
Umlaufvermögen	240 000	480 000	Fremdkapital
Betriebsgrundstücke	180 000		
Wirtschaftsgüter des Anlagevermögens, die der Abnutzung unterliegen	300 000		
	1 080 000	1 080 000	

Unter steuerlichen Gesichtspunkten löst sich die Einzelunternehmung durch den Übergang auf die drei zur gesamten Hand erwerbenden Erben A, B und C in drei Teilbetriebe auf. Da § 5 EStDV die unentgeltlichen Erwerber an die Buchwerte des Rechtsvorgängers bindet, haben die jeweiligen „Eröffnungsbilanzen" folgendes Aussehen:

---

[8] *Meisner,* Heinrich, Die einkommensteuerlichen Umgründungsbilanzen der Betriebe unter besonderer Berücksichtigung des Geschäftswertes, Diss. Frankfurt 1949, S. 140.

[9] RFH RStBl. 1941, S. 842; vgl. *Veiel,* Otto, Zum Steuerrecht der Mitunternehmergemeinschaften, StW 1941, Sp. 824 ff. (Sp. 829 ff.). *Veiel* geht so weit, dem Mitunternehmer einen eigenen „Betrieb" zuzuerkennen und ihn steuerlich wie einen Einzelunternehmer zu behandeln. Diese sogen. „Bündeltheorie" ist heute stärker denn je umstritten.

[10] Ein solcher nur gedanklich darzustellender *Teil*-Betrieb ist nicht zu verwechseln mit dem *Teilbetrieb* im Sinne des § 16 EStG.

	A	B	C
Aktiva:			
Liquide Mittel	120 000	120 000	120 000
Umlaufvermögen	80 000	80 000	80 000
Betriebsgrundstücke	60 000	60 000	60 000
Abnutzbares Anlagevermögen	100 000	100 000	100 000
	360 000	360 000	360 000
Passiva:			
Eigenkapital	200 000	200 000	200 000
Fremdkapital	160 000	160 000	160 000
	360 000	360 000	360 000

Die Abfindung der weichenden Erben B und C erfolgt aufgrund eines geschätzten Gesamtwertes der Unternehmung von DM 900 000, so daß auf jeden der ausscheidenden Erben ein Anteil von DM 300 000 entfällt. Die steuerlichen Kapitalkonten der Erben B und C in Höhe von je DM 200 000 werden durch die Auseinandersetzung in die entsprechenden Abfindungskonten von je DM 300 000 umgewandelt, wobei der Ausgleich für die Differenz von DM 100 000, in welcher die stillen Reserven und der Geschäftswert zum Ausdruck kommen, durch eine Höherbewertung der Aktiven gefunden wird. Der Buchungssatz lautet:

Eigenkapital B (C) 200 000
Aktiva B (C) 100 000
an Abfindungskonto B (C) 300 000

Die Verteilung des Mehrbetrages auf die Aktiva des „Betriebsvermögens" der ausscheidenden Erben richtet sich, da ein entgeltlicher Erwerb vorliegt, nach § 6 Z. 6 EStG, wonach die Wirtschaftsgüter mit dem Teilwert, höchstens jedoch mit den Anschaffungs- oder Herstellungskosten angesetzt werden dürfen. Die Schlußbilanz des Erblassers enthält an stillen Reserven (= Teilwerte ./. Buchwerte):

a) im Umlaufvermögen:	DM 60 000,—
b) in den Betriebsgrundstücken, da die Anschaffungskosten nicht überschritten werden dürfen:	—
c) im abnutzbaren Anlagevermögen:	DM 150 000,—
	DM 210 000,—

Auf die „Betriebe" der Erben B und C entfallen hiervon anteilig je DM 70 000[11]. Der Mehrbetrag der Abfindung ist auf diese stillen Reserven zu verteilen[12]. Im Beispielsfalle reicht jedoch die Summe der Teilwerte des materiellen Betriebsvermögens zur Aufnahme der Mehrabfindung nicht aus; die Differenz von DM 60 000 ist daher als Geschäftswert zu aktivieren[13], da in der Höhe der Abfindungen das Vorhandensein eines ideellen Wertes zum Ausdruck kommt[14].

[11] Es darf dabei nur derjenige Teil der stillen Reserven erscheinen, der nach dem Stand des Kapitalkontos zum Anteil des Ausscheidenden gehört, RFH RStBl. 1938, S. 662.

[12] RFH vom 14. 3. 1942, RStBl. 1942, S. 314.

[13] Nur dann, wenn stille Reserven in den bereits vorhandenen Bilanzkosten nicht enthalten sind, ist die Einrichtung eines Geschäftswertkontos gerechtfertigt, RFH vom 30. 4. 1935, StW 1935, Nr. 535.

[14] Es kann die Mehrabfindung jedoch auch lediglich zu dem Zwecke gezahlt worden sein, den ausscheidenden Miterben zu einer vorzeitigen Auseinander-

Die Teilbilanzen der Erben B und C ergeben nach Auflösung der stillen Reserven jeweils folgendes Bild:

	Schluß-bilanz	Stille Reserven	Ab-findungs-bilanz
Liquide Mittel	120 000	—	120 000
Umlaufvermögen	80 000	20 000	100 000
Geschäftswert	—	30 000	30 000
Betriebsgrundstücke	60 000	—	60 000
Abnutzbares Anlagevermögen	100 000	50 000	150 000
	360 000	100 000	460 000
./. Fremdkapital			160 000
Abfindung:			DM 300 000

Die steuerliche Eröffnungsbilanz des Erben A, der die Unternehmung als geschlossene Wirtschaftseinheit fortführt, ergibt sich nunmehr aus der Zusammenfassung der drei — nur gedanklich getrennten — Sonderbilanzen der einzelnen Erben, wobei zu berücksichtigen ist, daß A die Wertansätze seiner eigenen Sonderbilanz nicht verändern kann:

	A	B	C
Liquide Mittel	120 000	120 000	120 000
Umlaufvermögen	80 000	100 000	100 000
Geschäftswert	—	30 000	30 000
Betriebsgrundstücke	60 000	60 000	60 000
Abnutzbares Anlagevermögen	100 000	150 000	150 000
	360 000	460 000	460 000

Eröffnungsbilanz des übernehmenden Erben A:

Liquide Mittel	DM	360 000	Eigenkapital	DM	200 000
Umlaufvermögen	DM	280 000	Abfindungskonto B	DM	300 000
Geschäftswert	DM	60 000	Abfindungskonto C	DM	300 000
Betriebsgrundstücke	DM	180 000	Sonstiges Fremdkapital	DM	480 000
Abnutzbares Anlagevermögen	DM	400 000			
	DM	1 280 000		DM	1 280 000

Die Reaktivierung stiller Reserven bzw. die Bildung eines Geschäftswertes als Folge der bei der Auseinandersetzung vereinbarten Mehrabfindungen erfolgt nur soweit, als das Entgelt als zugeflossen betrachtet werden kann. Eine Passivierung der Abfindung und die Bildung eines entsprechenden Aktivpostens erfolgt in voller Höhe, wenn der Kaufpreis gestundet und ratenweise Zahlung vereinbart wurde. In diesem Falle werden die Nennbeträge der Raten, bzw. bei Unverzinslichkeit des Restguthabens die abgezinsten Raten[15], passiviert. Bei Vereinbarung einer *Betriebsveräußerungsrente* wird die

---

setzung zu veranlassen. Analog der Behandlung eines „lästigen Gesellschafters" (RFH RStBl. 1938, S. 662) ist in diesem Falle der die Teilwerte übersteigende Betrag als Betriebsausgabe abzugsfähig.

[15] RFH vom 20. 10. 1937, RStBl. 1938, S. 92.

Auseinandersetzungsforderung in ein einheitliches und zu passivierendes Rentenstammrecht umgewandelt. Eine Rente ist jedoch nur dann zu passivieren, wenn sie gewährt wird, um den Anteil des Ausscheidenden an den materiellen Werten oder am Geschäftswert abzugelten[16]. Eine zwangsweise Passivierung braucht dagegen nicht vorgenommen zu werden[17], wenn und insoweit die Rente im wesentlichen aus dem Versorgungsgedanken heraus eingeräumt wurde, und zwar selbst dann, wenn ein Geschäftswert tatsächlich vorliegt. Die Renten mindern in diesem Fall den laufenden Geschäftsgewinn. Wird die erbrechtliche Beteiligung ganz oder teilweise in eine Gewinnbeteiligung umgewandelt, so ist eine sofortige Passivierung der Gewinnbeteiligungslast nur dann am Platze, wenn sie lediglich als Entgelt für die Überlassung von Unternehmungssubstanz, also von Gegenständen mit objektivem Verkehrswert, eingeräumt wurde[18]. Soll durch die Gewinnbeteiligung jedoch ein Geschäftswert abgegolten werden, so hat die Aktivierung dieses Geschäftswertes nur anteilmäßig entsprechend den tatsächlichen Gewinnzahlungen zu erfolgen.

d) Entgeltliche Betriebsübernahme bei Umwandlung in eine Kapitalgesellschaft

Die Umwandlung der Erbengemeinschaft in eine Kapitalgesellschaft nimmt in der steuerrechtlichen Beurteilung eine Sonderstellung ein. Die Kapitalgesellschaft ist eine juristische Person, als solche kann sie das Unternehmungsvermögen unter e i g e n e m Namen gegen Gewährung von Gesellschaftsrechten erwerben. Die Übertragung des ererbten Betriebsvermögens auf eine durch die Erben errichtete Kapitalgesellschaft ist darum für die Erben eine Veräußerung[19] und für die Kapitalgesellschaft ein entgeltlicher Erwerb, wobei es keine Rolle spielt, daß die Erben gleichzeitig die Gesellschafter der Kapitalgesellschaft sind. Die eingebrachten Wirtschaftsgüter können darum in der Eröffnungsbilanz der Kapitalgesellschaft mit ihren Teilwerten eingesetzt werden, falls diese die Anschaffungs- oder Herstellungskosten nicht übersteigen.

6. Veräußerungsgewinn bei der Auseinandersetzung der Erbengemeinschaft

Mit der Auflösung der Erbengemeinschaft erlischt auch ihre steuerliche Rechtsfähigkeit. Aus diesem Grunde muß der Gewinn, den die Erben während der Zeit des gemeinschaftlichen Betriebes der Unter-

---

[16] RFH vom 16. 8. 1934, StW 1934, Nr. 592.

[17] RFH vom 23. 3. 1932, RStBl. 1932, S. 705.

[18] RFH vom 1. 2. 1933, RStBl. 1933, S. 479.

[19] *Herrmann-Heuer*, a.a.O., Anm. 32 f zu § 16 EStG.

nehmung erzielt haben, auf den Zeitpunkt der Auseinandersetzung letztmalig einheitlich festgestellt werden. Eine Ausnahme besteht nur in dem Falle der Umwandlung in eine Personengesellschaft, wenn die Rechtsträger der neuen Gesamthandgemeinschaft mit denen der Erbengemeinschaft identisch sind.

Gelegentlich dieser letzten einheitlichen Gewinnfeststellung ist auch die Frage zu prüfen, ob und in welcher Höhe die abgefundenen Erben bei der Auseinandersetzung einen steuerpflichtigen Veräußerungsgewinn im Sinne des § 16 EStG erzielt haben. Die Beurteilung dieser Frage hängt von der Form ab, in der sich die Auseinandersetzung abwickelt.

Geht das Unternehmen des Erblassers mit seinem Tode auf einen Dritten über, der zum Ausgleich dafür eine Zahlung an die Erben zu bewirken hat, so fällt diese Kaufpreisforderung in den Nachlaß. Übersteigt der Veräußerungspreis in diesem Falle das Kapitalkonto der steuerlichen Schlußbilanz des Erblassers, dann handelt es sich um einen Veräußerungsgewinn des Erblassers und nicht etwa der Erben, die selbst ja keine Unternehmer geworden sind. Die Einkommensteuer auf diesen Veräußerungsgewinn geht allerdings als Nachlaßverbindlichkeit auf die Erben über.

Haben dagegen die Erben das ererbte Unternehmen zum Zwecke der Auseinandersetzung selbst an einen Dritten veräußert und übersteigt der Veräußerungspreis die letzten Buchwerte, dann handelt es sich um einen Veräußerungsgewinn der Erben, der bei diesen einheitlich festgestellt und ihnen entsprechend ihren Erbquoten zugerechnet wird. Das gilt auch dann, wenn die Erben ihre Anteile am Betriebsvermögen zu einem die letzten Buchwerte übersteigenden Wert in eine von ihnen selbst errichtete Kapitalgesellschaft einbringen. Ein Veräußerungsgewinn kann jedoch nicht entstehen, wenn die Kapitalgesellschaft die bisherigen Buchwerte fortführt[1].

Schwieriger wird die Beurteilung, wenn e i n Erbe das Unternehmen fortführt und seine Miterben abfindet. Der Einfachheit halber soll zunächst angenommen werden, daß der Nachlaß nur aus der Unternehmung besteht. In diesem Falle kann unterstellt werden, daß der übernehmende Erbe seine Miterben in der Form abfindet, daß er ihnen ihre Anteile am Unternehmen a b k a u f t. Übersteigt der dafür vereinbarte Kaufpreis oder Abfindungsbetrag den Anteil des abzufindenden Erben am letzten steuerlichen Kapitalkonto des Erblassers, so liegt ein Veräußerungsgewinn in Höhe dieser Differenz vor[2]. Auf das im vorigen Abschnitt angeführte Beispiel angewandt,

---

[1] *Hermann-Heuer*, a.a.O., Anm. 32 f. zu § 16 EStG.

[2] Vgl. *Becker*, Enno, StW 1929, Sp. 932 f.; RFH vom 8. 11. 1933, RStBl. 1934, S. 295; RFH vom 20. 7. 1938, RStBl. 1939, S. 940; „Ein Gewinn, der bei der Veräußerung eines ererbten Betriebes oder Betriebsteiles gemacht wird, ist

kann man also folgern, daß die beiden abgefundenen Miterben zu je ein Drittel Gesamtrechtsnachfolger des Erblassers geworden sind und durch die Veräußerung ihres Anteils einen Veräußerungsgewinn von je DM 100 000 erzielt haben.

Zweck der Besteuerung von Veräußerungsgewinnen ist es, stille Reserven zu erfassen, die bisher der Besteuerung entzogen waren und die der Besteuerung endgültig verloren gingen, wenn sie nicht gelegentlich der Veräußerung erfaßt würden[3]. Nun hat jedoch zumindest ein Teil dieser stillen Reserven aus Anlaß des Erbfalles bereits einer besonderen Besteuerung unterlegen, da als Bemessungsgrundlage der Erbschaftsteuer auf den Erbanfall der Erben nicht die Buchwerte der Erfolgsbilanz, sondern der regelmäßig höhere Einheitswert des Betriebsvermögens herangezogen wird, der nach den Bestimmungen des Bewertungsgesetzes ermittelt und den Erben gem. § 11 Ziff. 5 StAnpG so zugerechnet wird, als seien sie Eigentümer zu Bruchteilen. Um eine doppelte Steuerbelastung des Erbanfalls nach Möglichkeit auszuschalten, wird daher in § 16 Abs. 5 EStG bestimmt, daß die Einkommensteuer vom Veräußerungsgewinn in denjenigen Fällen ermäßigt oder erlassen wird, in denen der Veräußerer den Unternehmungsanteil innerhalb der letzten drei Jahre erworben und bei dieser Gelegenheit Erbschaftsteuer gezahlt hat[4].

Die Einkommensteuerrichtlinien 1955[5] legen diese Bestimmungen so aus, daß die ggf. nach § 34 Abs. 1 und 2 EStG auf den Veräußerungsgewinn zu berechnende Einkommensteuer um den Betrag der Erbschaftsteuer zu kürzen ist, der auf die stillen Reserven, in diesem Falle auf die Differenz zwischen dem Anteil des Erben an dem auf den Todestag ermittelten Einheitswert des Betriebsvermögens und dem Kapitalkonto der letzten Erfolgsbilanz des Erblassers, entfallen ist.

Diese etwas komplizierte Regelung soll anhand des bereits oben herangezogenen Beispiels erläutert werden:

Der Anteil der ausscheidenden Erben B und C beträgt in diesem Falle je DM 200 000, während die Abfindung sich auf DM 300 000 beläuft. Jeder der ausscheidenden Erben erzielt somit einen Veräußerungsgewinn von DM 100 000. Der Anteil des einzelnen Erben am Einheitswert des gewerblichen Betriebsvermögens soll demgegenüber DM 280 000 betragen.

---

ein Veräußerungsgewinn. Es ist unerheblich, ob die Veräußerung an einen Dritten oder an einen Miterben erfolgt", RFH vom 4. 1. 1939, RStBl. 1939, S. 264.

[3] *Würdinger*, Rudolf, Veräußerungsgewinn bei Auflösung einer Erbengemeinschaft, StW 1956, Sp. 107 ff.

[4] Auch diese steuerliche Begünstigung kann die Erben veranlassen, den Interimszustand der Erbengemeinschaft bald zu beenden, wenn auch die Bestimmung nicht zu diesem Zwecke getroffen wurde.

[5] Vgl. Abschn. 139 EStR 1955.

Auf den Erwerb von	DM 280 000	
•/• Freibetrag	DM 30 000	
	DM 250 000	
ist eine ErbSt von 6 vH	=	DM 15 000
zu entrichten. Würde nur das Kapitalkonto der steuerlichen Erfolgsbilanz der ErbSt unterliegen, so wäre auf den Erwerb von	DM 200 000	
•/• Freibetrag	DM 30 000	
	DM 170 000	
nur eine ErbSt von 5,5 vH	=	DM 9 350
zu zahlen; der Veräußerungsgewinn wird also bereits durch die Erbschaftsteuer mit		DM 5 650
belastet.		

Der Einkommensteuer unterliegt der Veräußerungsgewinn nur mit der Hälfte desjenigen Steuersatzes, der sich bei der Besteuerung des Gesamteinkommens ergeben würde[6]. Dieses setzt sich bei jedem der ausscheidenden Erben zusammen

a) aus den laufenden Einkünften aus Gewerbebetrieb	DM 40 000
b) und aus dem Veräußerungsgewinn	DM 100 000
	DM 140 000
•/• Sonderausgaben	DM 1 000
	DM 139 000

Der hierauf anzuwendende durchschnittliche Steuersatz von 42,39 vH[7] ist zu halbieren; der Veräußerungsgewinn unterliegt der Einkommensteuer daher mit

21,2 vH von DM 100 000	=	DM 21 200
•/• auf die stillen Reserven entrichteter Erbschaftsteuer	=	DM 5 650
		DM 15 550

Der Veräußerungsgewinn umfaßt die Summe aller Vorteile, die dem ausscheidenden Erben gelegentlich der Auseinandersetzung zufließen. Er gilt als realisiert, wenn der Kaufpreis in einer festen Summe besteht, gleichgültig, ob diese sofort ausgezahlt, gestundet, oder ob der Kaufpreisanspruch in ein neues Rechtsverhältnis (Darlehen, Stille Beteiligung) umgewandelt wird. Anders hingegen ist die Beurteilung der Abfindungsformen, bei denen die Gegenleistungen für den Veräußerer mit einem gewissen Wagnis behaftet sind[8] und das Merkmal der Unsicherheit des Zufließens in sich bergen, sei es, weil die Zahlungen sich über einen langen Zeitraum hin erstrecken (Rente) oder weil sie von den zukünftigen Gewinnen der Unternehmung abhängen[9] (Gewinnbeteiligung). Diese gelten erst im Kalenderjahre des

[6] Abschn. 197 EStR 1955; es liegt im Ermessen des Finanzamtes, welcher ermäßigte Steuersatz innerhalb des gesetzlichen Rahmens von 10—30 vH im Einzelfall anzuwenden ist.

[7] ESt-Tarif 1955, Steuerklasse I.

[8] RFH vom 19. 2. 1936, RStBl. 1936, S. 768.

[9] RFH vom 14. 5. 1930, RStBl. 1930, S. 580; laufende Entgelte für die

Zufließens als vereinnahmt und unterliegen auch erst in dem Zeitpunkt der Besteuerung, in dem die Summe der geleisteten laufenden Bezüge die Buchwerte des übertragenen Betriebsvermögens überschreitet[10]. Darüber hinaus zählen sie als nachträgliche Einkünfte aus Gewerbebetrieb, die aber nicht mehr als Veräußerungsgewinne steuerlich begünstigt werden[11].

Die Verhältnisse liegen jedoch nicht immer so einfach wie in dem angeführten Beispiel, da sich im Nachlaß in der Regel außer dem Unternehmen auch sonstiges Vermögen befindet, das nicht im Betriebsvermögen bilanziert wird.

Das Beispiel kann daher dahingehend erweitert werden, daß zum Nachlaß auch ein Wohngrundstück im Werte von DM 240 000 gehört und die Auseinandersetzung in der Weise erfolgen soll, daß B und C das Grundstück erhalten, A dagegen das Unternehmen fortführt und seine Geschwister bei der Erbauseinandersetzung auf der Basis des Verkehrswertes abfindet.

Die Abfindungen errechnen sich dann folgendermaßen:

Verkehrswert der Unternehmung	DM	900 000
Hausgrundstück	DM	240 000
Gesamtwert des Nachlasses	DM	1 140 000
Erbteile der Erben je	DM	380 000

Die Abfindungen der Erben B und C setzen sich jeweils zusammen:

a) aus ihrem Anteil am Grundstück (1/3 von DM 240 000)	DM	80 000
b) Erwerb des hälftigen Anteils des A am Grundstück (1/2 von DM 80 000)	DM	40 000
c) aus ihrer Forderung gegen A auf Zahlung von	DM	260 000
	DM	380 000

Der übernehmende Erbe A muß also auch in diesem Falle DM 600 000 aufwenden, um zwei Drittel des Betriebes mit den entsprechenden Buchwerten von DM 400 000 zu erwerben. Demnach hätte jeder der ausscheidenden Erben einen Veräußerungsgewinn von DM 100 000 erzielt. Zutreffender[12] scheint jedoch eine Berechnung, die von der Annahme ausgeht, daß der Nachlaß soweit wie möglich natural geteilt wird und erst dann ein steuerlich relevanter Erwerb vorliegt, wenn das dafür zu zahlende Entgelt das Betriebsvermögen des übernehmenden Erben belastet. Infolgedessen belaufen sich der Kaufpreis im Beispielsfalle auf DM 520 000 und der Veräußerungsgewinn der ausscheidenden Erben nur auf 2 × DM 60 000 = DM 120 000, während der Verzicht des übernehmenden Erben auf seinen Anteil an dem Hausgrundstück sowohl bei der Ermittlung des

---

Gewinnanteile sind losgelöst vom festen Entgelt für die Veräußerung des Anteils zu betrachten, *Herrmann-Heuer*, a.a.O., Anm. 24 a zu § 16 EStG.

[10] FG Düsseldorf, Betrieb 1952, S. 647.

[11] *Blümich-Falk*, a.a.O., zu § 16 EStG, S. 592.

[12] So *Würdinger*, Rudolf, a.a.O., Sp. 111.

Veräußerungsgewinnes der ausscheidenden Erben als auch bei der Passivierung der Auseinandersetzungsforderungen in der Bilanz des übernehmenden Erben unberücksichtigt bleibt.

Diese Handhabung stützt sich auf die durch den RFH[13] vorgenommene bewußte Herausnahme aller rein erbrechtlichen Vorgänge aus der Sphäre des Betriebsvermögens. Besonders deutlich werden die Konsequenzen dieser Trennung von betrieblicher und privater Sphäre, wenn die Erbengemeinschaft in der Weise beendet wird, daß die ausscheidenden Erben ihre Erbteile dem übernehmenden Erben gegen Entgelt übertragen. Sieht man den Vorgang des Erbens und der Erbteilsveräußerung als steuerlich irrelevant und der privaten Sphäre angehörig an, so kann ein Veräußerungsgewinn der Erben, die ihren Erbteil übertragen, in keinem Falle entstehen. Dies folgt schon daraus, daß der übernehmende Erbe durch Eintritt in die Rechtsstellung seiner Miterben nunmehr Alleinerbe geworden ist. Als solcher ist er aber an die Buchwerte seines Rechtsvorgängers, des Erblassers, gebunden. Das Entgelt, das in diesem Falle für den Erwerb der ganzen Erbschaft einschließlich des Unternehmens gezahlt wurde, berührt nur das Privatvermögen des fortführenden Erben. Hat aber der Erwerber keine Möglichkeit, die im Rahmen des Gesamtkaufpreises überhöhten anteiligen Entgelte für den Erwerb der Unternehmung zu aktivieren, so kann auf der anderen Seite auch kein Veräußerungsgewinn der Erben entstehen, die ihren Erbteil übertragen[14].

Diese verschiedene steuerliche Beurteilung der im wirtschaftlichen Ergebnis gleichartigen Formen der Auseinandersetzung erscheint wenig befriedigend. Sie ist jedoch darauf zurückzuführen, daß alle erbrechtlichen Vorgänge nur dann steuerlich beachtlich werden, wenn sie in die betriebliche Sphäre hinübergreifen. Dies ist aber nur der Fall bei der unmittelbaren Veräußerung des *Betriebs*ganzen oder von Teilen des Betriebes, während die *Erbteils*veräußerung, die sich nur mittelbar auf das zum Nachlaß gehörende Betriebsvermögen auswirkt, steuerlich unbeachtlich ist[15]. Es bleibt den Beteiligten überlassen, diejenige Form der Auseinandersetzung zu wählen, die ihren Interessen am nächsten kommt.

Wie schon im vorangegangenen Abschnitt ausgeführt wurde, werden auch die aufgrund von Vermächtnissen und Auflagen gewährten Leistungen an Familienangehörige, die nicht an der Unternehmung beteiligt werden, als steuerlich unbeachtliche erbrechtliche Vorgänge angesehen; der übernehmende Erbe hat daher auch in diesem Falle keine Möglichkeit, die ihm daraus erwachsenden Verpflichtungen zu

---

[13] RFH vom 28. 5. 1930, RStBl. 1930, S. 583; RFH vom 31. 10. 1934, Nr. 728.

[14] So auch *Würdinger*, a.a.O., wenn auch mit anderer Begründung.

[15] *Würdinger*, a.a.O., Sp. 116.

passivieren. Ebensowenig können aber bei den Vermächtnisnehmern irgendwelche steuerpflichtigen Veräußerungsgewinne entstehen, da sie in keinem Falle als Mitunternehmer im Sinne des § 16 EStG anzusprechen sind. Aus diesem Grunde kann es ratsam sein, die Abfindungen in die Form von Vermächtnissen zu kleiden, wenn andernfalls die Gefahr besteht, daß diese Abfindungen zusätzlich durch Einkommensteuer auf Veräußerungsgewinne belastet werden.

Erleichterung, Vorbereitung und Vermeidung des Erbganges der Unternehmung

Während der vorangegangenen Ausführungen ergab sich häufig genug Anlaß, auf die Gefahren hinzuweisen, die der Unternehmung aus dem Übergang im Erbwege durch Streitigkeiten der Erben bezüglich Art und Weise der Fortführung des Unternehmens und der Erbauseinandersetzung, vor allem aber durch die Ansprüche abzufindender Erben drohen. Ebenso wurde darauf hingewiesen, daß der Erblasser zwar den Erbgang erleichtern kann, indem er Verwaltung und Auseinandersetzung des Nachlasses einem Testamentsvollstrecker überträgt, bindende Teilungsanordnungen trifft oder den Erbübergang auf einen Erben beschränkt, während die übrigen mit Vermächtnissen abgefunden werden, daß aber alle diese Maßnahmen nur soweit zwingend sind, als die Erben auch willens sind, sich dem erbrechtlichen Zwange zu unterwerfen. Den Anspruch eines pflichtteilsberechtigten Erben auf die durch keinerlei Auszahlungsbeschränkungen belastete Hälfte seines gesetzlichen Erbteils, den Pflichtteil, können sie jedoch weder abschwächen noch ausschließen.

Dies folgt aus der Tatsache, daß die Erbfolge in eine gewerbliche Unternehmung der gleichen Behandlung unterliegt wie die Erbfolge in jedes andere Nachlaßobjekt. Im Gegensatz dazu hat sich im landwirtschaftlichen Erbrecht schon frühzeitig die Ansicht Bahn gebrochen, daß die Erhaltung des Hofes in einem Zustande, der auch nach dem Erbfall Gewähr für eine wirtschaftliche Bearbeitung bietet, nur dann möglich ist, wenn eine reale Teilung vermieden wird und die Abfindungsansprüche der „weichenden" Erben auf ein erträgliches Maß herabgesetzt bzw. ganz ausgeschlossen werden. Diese Notwendigkeit ergibt sich bei landwirtschaftlichen Betrieben schon deswegen, weil der Wert eines Hofes vorwiegend im Grund und Boden liegt und die flüssigen Mittel des Betriebes wegen der geringen Rendite und des langsamen Kapitalumschlages in der Regel zu einer Barabfindung nicht ausreichen. Die Veräußerung von Grund und Boden sowie die Aufnahme von Hypothekarkrediten führen aber gerade bei den mit geringer Rentabilität arbeitenden landwirtschaftlichen Betrieben zu drückenden Belastungen. Aus diesen Gründen hatte das frühere Erbhofrecht bei bestimmten landwirtschaftlichen Betrieben, die zu *Erbhöfen* erklärt wurden, Abfindungszahlungen an weichende Erben ausgeschlossen und an ihre Stelle den Versorgungsanspruch gegen den alleinigen „Hoferben“ gesetzt. Der Hof selbst fiel im *Sonder*erbgang nur an diesen Hoferben; eine Veräußerung des Hofes oder von Hofteilen war ausgeschlossen, damit dieser der Familie in jedem Falle ungeschmälert erhalten blieb.

Es ist auf den ersten Blick verständlich, daß sich hin und wieder Bestrebungen bemerkbar machen, die eine ähnliche Sondererbfolge auch für gewerbliche Unternehmungen eingeführt wissen möchten, die also die Schaffung eines „Erbhofs der Wirtschaft“[1] erstreben, um damit die Erhaltung des Unternehmens als wesentlichen Bestandteil des Volks-, aber auch des Familienvermögens zu sichern. Zwischen einem landwirtschaftlichen Betrieb und einer gewerblichen Unternehmung bestehen jedoch wesentliche Unterschiede, die eine derartige Regelung nicht als zweckmäßig erscheinen lassen. Ein bäuerlicher Betrieb arbeitet in der Regel gleichförmig und auf lange Sicht hin. Seine ordnungsmäßige Bewirtschaftung erfordert, von Großbetrieben abgesehen, keine überdurchschnittlichen organisatorischen oder kaufmännischen Fähigkeiten, sondern nur „Lust und Liebe zur Scholle“, Eigenschaften also, die sich erfahrungsgemäß durch viele Generationen hindurch in mindestens einem Kinde des Bauern erhalten. An den Inhaber eines gewerblichen Unternehmens werden dagegen Anforderungen gestellt, die meist überdurchschnittliche Fähigkeiten, Weitsicht und Anpassungsfähigkeit voraussetzen. Diese Eigenschaften vererben sich jedoch nicht regelmäßig von einer Unternehmergeneration auf die nächste. Eine erbrechtliche Bindung der „Erb-Unternehmung“ im Familienbesitz ist darum sinnlos, wenn kein Erbe die Voraussetzungen erfüllt, die an den Leiter einer Unternehmung gestellt werden müssen, und wenn infolgedessen nur eine Veräußerung der Unternehmung das in ihr investierte Familienvermögen zu retten vermag. Sollte einer solchen Regelung Erfolg beschieden werden, müßte sie zudem von Veräußerungs- und Belastungsverboten begleitet sein, die alle Versuche des Erblassers, die erbrechtlichen Bindungen durch Verfügung unter Lebenden zu umgehen, aussichtslos machen würde, die aber gleichzeitig die unternehmerische Bewegungsfreiheit in einem nicht zu vertretenden Maße einschränken würde. Eine dem Erbhofrecht ähnliche Sondererbfolge in andere als landwirtschaftliche Wirtschaftseinheiten ist aus diesem Grunde nicht zu befürworten.

Der Forderung, die Zerschlagung von Unternehmungen nach Erbfällen als Folge der Belastung mit Pflichtteils- und Vermächtnisansprüchen nach Möglichkeit zu verhindern, muß darum auf andere Weise Rechnung getragen werden. Einen gangbaren Weg weist der

[1] Vgl. im folgenden: Denkschrift der Akademie für Deutsches Recht, a.a.O., S. 294.

Vorschlag *Boehmer's*[2], der das auf einen starren Kapitalanspruch gerichtete und sofort fällige Pflichtteilsrecht in eine beweglichere Form, z. B. in langfristig tilgbare Raten- oder Rentenzahlungen mit der Möglichkeit gerichtlicher Stundungsgewährung, umgewandelt sehen möchte. Die eingeschränkte Realisierbarkeit des Pflichtteilsrechts soll durch eine reale Beteiligung des abzufindenden Erben an den Anlagewerten der Unternehmung und ihrem rechtlichen und wirtschaftlichen Schicksal, also auch an den Gewinnen und Verlusten, ausgeglichen werden[3]. Ob es notwendig und zweckmäßig ist, die für Unternehmer bestimmten Sondererbrechte auch auf das Gebiet des Familien- und Erbrechts auszudehnen, wird allerdings von *Boehmer* selbst an anderer Stelle bezweifelt[4].

Die Bestimmungen des Erbrechts bieten demnach unmittelbar keine Möglichkeiten, den übernehmenden Erben und den Bestand der im Erbwege übergegangen Unternehmung vor der Belastung mit Pflichtteilsansprüchen abzufindender Miterben zu schützen[5]. Welche Konsequenzen ergeben sich hieraus für die betriebliche Erbfolgeregelung?

Zunächst bietet sich dem vorausschauender Erblasser der Ausweg, die Höhe der nach seinem Tode u. U. fällig werdenden Pflichtteilsansprüche dadurch zu verringern, daß er den Erben, die aus den Mitteln der Unternehmung abzufinden sind, schon zu seinen Lebzeiten größere Zuwendungen macht und dabei ausdrücklich bestimmt, daß diese auf den Pflichtteil anzurechnen sind, § 2315 BGB. Da diese Zuwendungen nach dem Ermessen des Erblassers über größere Zeitabschnitte verteilt werden können und nicht wie der Pflichtteil selbst mit einem Male fällig sind, werden die Gefahren für die Liquidität der Unternehmung erheblich vermindert; sollte der betreffende Erbe nach dem Erbfall den Pflichtteil fordern, so stellen die notwendigen Zahlungen, die nach Anrechnung der bereits empfangenen Zuwendungen verbleiben, keine erhebliche Gefahr mehr dar. Diese vorweggenommene Abfindung zu Lebzeiten des Erblassers beseitigt alle eventuellen Schwierigkeiten des Erbgangs dann, wenn der auf diese Weise bedachte Abkömmling als Gegenleistung für die Zuwendungen auf sein Erbrecht verzichtet[6]. Beim Tode des Erblassers wird er nicht

---

[2] *Boehmer*, Gustav, ZAkDR 1938, 278.

[3] Die *Motive* (Motive zu dem Entwurf eines bürgerlichen Gesetzbuches für das Deutsche Reich, Band V, 2. unveränderte Auflage, Berlin 1896, S. 386) lehnten ein solches reales Pflichtteils-Erbrecht ab und zogen die Ausgestaltung des Pflichtteilsanspruchs als reinen Wertanspruch vor; vgl. hierzu auch BGH vom 14. 7. 1952, Der Betrieb 1952, S. 966.

[4] *Boehmer*, Gustav, Grundlagen der bürgerlichen Rechtsordnung, 2. Buch: Dogmengeschichtliche Grundlagen, Tübingen 1951, S. 209.

[5] Es ist zumindest zweifelhaft, ob dem bürgerlichen Recht diese Aufgabe überhaupt zukommt.

[6] Sog. „Erbverzicht", vgl. § 2346 BGB: „... Der Verzichtende ist von der

Erbe; es entsteht keine Erbengemeinschaft mit ihm und es erübrigt sich infolgedessen auch eine Erbauseinandersetzung. Mit dem Erbverzicht ist auch das Pflichtteilsrecht erloschen. Eine so weitgehende Abfindung zu Lebzeiten des Erblassers kann jedoch zu Ungerechtigkeiten führen, wenn das Vermögen in der Zeitspanne zwischen Erbverzicht und Erbfall größeren Schwankungen unterliegt. Einen gerechteren Ausgleich bietet darum der Verzicht, der auf das Pflichtteilsrecht beschränkt bleibt[7]; der abzufindende Erbe ist in diesem Falle bezüglich der Höhe und der Fälligkeit seines Erbteils an die Teilungsanordnungen des Erblassers gebunden. Seinen Pflichtteil kann er in diesem Falle nicht mehr fordern, da er auf ihn verzichtet hat und bereits in dieser Höhe vorweg abgefunden worden ist.

Ein anderer Lösungsweg bietet sich aufgrund der Überlegung an, daß Pflichtteilsansprüche abzufindender Erben in der Regel nur dann geltend gemacht werden, wenn diese sich durch die einseitig getroffenen letztwilligen Verfügungen des Erblassers beschwert fühlen und sich ihnen daher unter allen Umständen entziehen wollen. Es liegt darum nahe, daß sich der Erblasser der Zustimmung seiner Erben zu der Art und Weise der von ihm geplanten Erbfolgeregelung durch einen gegenseitigen Vertrag zu seinen Lebzeiten versichert. Entgegen einer weitverbreiteten Ansicht ist der Erbvertrag jedoch nicht geeignet, eine solche Bindung der Erben zu bewirken, da nur der Erblasser, nicht aber die Erben selbst bei dieser Gelegenheit vertragliche Verpflichtungen eingehen[8]. Mit dem Abschluß des Vertrages gehen diese des Rechts, ihren Pflichtteil zu fordern, nicht verlustig, es sei denn, der Erbvertrag enthalte gleichzeitig auch einen ausdrücklichen Verzicht auf das Pflichtteilsrecht[9]. Unter gewöhnlichen Umständen wird sich aber ein Erbe dieses Rechts kaum freiwillig entäußern und damit den Bindungen des Erblassers völlig ausliefern, denn — und das wird meist außer acht gelassen — der Erblasser selbst ist sogar durch einen unwiderruflichen Erbvertrag nur an einer entgegenstehenden letztwilligen Verfügung oder der in ihrer Wirkung ähnlichen Erklärung des Rücktritts vom Erbvertrag, nicht aber an einer Verfügung über sein Vermögen durch Rechtsgeschäft unter Lebenden gehindert[10]. Was dem Vertragserben im Erbfall tatsächlich

---

gesetzlichen Erbfolge ausgeschlossen, wie wenn er zur Zeit des Erbfalls nicht mehr lebte."

[7] § 2346 Abs. 2 BGB. Hierzu auch *Soergel-Ehard-Eder*, a.a.O., Anm. 4 zu § 2346 BGB; *Planck*, a.a.O., Anm. 2 a zu § 2346 BGB; *Palandt*, a.a.O., Anm. 3 zu § 2346 BGB.

[8] *Erman*, a.a.O., Anm. 1 zu § 2278 BGB.

[9] § 2346 Abs. 2 BGB.

[10] Eine Einengung dieser Verfügungsfreiheit ist lediglich durch das Verbot gegeben, den Vertragserben durch Schenkungen böswillig zu beeinträchtigen oder ein vertragsweise angeordnetes Vermächtnis zu vereiteln.

zufallen wird, kann er darum im Zeitpunkt seines Verzichts auf das Pflichtteilsrecht gar nicht überblicken.

Nach Prüfung aller Bindungs- und Beschränkungsmöglichkeiten des Erbrechts muß man daher zu dem vorläufigen Ergebnis gelangen, daß der Erblasser seine Erben nur dann an die von ihm geplante Erbfolgeregelung unter gleichzeitigem Verzicht auf Pflichtteilsansprüche binden kann, wenn die Erben freiwillig auf das Pflichtteilsrecht verzichten, daß es hierzu aber nur kommen wird, wenn den Erben entsprechende Sicherheiten dafür geboten werden, daß sie durch einen derartigen Verzicht keine wirtschaftlichen Nachteile erleiden.

Das Erbrecht zeigt sich also außerstande, den reibungslosen Übergang der Unternehmung vom Erblasser auf die Erben zu gewährleisten. Daraus ergibt sich zwangsläufig die Folgerung, daß das Unternehmen den Zufällen des Erbgangs und seiner für den besonderen Fall unzureichenden rechtlichen Regelung entzogen und seine Übertragung von einer Generation auf die nächste bereits weitgehend unter Lebenden vorbereitet und vollzogen werden sollte.

Die Beteiligung aller pflichtteilsberechtigten Erben an der Unternehmung zu Lebzeiten des Erblassers und ihre gleichzeitige Bindung durch einen Gesellschaftsvertrag stellt daher den geeigneten Ausweg aus den erbrechtlichen Schwierigkeiten dar. Die Höhe dieser Beteiligung spielt dabei zunächst die geringere Rolle, ausschlaggebend ist nur, daß über das Schicksal der Unternehmung nicht durch eine einseitige, letztwillige Verfügung, sondern durch den von allen Erben gutgeheißenen Gesellschaftsvertrag entschieden wird. Stirbt der Erblasser, so geht sein Anteil an der Gesellschaft nicht kraft Erbrechts, sondern kraft der gesellschaftsvertraglichen Bestimmungen auf die Erben und Mitgesellschafter über, soweit solche Bestimmungen vorausschauend getroffen wurden.

Hierbei gilt es allerdings eine Unterscheidung zu treffen. Der Anteil eines Gesellschafters an einer Personengesellschaft setzt sich zusammen aus den höchstpersönlichen, unvererblichen und daher auch nicht in den Nachlaß fallenden Mitgliedschaftsrechten, die mit seinem Ausscheiden den übrigen Gesellschaftern anteilsmäßig zuwachsen, und seinem Kapitalanteil[11], der sich mit dem Erbfall in den schuldrechtlichen, auf eine Geldzahlung gerichteten Abfindungsanspruch umwandelt. Dieser Anspruch fällt in den Nachlaß und steht den Erben zur gesamten Hand zu, bis sie sich hierüber auseinandersetzen. Seine Errechnung erfolgt jedoch aufgrund der Bestimmungen des Gesellschaftsvertrages, der ihn nicht nur wertmäßig beschränken, sondern

---

[11] Der Kapitalanteil ist nicht mit dem Kapitalkonto gleichzusetzen; dieses ist nur der buchmäßige Ausdruck des Kapitalanteils und stimmt in seiner absoluten Höhe regelmäßig nicht mit dem Wert der Beteiligung überein, vgl. *Siebert*, a.a.O., S. 7.

sogar ganz ausschließen kann. In diesem Falle geht also auch der Kapitalanteil, d. h. die materielle Beteiligung des Unternehmers an der mit seinen Kindern abgeschlossenen Familiengesellschaft kraft Gesellschaftsrechtes über und wächst den Erben in ihrer Eigenschaft als Mitgesellschafter anteilsmäßig zu. Die *Erbteilung* wird somit ganz durch den *unter Lebenden abgeschlossenen Vertrag* ersetzt. Inhaltlich kann der Gesellschaftsvertrag den Teilungsanordnungen bei testamentarischer Erbfolgeregelung entsprechen. Soll die Unternehmung nach dem Tode des Unternehmers durch alle Erben gemeinschaftlich fortgeführt werden, so ergeben sich keine Besonderheiten. Anders ist die Sachlage dann, wenn entsprechend den Absichten des Unternehmers ein Teil der Erben nach dem Erbfall abgefunden werden soll, um eine Zersplitterung der Unternehmungsanteile durch weitere zu erwartende Erbfälle zu verhindern. Diese Erben werden daher zweckmäßigerweise nur als Stille Gesellschafter beteiligt, während der oder die zur Nachfolge bestimmten Erben die Stellung eines Kommanditisten oder Offenen Handelsgesellschafters erhalten. Damit ist die Einflußnahme der abzufindenden Erben auf die Geschäftsführung der Unternehmer-Erben von vornherein ausgeschlossen. Das Entstehen einer Erbengemeinschaft, die den Weiterbetrieb des Unternehmens nach dem Tode des Erblassers erschwert, wird hierbei ganz vermieden; die Beziehungen der Erben richten sich bezüglich des gemeinschaftlichen Unternehmens nur nach dem Gesellschaftsvertrag. Dieser bestimmt im einzelnen, auf welche Weise die zu Lebzeiten des Erblassers als vorweggenommene Erbabfindung schenkungsweise übertragenen Kapitalanteile der Stillen Gesellschafter auszuzahlen sind. Diese können sich den Bestimmungen des Vertrages nicht etwa durch Forderung des Pflichtteils entziehen, weil ihre Gesellschafterstellung nicht auf dem Erbrecht, sondern auf dem unter Lebenden geschlossenen Gesellschaftsvertrag und der darin vorweggenommenen Erbteilung beruht.

Eine Erbauseinandersetzung wird nur erforderlich, wenn dieser Gesellschaftsvertrag nicht gleichzeitig das Schicksal der übertragbaren Vermögensrechte regelt, wenn also der Kapitalanteil des Erblassers, genau genommen, sein Abfindungsanspruch, in den Nachlaß fällt. Nur über diesen Anspruch kann der Erblasser *nach* Abschluß des Gesellschaftsvertrages *letztwillig* verfügen. Die Gefährdung dieser — in diesem Falle wiederum rein erbrechtlichen — Erbfolgeregelung durch Pflichtteilsansprüche ist gering, wenn die Beteiligung der pflichtteilsberechtigten Erben zu Lebzeiten des Erblassers mit der Bestimmung erfolgte, daß diese Zuwendungen auf den Pflichtteil angerechnet werden sollen[12], und wenn sie auch in ihrer Höhe dem voraussicht-

[12] § 2315 BGB; vgl. auch *Böttcher*, Neue Erkenntnisse zum Wirtschafts- und Steuerrecht der Familienunternehmen, Steuerberater-Jahrbuch 1952, S. 76 ff.

lichen Pflichtteilsanspruch angemessen sind. Derartige Ansprüche sind aber ganz ausgeschlossen, wenn das vermögensrechtliche Schicksal des Kapitalanteils schon im Gesellschaftsvertrag in der Weise festgelegt ist, daß beim Tode des Unternehmers auch seine materielle Beteiligung den übrigen Gesellschaftern, seinen Erben, anteilsmäßig zuwachsen soll. Der Kapitalanteil fällt in diesem Falle nicht in den Nachlaß, kann daher auch nicht Gegenstand von Pflichtteilsansprüchen sein. Diejenigen Erben, die nur als Stille Gesellschafter beteiligt und zu einem späteren Zeitpunkt abzufinden sind, werden in einem solchen Falle sowohl von der Erbfolge in das Unternehmungsvermögen als auch von den auf dem Gesellschaftsvertrag beruhenden Zuwendungen ausgeschlossen, da sie nur mit einer festen Einlage, nicht aber als Gesamthänder am Gesellschaftsvermögen beteiligt sind und ihnen infolgedessen die Zuwendung nicht zugute kommen kann. Sie haben allenfalls einen Anspruch gegen die Miterben auf Ergänzung ihres Pflichtteils[13], wenn die vertragliche Bestimmung, derzufolge der Kapitalwert der Beteiligung unmittelbar auf die Erben-Gesellschafter übergeht, nicht länger als zehn Jahre vor dem Todesfall festgelegt wurde[14].

Die Tragweite dieses gesetzlich anerkannten Umgehungsgeschäftes unter Lebenden ist außerordentlich groß, besteht doch die Möglichkeit, mit seiner Hilfe die Ansprüche der zum Ausscheiden bestimmten Erben auf ein Mindestmaß zu beschränken und die Wirkung der Abfindungen auf die Liquidität der Unternehmung durch entsprechende Bestimmungen des Gesellschaftsvertrages abzuschwächen[15]. Gleichzeitig bietet diese Regelung besondere steuerliche Vorteile. Liegt die schenkungsweise Kapitalübertragung vom Vater auf die Kinder länger als zehn Jahre vor dem Erbfall, so werden die Erwerbe bei der Errechnung der Steuerpflicht ausnahmsweise nicht zusammengerechnet[16]; auf diese Weise kommen die Erben zweimal in den Genuß der Freibeträge, gleichzeitig wird auch die Gesamtbelastung durch die progressive Erbschaftsteuer vermindert. Gelingt es ferner, durch Gründung einer steuerlich anerkannten Familiengesellschaft die Gewinne der Unternehmung auf mehrere Köpfe zu verteilen und so der Progressionswirkung der Einkommensteuer zu entziehen, so wächst den

[13] Vgl. § 2325 BGB.

[14] Die im Gesellschaftsvertrag enthaltene Verfügung des Erblassers enthält eine aufschiebend bedingte Schenkung auf den Todesfall, § 2301 Abs. 2 BGB, die dem Erblasser jede weitere Verfügungsmöglichkeit über die infragestehenden Vermögenswerte nimmt. Die Schenkung gilt daher als im Augenblick der Verfügung vollzogen (*RGR-Kommentar zum BGB*, a.a.O., Anm. 5 zu § 2301) und unterliegt daher nicht den Vorschriften über Verfügungen von Todes wegen.

[15] Vgl. *Böttcher*, Steuerberater-Jahrbuch 1952, S. 98.

[16] § 13 ErbStG.

Kindern als Gesellschaftern der OHG oder Kommanditgesellschaft schon zu Lebzeiten des Erblassers ein Teil des Unternehmungskapitals schenkung- und erbschaftsteuerfrei zu. Trotz dieser steuerlichen Vorteile darf die Bedeutung der Nachfolgeregelung unter Lebenden nicht überschätzt werden, da nicht jeder Unternehmer bereit ist, den mit dieser Bindung verbundenen weitgehenden Verzicht auf sein Recht, unter Lebenden oder von Todes wegen alleine über das von ihm erworbene Vermögen zu verfügen, in Kauf zu nehmen.

Auch bestehen die schwerwiegenden grundsätzlichen Bedenken der Rechtsdogmatik gegen diese Art der Nachfolgeregelung insoweit zu Recht, als die Bestimmungen des zwischen Erblasser und Erben abgeschlossenen Gesellschaftsvertrages, ohne erbrechtlichen Formen und Bindungen zu unterliegen, denselben Rechtserfolg erzielen können, der sonst nur den typisch erbrechtlichen Regelungen vorbehalten ist[17]. Sie sind darum geeignet, den Nachlaß zum Nachteil der Nachlaßgläubiger „auszuhöhlen"[18] und das Erbfolgerecht der pflichtteilsberechtigten Erben zu vereiteln.

Doch war das Ziel der durch Gesellschaftsvertrag unter Lebenden vorgenommenen Erbfolgeregelung nicht die willkürliche Benachteiligung einzelner Erben, sondern die Schaffung größtmöglicher Sicherheit für die Verwirklichung aller Maßnahmen, die nach Ansicht des Erblassers den Forderungen nach gerechter Beteiligung der Erben und der Erhaltung der Unternehmung am ehesten erfüllen können: einer Regelung unter Lebenden, die unter diesen Gesichtspunkten erfolgt, können keine Bedenken entgegenstehen.

Als Ergebnis kann daher festgehalten werden, daß der Inhaberwechsel bei gewerblichen Unternehmungen zwar auch in dem Fall erleichtert und vorbereitet werden kann, wenn die Unternehmung im Erbgang übergeht, daß aber die Ziele einer betriebswirtschaftlichen Nachfolgeregelung mit größerer Sicherheit dann erreicht werden, wenn die Unternehmung dem Erbgang entzogen und die Erbfolgeregelung durch die betriebliche Teilhaberschaft der Kinder zu Lebzeiten des Erblassers ersetzt wird.

---

[17] *Staudinger-Boehmer*, a.a.O., Einleitung zum Erbrecht, § 25.

[18] *Endemann*, a.a.O., S. 216.

Literatur- und Quellenangaben

A. Lehrbücher und Monographien

Bartholomeyczik, Horst: Erbrecht, Münster/Berlin 1954.

Binder, Julius: Die Rechtsstellung des Erben nach dem deutschen bürgerlichen Gesetzbuch, Teil III, Leipzig 1905.

Boehmer, Gustav: Grundlagen der bürgerlichen Rechtsordnung, 1. Buch: Das bürgerliche Recht als Teilgebiet der Gesamtrechtsordnung, Tübingen 1950; 2. Buch: Dogmengeschichtliche Grundlagen des bürgerlichen Rechts, Tübingen 1951.

Brönner, Herbert: Die Besteuerung der Gesellschaften, des Gesellschafterwechsels und der Umwandlungen, 8. neu bearbeitete Auflage, Stuttgart 1953.

Bühler, Ottmar: Steuerrecht der Gesellschaften und Konzerne. Berlin und Frankfurt/M. 1951.

Endemann, Friedrich: Lehrbuch des bürgerlichen Rechts (Teil 3: Erbrecht), 8. und 9. Auflage, Berlin 1920.

v. Gierke, Julius: Handels- und Schiffahrtsrecht, 6. umgearbeitete Auflage, Berlin 1949, 7. Auflage, Berlin 1955.

— Die Fortsetzung der offenen Handelsgesellschaft mit den Erben eines Gesellschafters, in FestG für Wieland, 1934, S. 94 ff.

v. Godin, Reinhard: Nutzungsrecht an Unternehmen und Unternehmensbeteiligungen, Berlin 1949.

Haupt-Reinhardt: Gesellschaftsrecht, 4. Aufl., Tübingen 1952.

Hueck, Alfred: Das Recht der offenen Handelsgesellschaft, 2. Aufl., Berlin 1951.

Kersten-Küntzel: Formularbuch und Praxis der freiwilligen Gerichtsbarkeit, 5. und 6. Auflage, Berlin 1948.

Kipp-Coing: Lehrbuch des Erbrechts, 9. Aufl., Tübingen 1953.

Koehler, Herbert: Die Auseinandersetzung in der Offenen Handelsgesellschaft, Berlin 1941.

Kress, Hugo: Die Erbengemeinschaft nach dem BGB für das Deutsche Reich, Jena 1903.

Lehmann, Heinrich: Handelsrecht II. Teil: Gesellschaftsrecht, Berlin 1949.

Marcus, Josef: Das Deutsche Testament, 5. umgearbeitete Auflage, Berlin, Wien 1928.

Mellerowicz, Konrad: Grundlagen betriebswirtschaftlicher Wertungslehre, Berlin 1926.

Müller-Erzbach, Rudolf: Deutsches Handelsrecht, 2. und 3. Auflage, Tübingen 1928.

Nadler, Max: Nachlaßwesen, Berlin 1928.

Oppikofer, Hans: Das Unternehmensrecht in geschichtlicher, vergleichender und rechtspolitischer Betrachtung, Tübingen 1927.

— Über den Einfluß der Unternehmensordnung auf den Fortbestand von Schuldverhältnissen, Leipzig 1937.

Pisko, Oskar: Das Unternehmen als Gegenstand des Rechtsverkehrs, Wien 1907.

Potthoff, Erich und *Zintzen,* Heinrich: Die Gesellschaftsverträge der Personalgesellschaften, 2. neu bearbeitete und erweiterte Auflage, Köln und Opladen 1953.

Reusch, Kuno: Die Bewertung und Verwertung des Fabrikgeschäfts im Nachlaß hinsichtlich des Verhältnisses mehrerer Erben zueinander, Münster i. W. 1920.

Schmalenbach, Eugen: Die Beteiligungsfinanzierung, 7. verbesserte Auflage, Köln und Opladen 1949.

Schneider, Herbert und *Zartmann,* Hugo: Familienunternehmen und Unternehmertestament. Rechtliche und steuerliche Gestaltungsmöglichkeiten der Familienunternehmen, Heidelberg 1955.

Schreier, Johannes: Der Geschäftswert. Begriff, Wesen, Faktoren, Hamburg 1928.

Schubert, Alfred-Andreas: Der Gemeine Wert. Grundlagen für die Bewertung von Unternehmungen aller Art für Zwecke der Enteignung, Versteuerung, für Verschmelzungen, Erbauseinandersetzungen usw., Berlin, Wien 1925.

Siebert, Wolfgang: Gesellschaftsvertrag und Erbrecht bei der Offenen Handelsgesellschaft, Karlsruhe 1954.

Walb, Ernst: Finanzwirtschaftliche Bilanz, Duisburg 1947.

Würdinger, Hans: Gesellschaften, Bd. I, Das Recht der Personalgesellschaften 1937—1939.

B. Kommentare

a) Zum bürgerlichen Recht

Handkommentar zum Bürgerlichen Gesetzbuch, herausgegeben von Walter *Erman,* Münster/Westf. 1952 (Zitierweise: Erman a.a.O.).

Das Bürgerliche Gesetzbuch mit besonderer Berücksichtigung der Rechtsprechung des Reichsgerichts (Kommentar von Reichsgerichtsräten), 9., völlig umgearbeitete Auflage, Berlin 1940, 10. Auflage, Berlin 1956 (bearbeitet von Reichsgerichtsräten und Bundesrichtern), (Zitierweise: RGR-Kommentar zum BGB).

J. *v. Staudinger*'s Kommentar zum Bürgerlichen Gesetzbuch mit Einführungsgesetz und Nebengesetzen, 9., neubearbeitete Auflage, München, Berlin und Leipzig 1928, sowie 10. Auflage, Berlin 1935—1940, 11. neu bearbeitete Auflage, Berlin 1954 (Zitierweise: Staudinger, a.a.O.).

Palandt, Otto: Kommentar zum Bürgerlichen Gesetzbuch nebst Einführungsgesetz, 14. Aufl., 1955; 15. Aufl., 1956.

Planck's Kommentar zum Bürgerlichen Gesetzbuch nebst Einführungsgesetz, 4. Aufl., ab 1930.

Soergel, Hs. Th.: Bürgerliches Gesetzbuch, 8. Aufl., 1952—1955, Fünftes Buch, Erbrecht, bearbeitet von Ministerpräsident a. D. Dr. *Ehard* und Oberlandesgerichtspräsident Dr. *Eder.* (Zitierweise: Soergel-Ehard-Eder a.a.O.).

b) Zum Handelsrecht

Baumbach-Duden: Handelsgesetzbuch, 11. Aufl. 1955, 12. Aufl. 1956.

Düringer-Hachenburg, Das Handelsgesetzbuch vom 10. Mai 1897 (unter Ausschluß des Seerechts) auf der Grundlage des Bürgerlichen Gesetzbuches, 3. Auflage, Mannheim, Berlin, Leipzig 1930 (Zitierweise: Düringer-Hachenburg a.a.O.).

Kommentar zum Handelsgesetzbuch. Früher herausgegeben von Mitgliedern des Reichsgerichts. Erster Band, bearbeitet von Hans *Würdinger*, 2. Auflage, Berlin 1952 (Zitierweise: Würdinger a.a.O.). — Zweiter Band, bearbeitet von Otto *Weipert*, 2. Auflage, Berlin 1950 (Zitierweise: Weipert a.a.O.).

Handelsgesetzbuch. Erläutert von *Geßler-Hefermehl-Hildebrandt-Schröder*, 2. überarbeitete und ergänzte Auflage des in erster Auflage von Franz *Schlegelberger* herausgegebenen Kommentars, Berlin und Frankfurt 1950, 3. Aufl., Berlin 1955 (Zitierweise: Schlegelberger a.a.O.).

Staub's Kommentar zum Handelsgesetzbuch, 12. und 13. Auflage, Berlin und Leipzig 1926 (Zitierweise: Staub-*Bondi* (§§ 1—104 HGB), Staub-*Pinner* (§§ 105—177 HGB).

c) Zum Steuerrecht

Riewald, Alfred: Kommentar zur Abgabenordnung und Steueranpassungsgesetz, Berlin 1952.

Hübschmann-Hepp-Spitaler: Kommentar zur Reichsabgabenordnung und den Nebengesetzen, Köln 1953.

Reichsabgabenordnung/Steueranpassungsgesetz/Nebengesetze. Erläutert von Rolf *Kühn*, 2. neu bearbeitete Auflage, Stuttgart 1950.

Peters-Herrmann: Kommentar zur Einkommensteuer und Körperschaftsteuer begründet von *Mrozek* und *Kennerknecht*, Köln o. J. (Zitierweise: Herrmann-Heuer a.a.O.).

Einkommensteuergesetz. Erläutert von Walter *Blümich*, 6. neu bearbeitete Auflage, fortgeführt von Ludwig *Falk*, Berlin und Frankfurt 1951 (Zitierweise: Blümich-Falk a.a.O.).

Grunderwerbsteuergesetz. Erläuterungswerk von Ernst *Boruttau* und Otto *Klein*, 3. neu bearbeitete Auflage, München und Berlin 1951 (Zitierweise: Boruttau-Klein a.a.O.).

Stenger, Alfons: Das neue Grundsteuerrecht, Stuttgart, Köln 1951.

Lastenausgleichsgesetz. Erläutert von *Schulze-Brachmann*, *Meilicke* und *Georgi*, Berlin und Frankfurt 1953.

Koch-Wirckau-Sölch-Ringleb: Umsatzsteuergesetz, 5. neu bearbeitete Auflage, München und Berlin 1952.

Plückebaum, Konrad: Umsatzsteuer, Kommentar, 5. neu bearbeitete Auflage, Berlin—Köln 1953.

Ellinger-Schug-Ehlers: Vermögensteuer und Einheitsbewertung, 2., völlig neu bearbeitete Auflage von „Die Veranlagung der Vermögensteuer", Berlin und Frankfurt 1954.

C. Entscheidungssammlungen und Sonstiges

Entscheidungen des Bundesgerichtshofes in Zivilsachen, Detmold, Köln, München und Berlin.

Entscheidungen in Angelegenheiten der freiwilligen Gerichtsbarkeit und des Grundbuchrechtes. Zusammengestellt im Reichs-Justizamt, Berlin.

Sammlung der Entscheidungen und Gutachten des Reichsfinanzhofes, herausgegeben vom Reichsfinanzhof, München.

Entscheidungen des Reichsgerichtes in Strafsachen, Leipzig.

Entscheidungen des Reichsgerichtes in Zivilsachen, Leipzig.

Entscheidungen des Reichsoberhandelsgerichts, Stuttgart.

Erwerb, Sicherung und Abwicklung der Erbschaft. 4. Denkschrift des Erbrechtsausschusses der Akademie für Deutsches Recht, Tübingen 1940.

Jahrbuch für Entscheidungen des Kammergerichts in Sachen der freiwilligen Gerichtsbarkeit, in Kosten-, Stempel- und Strafsachen, von Reinhold *Johow* und Victor *Ring*, Berlin.

Jahrbuch für Entscheidungen in Angelegenheiten der freiwilligen Gerichtsbarkeit und des Grundbuchrechts. Auf Grund amtlichen Materials herausgegeben von Kurt *Ehm*, Berlin.

Motive zu dem Entwurf eines bürgerlichen Gesetzbuches für das Deutsche Reich, Band V, 2., unveränderte Auflage, Berlin 1896.

Lindenmaier-Möhring: Nachschlagewerk des Bundesgerichtshofes, München und Berlin.

Deutsche Rechtsprechung. Entscheidungsauszüge und Aufsatzhinweise für die juristische Praxis.

Die Rechtsprechung der Oberlandesgerichte auf dem Gebiet des Zivilrechts, Leipzig.

J. A. *Seufferts* Archiv für Entscheidungen der obersten Gerichte in den deutschen Staaten, München und Berlin.

D. Dissertationen

Bannenberg, Josef: Betriebswirtschaftliche Probleme der Erbfolge in gewerblichen Unternehmungen unter besonderer Berücksichtigung der Erbschaftsteuer, Diss. Köln 1949.

Berger, Kurt: Die einkommensteuerliche Behandlung der an ausgeschiedene Gesellschafter von Personengesellschaften zur Auszahlung kommenden Renten in betriebswirtschaftlicher Beurteilung, Diss. Berlin 1940.

Brösamle, Walter: Die Abtretung des Anteils am Nachlaß, Diss. Tübingen 1931.

Droste, Hans: Die Besteuerung von Personenvereinigungen, Diss. Münster 1950.

Geineder, Ludwig: Die Rechtsstellung des Veräußerers und Erwerbers eines Erbteils zur Erbengemeinschaft, Diss. München 1949.

Hermann, Gerhard: Rechtliche, betriebswirtschaftliche und steuerliche Fragen bei Abfindung des aus der Offenen Handelsgesellschaft ausscheidenden Gesellschafters, Diss. Nürnberg 1950.

Hochgräbe, Bernhard: Vergleich einer Erbengemeinschaft, die ein offenes Handelsgewerbe betreibt, mit einer Offenenen Handelsgesellschaft, Diss. Jena 1934.

Kaiser, Walter: Die Ausgleichungspflicht unter den Abkömmlingen, Diss. München 1949.

Lohauß, Gerhard: Die Erbengemeinschaft im Handels- und Gesellschaftsrecht, Diss. Heidelberg 1951.

Mauss, Gerhard: Ist der Erbauseinandersetzungsvertrag ein Rechtsgeschäft, das ausschließlich in der Erfüllung einer Verbindlichkeit besteht? Diss. Erlangen 1930.

Meisner, Heinrich: Die einkommensteuerrechtlichen Umgründungsbilanzen der Betriebe unter besonderer Berücksichtigung des Geschäftswertes, Diss. Frankfurt 1949.

Neubert, Helmut: Die Bewertung von Industrieunternehmungen bei Abweichungen zwischen Substanzwert und Ertragswert, Diss. F. U. Berlin 1950.

Rink, Otto: Der Erbteilskauf, Diss. Erlangen 1932.

Schwarze, Paul: Die Vermögensauseinandersetzung beim Ausscheiden eines Gesellschafters aus einer Personalgesellschaft in betriebswirtschaftlicher und steuerlicher Hinsicht, Berg. Gladbach 1937.

Skopnik, Kurt: Der Aufschub der Erbauseinandersetzung, Diss. Rostock 1932.

Stenger, Erika: Die Teilungsanordnungen des Erblassers nach geltendem Recht, Diss. Rostock 1932.

Tauber, Erich: Die Teilungsanordnungen des Erblassers nach heutigem Recht, Diss. Freiburg 1932.

Weber, Robert: Der Erbauseinandersetzungsvertrag, Diss. Rostock 1932.

Winckelmann, Gustav: Der Übergang des Handelsgeschäfts eines Einzelkaufmanns auf eine Mehrheit von Erben, Diss. Göttingen 1923.

E. Zeitschriften

Der Betrieb. Wochenschrift für Betriebswirtschaft, Steuerrecht, Wirtschaftsrecht, Arbeitsrecht, Düsseldorf.

Der Betriebs-Berater. Zehntagedienst für Wirtschafts-, Steuer- und Sozialrecht, Heidelberg.

Neue Betriebswirtschaft. Beilage zum Betriebs-Berater, Heidelberg.

Blätter für Steuerrecht, Sozialversicherung und Arbeitsrecht, Berlin.

Bundessteuerblatt. Herausgegeben vom Bundesminister der Finanzen, Bonn.

Finanz-Rundschau, Köln.

Deutsche Juristen-Zeitung, München-Berlin (bis 1936)

Deutsche Justiz, Rechtspflege und Rechtspolitik. Amtliches Blatt der Deutschen Rechtspflege, Berlin (bis 1943).

Monatsschrift für Deutsches Recht, Hamburg und Bleckede a. d. Elbe.

Das Recht, Rundschau für den Juristenstand, Hannover (bis 1942).

Deutsches Recht (vereinigt mit „Juristische Wochenschrift"), Berlin, Leipzig, Wien (bis 1945).

Niedersächsische Rechtspflege. Herausgegeben vom Niedersächsischen Ministerium für Justiz, Celle.

Deutsche Notariatszeitung, München (bis 1943).

Höchstrichterliche Rechtsprechung, Berlin (bis 1942).

Reichssteuerblatt. Herausgegeben vom Reichsfinanzministerium, Berlin (bis 1944).

Juristische Rundschau, Berlin

Steuer und Wirtschaft, München, Göttingen, Heidelberg.

Der Steuer- und Wirtschaftsberater, Stuttgart.

Deutsche Steuer-Zeitung, Siegburg/Rheinland.

Der Wirtschaftsprüfer, Berlin.

Die Wirtschaftsprüfung (vereinigt mit „Der Wirtschaftsprüfer"), Stuttgart.

Juristische Wochenschrift, Berlin, Leipzig (bis 1939).

Neue Juristische Wochenschrift, Hamburg und Berlin.

Zeitschrift der Akademie für Deutsches Recht, München und Berlin (bis 1944).

Zeitschrift für Betriebswirtschaft, Wiesbaden.

Zeitschrift für handelswissenschaftliche Forschung, Opladen (bis 1944: Leipzig).

Leipziger Zeitschrift für Handels-, Konkurs- und Versicherungsrecht, München, Berlin, Leipzig.

Deutsche Zeitung und Wirtschaftszeitung, Stuttgart.

Zentralblatt für freiwillige Gerichtsbarkeit und Notariat, Leipzig.

Zeitschrift für das Gesamte Handelsrecht.

F. Aufsätze

Barella, Max: Möglichkeit der Haftungsbeschränkung beim Übergang eines Einzelhandelsgeschäftes auf den Erben, Der Betrieb 1951, S. 676.

Becker, Enno: Zur Behandlung von Nutznießung, Nießbrauch und Vorerbschaft, StW 1938, Sp. 293.

Beste, Theodor: Die Regelung der Auseinandersetzungsfrage in den Gesellschaftsverträgen der Personalgesellschaften, ZfhF 1924, S. 97.

Boehmer, Gustav: Besprechung zu RG v. 6. 1. 1938, ZAkDR 1938, S. 278.

Böttcher, Conrad: Neue Erfahrungen und Erkenntnisse zum Wirtschafts- und Steuerrecht der Familienunternehmen, Steuerberater-Jahrbuch 1952, S. 76; dgl. Jahrbuch 1954/55, S. 156.

Bondi, Felix: Eintragung von Erben eines Einzelkaufmanns in das Handelsregister, DJZ 1923, S. 563.

Bunge: Erbengemeinschaft und Handelsgeschäft, ZAkDR 1940, S. 196.

Cohn, Theodor: Der Registerrichter, JW 1926, S. 481.

Conze: Das Umsatzsteuergesetz 1934 und die Gründung, Auflösung und sonstige gesellschaftliche Vorgänge bei der Offenen Handelsgesellschaft und ähnlichen Gesellschaften, StW 1939, Sp. 359.

Dempewolf, Günter: Zum Verhältnis von Testamentsvollstreckung und Prokura nach dem Tode des Erblassers, Der Betrieb 1955, S. 889.

Diez, Werner: Der Kapitalisierungsfaktor als Bestandteil der Ertragswertrechnung bei der Gesamtbewertung von Unternehmungen und Unternehmungsanteilen, Wpg 1955, S. 2.

Endemann, Friedrich: Die Rechtsstellung des Erwerbers eines Erbanteils und sein Recht auf Erteilung eines Erbscheins, JW 1910, S. 89.

Eppig, Theo: Wertsicherung. Eine Untersuchung zu § 3 des Währungsgesetzes, NJW 1949, S. 531.

Glöggler, Hans: Mitunternehmerschaft bei elterlichen und testamentarischen Nutzungsrechten, Der Betrieb 1955, S. 737.

von Godin, Reinhard: Über den Auseinandersetzungsanspruch des aus der Offenen Handelsgesellschaft ausscheidenden Gesellschafters, JW 1936, S. 3512.

Goldschmit, Friedrich: Die Beerbung des Einzelkaufmanns durch mehrere Erben, JW 1931, S. 3057.

Großmann, H.: Neue Forschungsergebnisse zur theoretischen und praktischen Handhabung des Goodwills, ZfB 1932, S. 449.

Gruß, Lothar: Die Fortführung eines Handelsgeschäftes durch eine Erbengemeinschaft, Der Betrieb 1955, S. 573.

von Hausen: Die Bewertung von Landgütern bei Erbteilungen, DJZ 1926, Sp. 1489.

Hense: Geschäftsübernahme im Rahmen einer Erbauseinandersetzung mit Minderjährigen, Der Betrieb 1951, S. 1003.

Herold, Georg: Erbteilungsverträge über gewerbliche Betriebe, Der Steuer- und Wirtschaftsberater 1951, S. 120.

— Die Lastenausgleichsabgabe beim Tod des Abgabeschuldners, BlStSA 1952, S. 248.

Hueck, Alfred: Gesellschaftsvertrag und Erbrecht, DNotZ 1952, S. 550 ff.

Kapp, Reinhard: Das steuerlich zweckmäßige Testament. Vorweggenommene Erbfolge? Steuerberater-Jahrbuch 1952, S. 291.

Köllmann, L.: Zur Frage der Doppelgesellschaften, BFuP 1951, S. 557.

Krönke, H.: Reproduktionswert, Ertragswert und Gesamtwert der Unternehmung, ZfB 1951, S. 140.

Lastig: Beiträge zur Geschichte des Handelsrechts, Zeitschrift für das gesamte Handelsrecht 1879 (9. Bd. neue Folge), S. 387.

Leissle, Fritz: Der betriebliche Geschäftswert und seine Bedeutung im Wirtschafts- und Steuerrecht, StW 1953, Sp. 641.

Lenel, Hans Otto: Ertragsteuern und Vermögensabgabe bei der Bewertung von Unternehmungen, Wpg. 1953, S. 153.

Liebig, Robert: Aus der Treuhandtätigkeit, Wpr 1948, S. 36.

Liebisch, Arnold: Über die Rechtstellung des Erben eines offenen Handelsgesellschafters, in Zeitschrift für das Gesamte Handelsrecht, Bd. 116, Seiten 128—188.

Lion, Max: Offene Handelsgesellschaft oder Erbengemeinschaft? JW 1925, S. 2105.

Lukes: Der Geschäftswert bei Kleinunternehmen, Der Betrieb 1954, S. 1016.

Michaelis: Zur Rechtstellung des Gesellschaftserben, ZAkDR 1943, S. 233; Erbenstellung und Gesellschafterstellung in der Personalgesellschaft, Rechtsspiegel d. Wirtschaft, 1944, S. 192 ff.

Marcus, Josef: Wesen und Form des Erbauseinandersetzungsvertrages nach deutschem Recht, ZBlFG, Band 9, S. 121 ff.

Möhle, Herbert: Der Einfluß der Abschreibungen auf den Unternehmungswert, ZfB 1951, S. 647.

Neumann, Siegfried: Erbengemeinschaft und Grunderwerbsteuer, DStZ 1951, S. 138.

Pohmer, Dieter: Zum Problem des Einflusses der gewinnabhängigen Steuern auf die Unternehmenswertberechnung, Wpg 1955, S. 437.

Räker: Gewerbebetrieb bei Personengesellschaften und Erbengemeinschaft, Industrie und Steuer, Berlin 1938 III, S. 62.

Randebrock: Auseinandersetzung zwischen Miterben, Deutsche Zeitung und Wirtschaftszeitung, 1948, Nr. 42, S. 11.

Sommer: Der Testamentsvollstrecker im Handelsrecht, DNotZ 1936, S. 937.

Veiel, Otto: Zum Steuerrecht der Mitunternehmergemeinschaften, StW 1941, Sp. 824.

Vogt, F. J.: Zukunftssicherung von Betrieb und Familie, NB 1953, S. 1.

Walb, Ernst: Betrachtung über Wertarten und stille Reserven im Zusammenhang mit der Frage der Bewertung von Unternehmungen und Unternehmungsanteilen sowie der Gesellschafterabfindung, ZfhF 1940, S. 1.

Würdinger, Rudolf: Veräußerungsgewinn bei Auflösung einer Erbengemeinschaft, StW 1956, Sp. 107.

Zitzlaff, Franz: Steuerliche Fragen zur Betriebsaufspaltung, StW 1949, Sp. 857.

Kolibri 360 GmbH
Ferdinand-Jühlke-Straße 7
99095 Erfurt, Deutschland
produktsicherheit@kolibri360.de

Druck:
CPI Druckdienstleistungen GmbH
im Auftrag der
Kolibri 360 GmbH
Ferdinand-Jühlke-Str. 7
99095 Erfurt